prometeo
l i b r o s

prometeo
libros

Identidades desaparecidas

Peleas por el sentido en los mundos de la desaparición forzada

Gabriel Gatti

Identidades desaparecidas
Peleas por el sentido en los mundos de la
desaparición forzada

prometeo
libros

©De esta edición, Prometeo Libros, 2011
Pringles 521 (C11183AEJ), Ciudad de Buenos Aires, Argentina
Tel.: (54-11) 4862-6794 / Fax: (54-11) 4864-3297
info@prometeolibros.com
www.prometeoeditorial.com

Índice

Agradecimientos 13

Introducción: Una sociología desde el estómago 17

1. De la sociología, que desaparece frente a la desaparición forzada de
personas 19

2. De mis zapatos, lugar desde el que hablo 21

3. Del campo del detenido-desaparecido, lugar sobre el que hablo 24

Capítulo 1. Una catástrofe para el sentido. Desaparición forzada,
modernidad, civilización 35

1. La desaparición forzada de personas como catástrofe del sentido 35

2. La catástrofe de la desaparición forzada de personas. Civilización,
modernidad, biopolítica 39

2.1. La ambiciosa lógica de la representación moderna. Apenas
cuatro notas 39

2.2. Jardineros y construcción de sociedades e individuos en el
proceso civilizatorio en el Cono Sur latinoamericano 41

2.2.1. La formación de la población 42

2.2.2. La construcción de la Ciudad Letrada 45

2.2.3. La fabricación del individuo civilizado 48

2.3. El proceso civilizatorio en el Cono Sur. Belleza del jardín y
eliminación del residuo 50

2.4. La paradoja del detenido-desaparecido, un trabajo des-civilizatorio 56

Capítulo 2. La identidad frente a la máquina desaparecedora 61

1. La perfección represiva del detenido-desaparecido 61

2. La disolución del nombre, la catástrofe de la identidad 65

3. La imposibilidad del lenguaje. Excurso sobre las narrativas del
chupadero y el trabajo de testimonio de los ex detenidos-desaparecidos 70

   3.1. El chupadero y su narrativa 73

   3.2. El ex detenido-desaparecido y el testimonio 76

   3.3. La paradoja del ex detenido-desaparecido: hablar de la
imposibilidad de hablar 80

Capítulo 3. Los militantes del sentido: Ruinas, cuerpos, archivos, memoria 85

1. Excurso muy breve (apenas una caminata) por el vacío social:
El *horror vacui* y el sentido como arma para exorcizarlo 87

2. La desaparición forzada de personas como espacio de trabajo: Los
militantes de la recuperación del sentido 89

   2.1. Rehaciendo ruinas sin sentido 90

   2.2. Limpiando las tripas del monstruo 97

   2.3. Rearmando el cuerpo retaceado 108

   2.4. Recomponiendo la psique sometida al trauma 116

Capítulo 4. Familia, linaje, origen... La maquinaria productora de
sentido de Abuelas de Plaza de Mayo 123

1. "Identidad, familia, libertad": Las Abuelas de Plaza de Mayo y la
identidad como arma de batalla 123

2. Excurso (breve) sobre la identidad moderna: El atractivo de las
cosas con nombre 127

3. Los materiales que forjan los nombres de los desaparecidos, I: La genética 132

4. Los materiales que forjan los nombres de los desaparecidos, II: La familia 141

Capítulo 5. Arte y ciencia bregando con la ausencia de sentido 147

1. La desaparición forzada de personas y el arte ante lo irrepresentable 149

2. La desaparición forzada como espacio de trabajo: expertos
bregando con la paradoja 157

   2.1. El psicoanálisis y lo abyecto 158

   2.2. Los arqueólogos y la ruina en tanto tal 159

2.3. Los archiveros y la falta de dato como dato 160

2.4. Los juristas ante lo ajurídico. La excepción (o sobre la naturaleza negativa de la desaparición forzada de personas) 162

Capítulo 6. Construir identidad en la catástrofe: "Hijos de" habitando (más o menos gozosamente) la ausencia 169

1. El paisaje de fondo de la familia rota 171

2. Monstruos renegados y post-huerfanitos paródicos. Apuntes sobre las identidades inquietas de algunos "hijos de" 176

3. Excurso sobre las nuevas identidades y la pertinencia del (viejo) concepto de anomia para entender la vida social en ausencia de sentido. Durkheim *meets* Butler 180

4. Vidas precarias haciéndose en el vacío 185

4.1. La normalidad de la ausencia 185

4.2. El bastardo inapropiado 192

4.3. El huérfano paródico 197

Conclusiones: La transnacionalización del detenido-desaparecido, la creatividad social y otras consecuencias no intencionadas de la desaparición forzada de personas 211

1. De lo local a lo global: *A Star is born* 211

2. El desaparecido modélico. Síntesis para perezosos 214

2.1. La desaparición forzada de personas en sus causas 214

2.2. La desaparición forzada de personas en sus efectos 217

3. Los viajes del desaparecido transnacional 218

4. De las consecuencias no intencionadas de la transnacionalización del detenido-desaparecido 224

Anexo: Listado de entrevistas realizadas 231

Bibliografía 235

A mi hija Ainara.
Cada risa tuya tiene el poder de ahuyentar todos los fantasmas

Agradecimientos

Esta es una reedición ampliada y revisada del libro *El detenido-desaparecido. Narrativas posibles para una catástrofe de la identidad*, que se publicó en la editorial Trilce de Montevideo en 2008. Siendo así, hereda este volumen las deudas que aquel tenía, y los que fueron agradecidos en aquella edición —Martha, Daniel, María, Pablo y Cía., Susana, Marta, Graciela, Sara, Pablo y los de Agrelo, y Eli, claro— han de sentirse que lo son también por ésta. Añado al listado a Pablo Harari y Brenda Bogliaccini, y con ellos a todo el equipo de Trilce, por el trabajo realizado para intentar que la sensibilidad del mercado uruguayo fuera receptiva con un producto acaso demasiado arriesgado para el "país amortiguador". Quizá valió las penas.

De 2008 a esta parte el trabajo editado en Trilce se hizo adulto: viajó, circuló, y se movió un poco por aquí y por allá, con dificultades, más como fotocopia, escaneado, o colgado de alguna inhóspita página de Internet que como libro. Pero creció, y tanto que a veces no logro reconocerlo como mío. Le dieron un premio (Premio Nacional de Literatura de Uruguay, edición 2010, área ciencias sociales y jurídicas) y fue invitado —y yo con él— a unas cuantas plazas académicas: el comité de estudios "Violencia, subjetividad y cultura", del departamento de Antropología de la Universidad de los Andes en Bogotá; el equipo que trabaja en el proyecto Narratives of Terror and Disappearance, en la Universidad de Heidelberg, con quienes estuve dos veces, una en la propia Heidelberg y otra en Viena; la serie de conferencias "Rastros y rostros de la violencia", del CSIC de Madrid; el programa de Doctorado "Democracia no seculo XXI", del Centro de Estudios Sociais, en la Universidad de Coimbra; el master "Modelos y áreas de investigación en ciencias sociales", de mi propia universidad; el doctorado en ciencias sociales de la Universidad de Buenos Aires; los másteres en estudios latinoamericanos y psicología social, en la Universidad de la República, en Uruguay...

En todas esas actividades el libro y yo nos cruzamos con mucha gente, asistentes anónimos (para mí) a alguna conferencia, alumnos de doctorado cuestionadores, los amigos y colegas que me invitaron a las actividades citadas, los miembros de sus equipos y otros amigos que supieron leer el libro o algunas de sus secciones y trasladarme sus ideas. Sus nombres han de figurar en esta reedición aumentada, pues la deuda contraída con ellos es tan nueva como ella: Daniel Álvaro, Juan Pablo Aranguren, Alejandro Castillejo, Daniel Feierstein, Liliana Ruth Feierstein, Francisco Ferrandiz, Ignacio Irazuzta, Kirsten Mahlke, Danilo Martuccelli, Álvaro Rico, Silvia Rodríguez Maeso, Sonia Mosquera, Mabela Ruiz, Marcelo Viñar... Sus comentarios, insinuaciones, críticas, emociones o indiferencias ayudaron, sin duda, a trabajar sobre el original, iluminar algunos de sus errores y proponer vías de mejora.

También con los comentarios que parieron voces más cercanas, las del grupo de investigadores que trabajan cotidianamente conmigo, individualmente en sus proyectos de tesis y en grupo en los *tesináculos* que hemos puesto en marcha dentro del Centro de Estudios sobre la Identidad Colectiva de la Universidad del País Vasco (David Gómez, Daniel Muriel, César Oré, y desde hace poco María Santacruz e Iñako Robles), la deuda contraída es nueva. Con algunos de ellos dimos forma en 2010 a una red internacional de investigación que, en buena parte partiendo del modelo de análisis que se puso en práctica con el libro de Trilce, comienza a hacer un trabajo de "investigación básica" que ha tenido algún cuajo ya, sobre todo uno, el seminario internacional "Mundo(s) de víctimas" y el grupo de trabajo que salió de allí.

En el lapso que va desde la edición de Trilce a ésta, apenas tres años, la investigación sobre el tema continuó, lo que dio lugar a textos que trabajaban algunos aspectos del libro originario o que desarrollaban temas nuevos. Se trata, por orden de aparición, de "O detido-desaparecido: catástrofe civilizacional, desmoronamento da identidade e da linguagem", que se publicó en el monográfico sobre *Violência, Memória e Representação* que coordinaron Silvia Rodríguez, Antonio Sousa y Cecilia MacDowell en la *Revista Crítica de Ciencias Sociais* (n. 88, 2010) (Gatti, 2010a), donde desarrollé algo más la "paradoja del detenido-desaparecido" (cap. 1); de "Comunidades precarias en los universos sociales del detenido desaparecido: los "hijos de", vástagos bastardos traicionando progenies, huérfanos paródicos consumiendo Historia", incluido en el volumen *La comunidad como pretexto. En torno al (re)surgimiento de las solidaridades comunitarias,* editado por Pablo de Marinis, Ignacio Irazuzta y yo mismo en la editorial Anthropos (2010b), que analiza más a fondo de lo que lo pude hacer en 2008 la identidad en los *hijos de* (cap. 6); "De un continente al otro: el desaparecido transnacional, la cultura humanitaria y las víctimas totales en tiempos de guerra global", (Gatti, 2011), donde se hace una aproximación crítica a la internacionalización de la figura del detenido-desaparecido (*conclusiones*). Esos textos, que nacieron del libro de Trilce, regresan a él ahora para modificarlo y están presentes, aunque troceados, en esta edición.

El trabajo original, pues, cambió. En algunas cosas el cambio no fue muy sustantivo: el orden de algunos argumentos, párrafos que se fueron, otros que ingresaron. En otras sin embargo, fue más enjundioso: en el título, que traslada el énfasis del original en las narrativas para adminis-trar esta figura a algo que en mí se ha asentado como una convicción, la de que el tema de la desaparición forzada de personas se juega en el terreno de las batallas por el sentido; en una profundización mayor —tanto teórica como empírica— en las formas de interpretar esas bata-llas por el sentido que encarnan las generaciones más jóvenes, cuestión que en la primera versión se apuntaba pero que ahora, a lomos de lo que ya es a mi juicio una constatación de hecho, ocupa una parte importante del argumento final del libro; en el posicionamiento crítico respecto a la institucionalización y a la transnacionalización de la figura del detenido-desaparecido…

Y lo que más cambió del trabajo fue el entorno de su autor. Algunos cambios fueron para mal, los que tienen que ver con nuevos ausentes, Maribel, a la que echamos mucho de menos. Otros fueron para bien, y casi todos ellos vienen de la mano de una nueva presente, Ainara, que colma el mundo de sentido.

Montevideo, 30 de abril de 2011

Introducción: Una sociología desde el estómago

> Claro, todas las cosas que yo veo sobre el tema, que hablan de
> los hijos de desaparecidos o de los desaparecidos o de... Claro,
> unas más, otras menos, unas me enojan, otras no, no sé qué,
> pero ninguna cuenta de mí, y sin embargo están hablando de
> mí. Entonces, digo, ¿qué onda? (E21)[1]

Este trabajo se enuncia desde un lugar singular, mis tripas. Pues hablo yo, no lo oculto: soy sociólogo y familiar de desaparecidos.

"Yo" soy Gabriel Gatti, doctor en sociología. Habitualmente me interesa pensar y enseñar sobre identidad colectiva y sobre teoría sociológica: sobre sus cruces, sus distancias, sobre las formas límite de la identidad, esas demasiado inconsistentes para que resulte fácil hablar de ellas, escurridizas para el lenguaje de la ciencia social, tanto que se nos suelen escapar. Son monstruos imposibles, sin palabras ni representación. La desaparición forzada de personas produce mucho de eso.

"Yo" soy también hijo de Gerardo y hermano de Adriana, cuñado de Ricardo y aún soy primo de Simón, que ya no es Simón pero que al menos *es*. Todos ellos son o han sido, bajo distintas formas, detenidos-desaparecidos: mi hermana Adriana cayó asesinada en un enfrentamiento en abril de 1977. Tenía 17 años; hasta 1983 su cadáver estuvo en el cementerio bonaerense de la Chacarita, en el no lugar de los NN. Ricardo, su novio, de 18 años, fue *chupado* en la ESMA; poco se sabe de lo que le ocurrió allí; nada de su destino final. Simón fue apropiado con pocas semanas de vida y vivió con los apropiadores hasta que fue recuperado en 2002. Mi padre desapareció en la Argentina en junio de 1976. Bastan-

---

[1] Esta cita está extraída de una de las 43 entrevistas que he tenido en cuenta para el análisis que sustenta empíricamente este texto. El número que sigue a la letra E —en este caso, el 21— se refiere al ordinal que le corresponde a cada una de estas entrevistas en un listado que figura en anexo ("Listado de entrevistas realizadas", al final del libro).

te se sabe de lo que ocurrió en *Automotores Orletti*, el *chupadero* donde fue desaparecido; nada de su destino final. Están muertos, pero sin embargo siguen en el limbo de los no-muertos-no-vivos, los desaparecidos. Son mi pasado, también mi presente. Siempre *están siendo* desaparecidos: ni vivos ni muertos, entidades incómodas para hablar de ellas, ya lo creo; incómodas para construir identidad en torno a ellas, les aseguro; incómodas también para hacer sociología sobre ellas y sobre las identidades que en su entorno se han ido conformando con los años, no tengan dudas. Constituyen mi lugar de enunciación. Me conforman.

Pero no hablaré de ellos aquí, téngase en cuenta, sólo de lo que ocurre *en torno* a ellos desde que son desaparecidos: cómo se administra su presencia-ausencia, cómo se gestiona ese imposible, cómo se les representa, cómo su *entorno* da forma a su identidad. Es pues de eso, de los *entornos* del detenido-desaparecido, de lo que trata este libro. No voy más lejos; no entro al agujero. Mi lenguaje, el lenguaje, sólo llega hasta ese borde. Más allá rebota, se agota.

No estoy diciendo, no crean, que los detenidos-desaparecidos sean indecibles, no. Menos aún que no se puedan pensar, en absoluto. Estoy afirmando, al contrario, que deben decirse y que deben pensarse, pero que ninguna de las dos cosas debe hacerse de cualquier manera, ni acudiendo a los lenguajes que se usen para pensar, hablar y representar cosas y fenómenos más situados y sólidos. Más *normales*. Pero dar con el tono con el que hacerlo es complicado, pues tanto con la propia figura del detenido-desaparecido como en buena medida con todo lo que la sigue en el tiempo —los más de treinta años que han pasado después de aquellas desapariciones; los grupos que se constituyen para la búsqueda de los desaparecidos; su recuerdo, su gestión; las memorias que administran su figura; las políticas que reglamentan su memoria...—, se ponen en cuestión dos soportes fuertes de la vida social: la *identidad* y el *lenguaje*. La identidad, en efecto, se tambalea, no sólo la del propio detenido-desaparecido, también la de su entorno; hasta la palabra "identidad" misma lo hace. Y el lenguaje... El lenguaje se tuerce, pues las palabras que usamos para hablar de las cosas, los procedimientos a los que acudimos para representarlas no se llevan bien cuando topan con estas entidades o con sus entornos, y tartamudean de tan imposibilitadas que están de desenvolverse cómodamente con ellos.

Pues así es, con los detenidos-desaparecidos nada de lo que habitualmente encaja lo hace. Nada: las identidades pierden pie y las maneras de hablar de ellas deben bucear en mares a los que no están habituadas. Nada encaja, no: los cuerpos se separan de las identidades; las palabras se disocian de las cosas; nacen identidades sin cuerpo, y cuerpos sin identidad; y filiaciones quebradas, y normalidades resquebrajadas, sin soportes. Terrible. La figura del detenido-desaparecido es, en efecto, una verdadera quiebra en el sentido, algo que produce una catástrofe: ¿cómo administrar una muerte sin cuerpo? ¿Cómo representar lo que sucede en lugares de donde el lenguaje fue expulsado, chupado, y la norma era excepción? ¿Cómo recomponer el mundo tras ausencias que, en puridad, no lo son? ¿Dónde queda el sentido?

A partir de ahí las explicaciones —vitales, académicas— del campo semántico de lo *sin-sentido*, de lo *incomprensible*, de lo *irrepresentable*... cobran fuerza. No queda más remedio: es un terreno pantanoso para vivir. Es también incómodo de analizar.

1. De la sociología, que desaparece frente a la desaparición forzada de personas

En la vida cotidiana la desaparición forzada de personas no se gestiona fácil, ni de una sola manera. En el terreno de las explicaciones eruditas tampoco. Algunas de las formas de hacer la gestión cotidiana y la explicación académica apuestan por pensar el fenómeno de acuerdo a consideraciones políticas, militares, económicas. Las tiene, no lo dudo. Pero aquí me fijaré en otras batallas, sólo en apariencia menos cruentas aunque realmente creo que más estructurantes: las que se libran en el territorio del sentido. Porque ciertamente buena parte de lo que es propio del detenido-desaparecido y de los mundos que genera tiene que ver con la enorme dificultad que produce en el lenguaje, que ante él rebota o se comprime. Se queda mudo. Si fuese poeta inventaría un lenguaje para este deslenguaje; si artista representaría lo irrepresentable; si novelista viajaría hasta los límites de lo inefable. Pero soy sociólogo, y la sociología se lleva mal, muy mal, con lo que se le escapa, se atormenta si topa con figuras o situaciones que huyen de su forma de representar, tan esférica, tan rotunda ¿Qué hacer? ¿Cómo hacer para abordar algo que, *de suyo*, ataca los límites de la razón? Creo que pensándolo *en su sitio*, es decir, en el lugar de las *cosas que suponen problema para el sentido*, que cuesta analizar, aprehender, imaginar. Los propios actores sociales lo hacen, lo hacemos ¿Por qué la sociología no iba a poder hacer otro tanto? ¿Por qué, en lugar de explicar y racionalizar, no iba la sociología a poder acompañar en sus paseos por lo que no tiene sentido a las cosas que analiza?

De ese esfuerzo hay antecedentes entre algunos de los clásicos de las ciencias sociales, que al rozarse con lo imposible —el horror, lo fluido, el límite, lo indeciso...— lejos de racionalizarlo o de huirle lo afrontan con un lenguaje dotado de la consistencia de lo que observan: a realidad indecisa, imágenes indecisas; ante el horror y el sinsentido, lenguajes que nos dejan ante el umbral del espanto. Hay también antecedentes bien cercanos. En Uruguay, por ejemplo, Álvaro Rico, reconociendo que las dictaduras dislocaron "los códigos clásicos de racionalidad (...) de nuestras teorías-relatos" y rompieron los "estatutos clásicos de la palabra y la coherencia argumental" (1995a: 11) propone, para analizar esas realidades desbaratadas que se hicieron visibles a partir de 1983, "desorganizar el relato, volverlo incoherente, parcial, excesivo" (*ibídem*). Si la realidad es precaria, fragmentaria, paradójica, también habrá de serlo la explicación que dé cuenta de ella. Apuesta valiente, enormemente potente. Es similar a la que en la Argentina desplegó Ignacio Lewkowicz en 2002, al poco tiempo de ese momento de cuajo y efervescencia colectiva que ahora conocemos como los "sucesos de diciembre". Ahí, dijo Lewkowicz, todas las referencias se derrumbaron: el Estado, la sociedad... Y con ellas se derrumbaron también las posibilidades de pensar como pensábamos antaño, pues no se disponía de ninguna de las estructuras con arreglo a las que construimos pensamiento "¿Cómo bregar con esa desorientación?", se preguntó Lewkowicz —"todos nos preguntamos qué estamos representando" (2002: 27)—. "La mayor dificultad —contesta— (...) posiblemente radique en la persistencia de la teoría sociológica heredada. La teoría reaccionaria pero también la revolucionaria resultan incapaces de pensar en su novedad las nuevas estrategias de subjetivación" (*ibídem*: 130). En efecto, frente a lo que se le escapa, un "corralito teórico" (*ibídem*: 91) aprisiona al analista: ¿cómo observar las *cosas* que no casan bien con nuestras herramientas y nuestro lenguaje? El mundo conocido cesó; cesaron con él los viejos modos de contarlo, pensarlo, narrarlo. Un problema grueso, en efecto, el que propone abordar Lewkowicz; el mismo que afronta el analista con la desaparición forzada de personas, con los detenidos-desaparecidos y con su entorno: la palabra dimite, las teorías heredadas estallan, la sociología, literalmente, *desaparece*: ¿cómo decir lo indecible?, ¿cómo representar lo que sabemos que es irrepresentable?

Es ése para un sociólogo el problema con los detenidos-desaparecidos: dispone de estrategias demasiado directas, que se entienden bien con lo-que-tiene-sentido pero no con su contrario, que están cómodas con lo estable y lo institucionalizado, no con lo que se escurre, se escapa, huye, con lo que se estabiliza como algo inestable. Es un problema para el sociólogo, sí, acercarse a ese territorio de la vida social que somete a riguroso desastre al sentido: nos hace balbucear y contraría a nuestras teorías que, súbitamente, tartamudean. Y es que no se puede viajar por lo que no tiene sentido de cualquier modo.

2. De mis zapatos, lugar desde el que hablo

Optaré aquí por hacer ese viaje desde un lugar marcado. La ciencia clásica, por supuesto que también la sociología, se quiso neutra, inocua, limpia, inocente. Objetiva. Planteó la suya como la observación a distancia de ciudadanos razonables miembros de un tipo especial de comunidad, la de los científicos adiestrados para serlo: *testigos modestos*, de escritura llana, directa y factual (Haraway, 2004). Pero esa mirada está hoy en el trance de transformarse imprimiendo sobre esta neutralidad originaria un giro radical y de modificar al testigo modesto, radicalizarlo, inventando al *testigo modesto mutante* (ibídem: 63). Pasa esto por que el observador reconozca sus implicaciones, sus responsabilidades sobre lo que observa, su situación en el campo que analiza, su posición en él (Haraway, 1995: 324), por asumir que todo conocimiento es situado, que tiene consecuencias sobre lo que observa, que no es definitivo ni único. Eso pasa por asumir que se forma parte de la acción que se observa, que uno es "finit[o] y suci[o] y no limpi[o] y trascendente" (Haraway, 2004: 55). Por asumir que uno habla desde sus zapatos.

Esos zapatos, mi lugar de enunciación, el lugar de enunciación de este texto, están muy marcados por una sensibilidad concreta por la figura del detenido-desaparecido. Esa sensibilidad se sostiene en dos claves. Una tiene un marcado *tono generacional* y dos anécdotas me permiten creerlo. La primera es de hace poco, del 3 de abril de 2007, cuando, al poco tiempo de publicar un artículo sobre las narrativas sobre la identidad construidas en el mundo del detenido-desaparecido y de llamar a las de

Gerardo y Gabriel Gatti.
Ca. 1971, Montevideo

factura más reciente "narrativas del vacío", recibí un *e-mail* de una hija de desaparecido, V.S. No la conocía. V. quedó viviendo, como yo, en el lugar que en principio fue el destino de su exilio; es, como yo, socióloga; tiene, como yo, cuarenta y poquitos años. Y me dijo algo sobre aquel texto (Gatti, 2006b) que alimentó mi ego y me gustó, claro, pero que además me impresionó: "Hace un tiempo que vengo dándole vueltas en torno a este asunto, el de cómo (re)presentar la cosa, de cómo hablar del tema, de cómo posicionarme y en efecto ninguna de las 'narrativas' conocidas termina de convencerme. Tu artículo es lo primero que leo (...) que habla explícita y claramente de ese asunto (...). Lo de la narrativa del vacío me parece sugerente y piola. Tal vez, entre otras cosas, porque siento que en parte legitima eso de la *incomodidad, de que me cueste tanto encontrar las palabras adecuadas y que a la vez no quiera silencio. Deja de ser un raye sólo mío, es agradable"* (El énfasis es mío).

La segunda anécdota brota del contacto con productos paridos recientemente por hijos de desaparecidos e hijos de mi generación, sobre todo con uno, *Los rubios,* película de Albertina Carri (2003). Narrar la vida en el hueco y narrarla *de otro modo* es el propósito de esa película:

"De algún modo tenía que contar que yo me pongo a pensar en la memoria, en la ausencia, en el vacío, en las ficciones (...) porque claramente a mí me sucedió esto (...). Por otro lado no quería que contar eso fuese imposibilitar al espectador a pensar. A mí me parecía que de lleno decirles 'bueno, miren, a mí me mataron a mis padres cuando tenía 3 años' era como restarle cierta capacidad al espectador. Porque es una cosa que te shockea, lo sé. Digo, convivo con eso"[2]

De otro modo, sí: renunciar al heroísmo, reivindicar la informalidad y el azar, reclamar la propia como una infancia posible, hablar de la propia como de una identidad ficticia, hablar de la de los padres como una mistificación... En una lectura demasiado rápida[3], que no quisiera que se aplicase también a este texto, el trabajo de Carri puede parecer irreverente hacia la generación que la precede. Pero no. Refleja *otra forma* de narrar la desaparición: no habla desde el lleno de sentido; proyecta

---

[2] Entrevista a Albertina Carri publicada en http://www.subjetiva.com.ar/internas/entrevistacarri.htm [Acceso en junio de 2006].

[3] Abundan, pero una especialmente veloz es la que realizó Beatriz Sarlo (2005: 146-151).

cómo *hablar desde el vacío*. Quedarse ahí —en el vacío— y pensar desde ahí a los desaparecidos, a la identidad, a uno mismo.

La segunda clave desde la que explico mi sensibilidad por la figura del desaparecido se construye desde algunas prevenciones, las que me llevan a ser renuente, incluso a veces beligerante respecto a interpretaciones lineales, directas, del fenómeno de la desaparición forzada de personas y de sus consecuencias. Quizá "beligerancia" no sea un término adecuado para describir esta posición. Más justo sería uno a medio camino entre el *respeto* por esas interpretaciones —a fin de cuentas dieron forma y color a las narrativas que hicieron mis paisajes de infancia y adolescencia— y la *necesidad de proponer alternativas*, las que vienen de racionalizar y darle forma a maneras de vivir y contar el *mundo del desaparecido* distintas: creo que menos literales, me parece que con líneas de causalidad más curvas que rectas, quisiera pensar que juguetonas con las texturas del vacío y de la ausencia, capaces de ver en estos lugares, los del vacío y la ausencia, vida y no sólo trauma. Es probable que no me quede otra, que así haya de ser porque ésa fue mi manera de gestionar esta experiencia. Pero creo que va más allá: que esa sensibilidad es un indicador, un dato que remite a una novedad *de época,* la del nacimiento de estrategias para gestionar esto propias de una generación obligada a arrastrar una ausencia sobrevenida, ya hecha, a gestionar ese imposible —el detenido-desaparecido— y a inventar lenguajes para sobrellevarlo.

En todo caso, no lo oculto, de esa sensibilidad está teñido este texto. No podía ser menos: en esta cuestión *mi cuerpo* es un verdadero *campo de batalla,* lleno de las llagas que deja esta catástrofe. Tuve por eso que viajar mucho para hacer esto; de aquí para allí, de allí para acá; moverme allí estando acá y aquí estando allí. Los adverbios siguen mareándome, no se piensen. No salgo indemne de ésta, no crean. Con suerte, menos desaparecido y algo más sociólogo. O no. Pero sí sabiendo que hablo desde mis zapatos y que sólo desde ahí puedo hacer esta sociología del detenido-desaparecido y de su entorno. En esos zapatos y en el cuerpo que sostienen hay de todo: figuras, viejas, que siempre han estado ahí, como las siluetas de los ausentes, siempre presentes; como los discursos oídos desde niño, desde el trágico de la pérdida que enarbolan las Madres; al de la épica de la búsqueda que sostienen las Abuelas; desde el del heroísmo militante, en el que se empeñan viejos camaradas hasta otros más juguetones de algún coetáneo. También en mis zapatos está la posibilidad del recurso a la explicación de la desaparición forzada de personas como consecuencia de maquinarias sostenidas por resortes políticos y económicos; la he oído en militantes, en algunos sociólogos, en no pocos politólogos. Y también en esos zapatos he dado, rebuscando, con estrategias nuevas: silencios ruidosos, elipsis directas, lenguajes no literales, que hablan de esto hablando de la imposibilidad de hablar de esto.

Son una manera de hablar y de hacer sociología complicadas. Apostaré por ellas. Para alcanzarlas propongo un libro que no aspiro a que sea fácil, deben saberlo. Es más, creo que debe ser incómodo para ser como debe ser. Que debe exasperar incluso. Lo componen un tronco disciplinado del que brotan ramas, especie de líneas de fuga. El tronco disciplinado es un texto de sociología aplicada a casos de identidad límite, aquí el de la figura del detenido-desaparecido y su entorno. Pero la sociología no alcanza, ¡ay!, la intensidad que esa figura y lo que produce en el mundo de los vivos merecen. No puede, no, llegar al fondo del socavón que la desaparición forzada de personas provoca en el sentido. De ahí la necesidad de ramificar el libro, de quebrarlo: integrar otras voces (Graciela Daleo, Daniel Feierstein, Daniel Gatti, Elixabete Imaz, Mariana Eva Pérez, Fabiana Rousseaux), cruzar el tronco central con otras historias, incrustar dentro de él imágenes que lo rompan, mostrar a través de trozos dispersados por todo el libro de mi diario de campo[4] la *parte nocturna de la investigación*, los "actos fallidos, los bricolages, los encuentros nocturnos en los rincones de un bosque (…), las implicaciones materiales, existenciales, [el] lugar de lo real de la investigación" (Lourau, 1997: 16). Se trata, en fin, de construir un texto que aunque sociológico —y por tanto necesariamente lineal— encaje con *la lógica* de la desaparición forzada —que es la de la ruptura y la catástrofe—.

3. Del campo del detenido-desaparecido, lugar sobre el que hablo

> No es por mi experiencia fea que tengo algo que decir… (E27a)

En sociología, un campo puede, *grosso modo*, definirse como un espacio social institucionalizado, cristalizado, hecho en torno a un fenómeno o a un tipo de fenómenos[5]. Es un *recorte* de la realidad del que lo

---

[4] Son apenas unos pocos fragmentos del voluminoso diario que llevé durante los meses que pasé haciendo trabajo de campo, conversando con otros o escribiendo esto en Buenos Aires, Montevideo, Bilbao y Solís, de agosto a noviembre de 2005 primero y de septiembre de 2007 a enero de 2008 después. No hubiese hecho ese diario —y si eso hubiese sucedido estaría ahora arrepintiéndome— sin que Eli Imaz me lo sugiriera.

[5] Al menos en la teoría de la práctica de Pierre Bourdieu (1991).

importante no es tanto su facticidad, su objetividad —"es así"—, sino que, en el imaginario de los agentes que intervienen en él y hacen sus apuestas en él, el campo exista. Hay campos, si no universales, sí muy extendidos, tanto que los hemos naturalizado hasta pensarlos universales y ubicuos: el campo político, el campo económico, el campo de la religión, el campo de la cultura... Hay otros menos extendidos, pero muy generalizados en el mundo contemporáneo, pues en torno a los fenómenos que les dan nombre se concentran recursos sociales (actores, rutinas, instituciones...) que los singularizan como arena de la acción: el campo del deporte, el campo del arte, el campo de los derechos humanos... Todos ellos tienen un dato en común: existen, pues los agentes actúan *como si* existiesen y desarrollan prácticas ajustadas a esa presunción. Es a partir de eso que en ellos se concentran diversos vectores de fuerza: relaciones sociales, trayectorias vitales de agentes individuales y colectivos, representaciones culturales, rutinas, narrativas más o menos consensuadas, objetivaciones científicas, realizaciones institucionales... Basta con eso para que emerja una realidad, el propio *campo*, en el que, tanto en la representación del analista como en la de los propios agentes que lo habitan y administran, se desarrolla la vida social en torno al fenómeno que le da nombre y forma. Así pues, y en suma, hablar de la existencia de un campo requiere de un cierto grado de afianzamiento, tanto imaginario como práctico: no todo fenómeno social integra un campo, ni puede decirse tampoco que los campos sean universales y eternos.

Pues bien, creo que puede aventurarse, es casi una hipótesis de este trabajo, que a lo largo de los años que van desde la década de los setenta hasta hoy se ha ido consolidando un *campo del detenido-desaparecido*. Como todo campo, tiene su genealogía, digamos que su pequeña historia, que es en este caso la historia de la figura del propio detenido-desaparecido, que primero *no existía* —en efecto, en los primeros setenta, ni siquiera los familiares de los que luego serían llamados "desaparecidos" usaban el término, al que se empezó a acudir de a poco, cuando algunos elementos daban a entender que esto que les estaba pasando no era "lo mismo" (Demasi y Yaffé (coords.), 2005: 18), que su problema era "singular"[6]—, que más adelante se administró en el terreno de campos que aunque también

---

[6] Sobre el nacimiento de esta entidad y sobre cómo los familiares fueron digiriéndola, consúltese el texto de Ludmila da Silva Catela para el caso argentino (2001) y el de Demasi y Yaffé (coords.) (2005) para Uruguay.

de constitución muy reciente estaban previamente institucionalizados, los de las luchas políticas y sociales por los derechos humanos (Jelin, 2003), y que sólo con el tiempo se definió tanto que habilitó a la construcción de un mundo en torno a ella. Y es un mundo singular ese del detenido-desaparecido: con su centro en una figura *extraña* — el desaparecido no cabe en ninguna taxón conocida: ni vivo ni muerto, ni presente ni ausente—[7], con un poderoso conjunto, muy peculiar, de *instituciones y movimientos sociales* que le son privativos (movimientos de Madres, Abuelas, Hijos, desde hace poco Hermanos... de detenidos-desaparecidos, asociaciones de ex desaparecidos, organismos públicos de investigación de la figura del desaparecido...), con *retóricas consensuadas* en torno a esa figura (la de la ausencia, la del silencio, la del vacío...),

Diario de campo: 1/8/2005, Buenos Aires. El campo del detenido-desaparecido (I): el universo militante

Acabo de llegar a Buenos Aires y empiezo a acercarme al campo. En casa de A.A. la coyuntura irrumpe: llegan J.S., familiar de desaparecidos y funcionaria en la Secretaría de Derechos Humanos de la Nación; N.C., de Madres de Plaza de Mayo (línea fundadora); G.D., de la AEDD. Comparten un mundo lleno de afinidades, de odios, de amistades y resquemores. Es un mundo denso, de jergas compartidas, de ritos institucionalizados. Su identidad se ha hecho fuerte, se ha cristalizado un estilo, ¡son muchos años en el personaje! El campo se ha constituido y en él se ha logrado establecer "un cotidiano", del que el detenido-desaparecido es la condición de posibilidad: quieto en el tiempo hace viable el presente de esta pequeña comunidad de sentido.

Estos agentes son viejos conocidos para mí. Confortan, pero "enchiquecen".

"Gatti chico". Es la primera de las dos fronteras fuertes dentro de las que se parapeta el campo del detenido-desaparecido, las de la familia y la militancia. "¿A quién querés más, a máma o a papá?" ¡Uf!

---

[7] Desde la antropología Ludmila da Silva Catela ha investigado en su tesis doctoral estos lenguajes, eminentemente nuevos, dice, pues para la figura del detenido-desaparecido "las categorías conocidas y usadas para indicar a las personas ligadas a un muerto no eran simbólicamente eficaces" (2001: 116). En efecto: el lenguaje del parentesco existente no servía, pues ni sus hijos eran huérfanos (un hijo de un no-muerto-no-vivo ¿qué es?), ni sus parejas eran viudos (un deudo de un no-muerto-no-vivo ¿qué es?).

con *lenguajes* propios (como las peculiares categorías para nombrar a los familiares de detenidos-desaparecidos), con *producciones artísticas y culturales* orientadas a ella (arte del vacío, representación del silencio, literatura del dolor…). Con todo eso el campo brota, y cuando eso sucede empieza a haber vida en él, por rara que sea. Y vida diversa: narrativas rutinizadas, maneras de hacer generacionales, biografías, lenguajes estéticos… No quiero decir que este del detenido-desaparecido sea un campo ya cerrado; como todos, no es estable, es, al contrario, precario y cambiante y está compuesto, como todos, de viejas voces y también de voces nuevas. Pero *existe ya como singularidad.*

En ese campo estoy. Es un campo terriblemente complejo, en plena constitución, lleno de agentes en plena pelea por el lugar legítimo de enunciación, combatiendo por imponer la *verdadera* historia, la *verdadera* memoria. Son diversos estos agentes: profesionales y militantes, familiares y académicos… Tensan el campo, pelean por su construcción, por su delimitación, por sus contenidos, por hablar de los desaparecidos y en nombre de ellos. Por esas tensiones me paseo y el diario de campo, vuelvo a él, quiere reflejar algunos elementos de ese combate.

Ese diario también muestra un cuerpo zarandeado por el campo, el mío; pues ¿cómo actuar? ¿Como familiar implicado *por sangre* en el campo del detenido-desaparecido? ¿Como académico que busca en el campo

Diario de campo: 5/8/2005-7/9/2005, Buenos Aires y Montevideo. El campo del detenido-desaparecido (II): profesionales y académicos

En el campo juegan desde hace no mucho nuevos actores: los *profesionales* (juristas, antropólogos forenses, psicólogos, archiveros, arqueólogos…) y los *académicos* (sociólogos, historiadores, filósofos…). Todos pugnan en este mercado de bienes simbólicos. Juego con SH —socióloga—: reprocha que los familiares se reserven el monopolio de la palabra legítima; reclama legitimidad para hablar desde la mirada profesional. Lo comparto pues comparto con estos agentes jerga y posición; estoy cómodo, los entiendo.

"Dr. Gatti". Es la segunda de las dos fronteras fuertes dentro de las que se parapeta el campo del detenido-desaparecido, las de la experticia y la academia. "¿A quién querés más, a papá o a mamá?" ¡Uf!

del detenido-desaparecido *un caso* sobre el que trabajar con los problemas teóricos que atañen a las identidades límite?

A ambas preguntas digo sí. Actuar como lo primero —familiar afectado— abre puertas en el territorio de los afectos familiares y militantes: las redes de viejos cariños y antiguas solidaridades se abren y me incluyen con naturalidad, en las entrevistas el discurso se suaviza, el entrevistado es, más que tal, camarada o coetáneo de mi padre, conmilitante con mi abuela, protector de mi infancia, alimentador de mi memoria. Me cuida. Pero actuar desde ahí deslegitima en el territorio de los segundos, pues en la Academia resuenan aún las retóricas de la vieja objetividad científica argumentada desde la poderosa fuerza de la observación a distancia, de la neutralidad valorativa, del conocimiento desimplicado, descriptivo. Es ciencia dura, panóptica, prepotente. Desde ese argumento, indicar que se conoce desde un lugar tan marcado como el que asumo que es el mío presumo que generará no sólo rictus de desconfianza llamémosle metodológica —que bien está—, sino también gestos de indulgente comprensión. Eso sí, son gente educada y expresan sus prevenciones con prudencia.

Del otro lado, trabajar como académico permite pasearse cómodo por los cenáculos de las Universidades, disertar sobre identidades límite en seminarios nacionales e internacionales, publicar de tanto en cuando sobre los obstáculos de la teoría sociológica para trabajar cuando lo que quiere analizar se sale de sus cuadros analíticos... Pero genera alguna sospecha en el territorio de los afectos familiares y militantes, en el que, cuidándome pero previniéndome, se me advierte: "te interesará hablar con...", "ojo con este discurso que...", "atención a esta persona, es una...",

Diario de campo: 23/11/2007, Montevideo. Presentación en el Centro de Estudios Interdisciplinarios Uruguayos, UDELAR (I): las viejas

En la presentación de mi trabajo en el CEIU, aparecen H.P., A.G. y L.C., de Madres y Familiares de Uruguayos Detenidos Desaparecidos. "Las Viejas", parte de mi universo íntimo, nunca presentes en el académico. Sufro de desconcierto, una enfermedad que en esta materia nunca noté ¿Como parte de cuál de esos dos universos será interpretado este trabajo?

"no te dejes atrapar por los cantos de sirena de...". Y aunque me dejan decir cosas que seguramente a otros académicos no les dejarían —criticar a las Abuelas, reprochar a los militantes...— alguna ceja irritada se levanta y no pocas muecas de disgusto se intuyen en el auditorio. Eso sí,

Fue en el aeropuerto de Ezeiza, un frío día de agosto de 1976, que tuve las primeras sensaciones de quiebre, de desolación, de extrañamiento y de levitación que tiempo después, por el contacto con otros "raros" y psicoanálisis mediante, aprendería a identificar como formando parte del "patrimonio" común de cualquier familiar de desaparecido. No lo había sentido un mes largo antes, cuando el secuestro de mi padre, ni en las terroríficas semanas que siguieron hasta que dejáramos la Argentina, ni en los vagabundeos por las calles de Buenos Aires hablando de ya no sé qué y tratando de evitar el futuro que, cuando podíamos juntarnos, hacía con mi hermana. Treinta años después sé que fue ahí, en Ezeiza, y aquel día, que empecé a construir un modo, mi modo, de vivir un "tema" del que no me separaría jamás.

Fue en Ezeiza, mirando a mi hermano chico acurrucado, achuchado, supongo que sin entender nada de nada —vos, Gabriel— y en las horas que siguieron, en la escala a la madrugada en una húmeda y agobiante Dakar donde veía pasar deambulando negros azules con raros peinados nuevos para mí —era yo el que deambulaba, no ellos— y más tarde en Ginebra y luego en París, que no era París sino Orly en camino hacia un refugio levantado en medio del campo y alejado de todo, fue en ese día y medio largo de aeropuertos y de aterrizaje en un *foyer* desolado que sé que comencé a construir la coraza, a responder "bien, estoy bien" a todo aquel que me preguntara cómo estaba, a odiar todo lo que me sonara a victimización.

La desaparición de parientes, amigos y compañeros de militancia da al sobreviviente un estado transitivo de víctima que no deja de ser real, pero también perverso: convierte al "deudo" casi como que en el único portavoz autorizado de la víctima, lo categoriza y lo emblematiza, pero sobre todo desposee a la sociedad de un tema que a muchos interesa tirar hacia la esfera privada. Creo que es esto lo más peligroso, y lo que con más impotencia y bronca debe enfrentar el propio familiar cuando en la vida cotidiana escucha las palabras comprensivas de aquel otro que le dice "te entiendo", "yo en tu caso también...", "es lógico que las víctimas como vos pidan justicia y miren hacia atrás, pero la sociedad debe avanzar". Trascender esa lógica, "empoderar" al otro con un tema que en principio le es "ajeno", es de las cosas más difíciles, porque siempre estará planeando esa mirada complaciente —y de lo más irritante— del interlocutor "tolerante".

Por un tiempo ese estado transitivo de víctima que la desaparición da al sobreviviente significó para mí espera, espera del milagro. Durante mucho más tiempo fue vivir pensando no tanto que los que ya no estaban eran los mejores, los "imprescindibles" —había también mucho de eso, pero tal vez por instinto, y por qué no por anarca formación parental, siempre me chocó la liturgia militante en la que se envolvía a "los caídos"— sino que a uno le habían estafado algo, que no le habían dejado ser protagonista real, hasta el final, de una historia que se había vivido como una filmación en acelerado y que, en la normalidad de una cotidianeidad sin riesgos, en tierra ajena y lejana parecía deshilacharse insensiblemente ¿Cómo era posible que a ella —mi hermana— y no a mí, que a ellos —buena parte de mis compañeros de liceo, la mayoría de mis compañeros de militancia uruguayos o argentinos— y no a mí les pasara aquello? Mi padre no entraba en la pregunta: su "destino", después de todo, no se apartaba de la "lógica".

A la coraza la acompañó siempre la necesidad del vértigo, de sentirse al límite, no importa de qué se tratara. Saberse resiliente da a veces una impunidad injusta para el otro, el "normal", el no-raro, todos los demás.

Daniel Gatti

como me quieren, las críticas no van más allá de un gesto de cariñosa reprobación.

Asumo entonces que el mío es un lugar muy marcado por el objeto del que hablo, que mi posición en el campo del detenido-desaparecido está necesariamente cargada. Asumo eso, sí. Pero añado, ¿alguien puede realmente decir que no ocupa un lugar marcado en relación a la maquinaria que generó todo esto? ¿Alguien puede creerse objetivamente estar en posesión de una mirada inocente en esta cuestión? ¿Realmente entiende alguno que puede hablar desde un lugar neutro, sin marca? Es hora ya de tomar a cargo colectivamente la responsabilidad de la producción de la maquinaria que dio lugar a la desaparición forzada de personas, de considerar que ese horror es, sí, nada menos, que parte de nuestro *patrimonio nacional*. Pues no brotó esto, no, del *mal absoluto* de unos desalmados, ni fue producto de un desmán, de un brote de ira, locura o psicopatía de un grupo de energúmenos. Me tienta pensar eso, no crean: preferiría alojar las causas en el mal absoluto, en lo que se sale de toda norma, en un lugar sin comprensión posible. Decir que un terremoto impenetrable produjo esto; algo trascendente. Tan trascendente que podría relajarme, pues localizando las causas ahí, en lo *tremendum* del mal abisal, la explicación estaría hecha y no habría por qué pensar más.

Pero no fue así. Pensando en la Alemania nazi Hanna Arendt (1999) supo hablar de "banalidad del mal": mal banal, mal rutinizado, producido institucionalmente, convencional, ordinario. Por eso devenido *bien*. Otro tanto ocurrió aquí: la desaparición forzada de personas no fue excepción, fue razón de Estado; el detenido-desaparecido no fue resultado de la barbarie, lo fue de un afán civilizatorio exacerbado. Este espanto no fue, no es, una mancha en la bella Buenos Aires ni un corte en la historia sin mácula de la Atenas del Plata. Al contrario: fue —mejor dicho es, pues esto nunca cesa—, algo producto de sus propios logros, resultado del profundo impulso civilizatorio y racionalizador de la cultura política de esta parte del mundo; efecto directo de la formación en el Río de la Plata de un peculiar, a veces protector y en ocasiones hasta eficaz, Estado social de Derecho, un fenómeno derivado de los misteriosos resortes de la construcción de la homogeneidad cultural, étnica y hasta de clase en el Uruguay y en la Argentina; resultado de la peculiar y cuasi-unánime representación de la ciudadanía, la ley y el orden, de la formación de ese lugar simbólico, socialmente mágico, tremendamente eficaz, que es la fábula genuinamente americana de la clase media como lugar social generalizadamente compartido... No sería sociológicamente posible explicar cabalmente la forma que aquí tomaron tanto la figura del detenido-desaparecido como la desaparición forzada de personas, como, en fin, la gestión social de las consecuencias de ambos sin considerar cosas como esas que acabo de citar, las que constituyen ese capital que nos enorgullece a estos singulares latinoamericanos que somos, que queremos ser *los de acá*, los del Cono Sur.

Todos esos atributos de la excepcionalidad, de la uruguaya y de la argentina, constituyen nuestro patrimonio, no lo dudo. Pero me preocuparé aquí por explicar que también la desaparición forzada de personas y el detenido-desaparecido integran el mismo paquete: este horror es un producto local; es *nuestro*. Gerardo Gatti o Adriana Gatti no sólo son *mis desaparecidos*; desengáñense, también son suyos, pues son producto de las cosas que los, que nos, hacen, del viejo Estado social battlista, del viejo sueño populista del peronismo, de la vieja y querida vocación de homogeneidad social, del sueño del país civilizado, de la retórica del proyecto civilizatorio… Son, sí, asumámoslo, producto de lo que nos convierte en excepcionales. Les estoy interpelando, en efecto: si respecto a la desaparición forzada la mía es una posición marcada, la suya también lo es. Exactamente lo mismo. Incluso más si se cree neutra o inocente o ajena. Por eso, si tienen la tentación de ser compasivos con la mirada que les ofrezco acerca de esto, se lo agradezco, pero no se inquieten, estoy bien. En todo caso extiendo a todos los demás ese gesto: en esta cuestión todos merecemos compasión.

* * *

El texto que arranca ahora está sostenido por una hipótesis, a la que se añade una afirmación, la de que existe un lugar para vivir la desaparición forzada de personas y que ese lugar se narra de dos maneras.

La hipótesis es ésta: si de lo que se trata es de pensar la desaparición en sus efectos, en el entorno del detenido-desaparecido, lo haré conjeturando que la naturaleza de este fenómeno es la propia de las catástrofes, esto es, la propia de aquellos acontecimientos que descomponen un orden y no permiten la posibilidad de su reemplazo por otro. En este caso, el orden que la desaparición forzada de personas devasta es el que rige, el que regía habría que decir para decir mejor, la identidad, el lenguaje y las relaciones entre ambas cosas. Dígase pues así esta hipótesis: *la desaparición forzada es una catástrofe para la identidad y para el lenguaje*. En palabras más llanas, que la figura del detenido-desaparecido afecta e imposibilita que la identidad se represente y viva como se vive y represente normalmente en Occidente y descabalga las condiciones de posibilidad (las materiales y las simbólicas) que soportan nuestras estrategias de representación. Una catástrofe, así es, que irrita, que altera, que convulsiona la lectura de nosotros mismos, que trastoca la interpretación de la identidad, el lenguaje al que acudimos cuando hablamos de ella. Nada queda igual después de esta *debacle*.

Y sin embargo, y pese a todo, y contra lo que pudiéramos suponer al topar con identidades rotas y lenguajes imposibles, ahí, en el *campo* que se forma en torno al detenido-desaparecido, se vive. Es cierto, no obstante, que esa realidad, la que he llamado "campo del detenido-desaparecido", es diversa, precaria, cambiante. Hay poca cosa en ella que tenga que ver con la unanimidad y mucha con la diversidad: de memorias, de criterios, de luchas, de representaciones. Y de voces. Es tan diversa esta diversidad que sólo una loca clasificación a lo Borges —"los animales se dividen en a) pertenecientes al emperador, b) embalsamados, c) amaestrados, d) lechones, e) sirenas (…), h) incluidos en esta clasificación (…)…" (2002)— podría darle orden. Ni modo. No obstante, trabajo de análisis obliga, debe establecerse un corte, forzar la realidad hasta dar con las estructuras desde las que se generan los discursos colectivos, aunque sea eso al precio de forzar, y hasta de violentar, los discursos personales. Es, me guste o no, el trabajo del sociólogo[8]. Propondré para hacerlo pensar que dos narrativas[9], dos modos de contar y vivir, organizan el campo del detenido-desaparecido. Que quede claro: estas narrativas no lo explican todo, ni mucho menos nos explican a todos. Son apenas, si se quiere, *tipos ideales* (Weber, 1978), lugares que orientan los discursos de los agentes y de los analistas, algo así como atractores hacia los que tendencialmente se dirige la acción, que se manifiestan siempre de manera quebrada y combinada.

Coinciden, es cierto, con posiciones diferentes en la flecha del tiempo, en el transcurrir de las generaciones, en la historia comparada de las naciones: la primera —que llamaré *narrativa del sentido*— es dura, originaria, propia de época de gestaciones, trágica y va asociada a discursos más antiguos; la segunda —que llamaré *narrativa de la ausencia de sentido*— es también dura, pero conforme más bien a épocas de cosas ya gestadas, más negociadora que la primera, más que trágica, tragicómica, si no paródica, además de ser la propia, hoy, de las generaciones más jóvenes. La primera tiene por vocación explicar y explicarse la novedad radical de una figura de lenguaje e identidad inciertas y desconocidas; la segunda aspira a habitar una ausencia sobrevenida y ya institucionalizada, a gestionar ese imposible —el detenido-desaparecido— cristalizado como tal imposible, a inventar lenguajes para una realidad asumida como catas-

---

[8] Un psicoanalista uruguayo al que entrevisté para este trabajo supo dar, de manera sencilla, con lo que constituye la propiedad de dos acercamientos distintos a la realidad de la desaparición forzada de personas, el del psicoanálisis —y su riesgo: pensar que nada es igual—, y el de la sociología —y su riesgo: pensar que nada es distinto—. Mejor citarlo a él que a algún sesudo manual: "Yo soy psicoanalista y siempre trabajo con lazos individuales en profundidad (...). Ustedes [los sociólogos] para tomar unidades macro, o unidades medianas de grupos y de sociedades, tienen que unificar cosas que a veces son diferentes y contradictorias, nosotros al tratar casos individuales o minigrupales, vemos la profundidad y tratamos de singularizar la respuesta humana, que se da frente al mismo eje en una diversidad" (E7). Caben pues distintas sensibilidades para pensar esto; y bien está que así sea.

[9] Para el caso entiendo por "narrativas" los procesos constructivos y políticos realizados por los agentes mediante la interpretación reflexiva que hacen de su acción. Son procesos performativos, que se sostienen y que reproducen marcos generales de sentido y que constituyen la base de las identidades sociales. No son relatos sino posiciones discursivas asociadas a identidades. Véase Garcia Selgas, 1995.

trófica, incomoda, pero aceptada así. La primera, en fin, casa bien con situaciones propias de coyunturas de cambio de régimen, situaciones de esas que los politólogos y el sentido común llaman "transicionales", y cuadra también bien con lógicas de la representación que buscan exorcizar el horror, recuperar lo ocultado por un pasado reciente oprobioso. La segunda sin embargo se desarrolla en condiciones en las que el fenómeno imposible se naturaliza como tal y en las que el reto, más que reivindicativo, es administrativo: *¿cómo gobernar una vida que se desarrolla dentro de un imposible?*

Insisto en decir que estas dos narrativas se proponen como extremos, perfiles que limitan analíticamente un campo de investigación, es decir, como recortes que operan sobre el continuo de la realidad del campo del detenido-desaparecido. Señalan horizontes de la acción, tendencias. Son los límites del campo; dentro de ellos se sitúa cada caso concreto, incluido yo mismo, pero ningún caso coincide plenamente con ninguna de las dos narrativas, tampoco yo mismo. Entre *la búsqueda del sentido* y *la gestión cotidiana de su ausencia estamos todos.*

No se busquen, entonces, en estos tipos ideales, pues seguro que no coinciden con ninguno aunque, sin embargo, tienen algo de cada uno. No obstante, por si quieren hacerlo, tengan una guía de este texto para poder encontrarse. Es muy sencilla: los dos primeros capítulos son más teóricos y ofrecen las claves que a mi juicio permiten calibrar las dimensiones de esta catástrofe y situar el problema que pone en juego, el del sentido, el de su colapso. Los cuatro restantes presentan y analizan las estrategias que se ponen en marcha para gestionar y sobrellevar este desastre: los dos primeros (capítulos 3 y 4) dan cuenta de los recursos propios de las *narrativas del sentido* mientras que los dos últimos (capítulos 5 y 6), de aquellos que corresponden a las *narrativas de la ausencia de sentido.* A lo largo de ese viaje irán apareciendo muchos conceptos (catástrofe, trauma, civilización, biopolítica, parodia, tragedia…) y más personajes: el propio detenido-desaparecido, algún que otro viejo conocido —madres, familiares, abuelas…— y, sobre todo, unos cuantos nuevos agentes de este campo, bastante nuevos: antropólogos forenses, archiveros, arqueólogos, artistas, grupos de ex desaparecidos, y claro, los hijos de los desaparecidos…

Capítulo 1: Una catástrofe para el sentido. Desaparición forzada, modernidad, civilización

Este capítulo trabaja en el esqueleto de la hipótesis principal de este libro: que la desaparición forzada de personas es una catástrofe para la identidad y el lenguaje modernos. Lo hace concentrándose en el concepto de catástrofe y situándolo en las coordenadas de la América Latina civilizada, letrada, la América Latina preñada de cultura e individuos racionales. Esa América Latina, es decir, *acá,* es la que acogió la desaparición forzada en su versión más devastadora. Es ahí donde la maquinaria de desaparición que el Estado puso en marcha atacó a su producto más preciado y acabado: el individuo, el ciudadano. Y lo destrozó.

1. La desaparición forzada de personas como catástrofe del sentido

Hay hechos que siempre significan lo mismo y otros que no significan nada. Los primeros son *hechos asociados a sentidos estables*, los segundos *hechos disociados totalmente del sentido*. Me interesa esta disociación: *cuando algo, alguien, una cosa, un hecho deja de tener sentido*, cuando para ese algo, alguien o cosa, aunque suceda y lo sepa, aunque esté en el universo de lo fáctico y me importe, carezco de marcos interpretativos, de estructuras, de esquemas o sistemas de pensamiento… desde las que atraparlo y comprenderlo, clasificarlo u ordenarlo. Es decir, cuando *carezca de sentido.* Ese es el problema que está en juego con la desaparición forzada de personas.

Tal ruptura entre hechos y sentidos puede producirse de manera *puntual* (de repente no entendemos algo que siempre hemos entendido) o de manera *duradera* (cuando no hay manera de aprehender ese algo disociado del sentido). En ese último caso el concepto que merece este distanciamiento entre los hechos y *su* sentido es el de "catástrofe". Cuando eso ocurre las palabras se pelean con las cosas, el hablante balbucea. El hecho no se puede decir. O se puede decir de soslayo, diciendo que no se dice. Los desaparecidos, la desaparición, son una de estas catástrofes. Y de las gruesas: no hay palabras para ellos, pues son hechos y personas disociados del sentido.

En términos lógicos una catástrofe no es un trauma, es más profunda, más difícil de conjurar. Tampoco es un acontecimiento: éste es corto, aquélla dura. En términos lógicos dije y dije bien, pues no hablo —porque no sé ni puedo ni quiero— del trauma, el acontecimiento o la catástrofe en los términos en los que hablaría, por ejemplo, un psicólogo, para quien tienen otras connotaciones, como son otras también las estrategias para gestionarlo y digerirlo. Sólo me interesa aquí marcar una secuencia lógica, casi topológica —trauma → acontecimiento → catástrofe—, que va *de menos a más* en la duración, *de más a menos* en la posibilidad de conjuro y que en los tres casos se expresa *por igual* en lo que se refiere al que, a mi juicio, es el denominador común de los tres sustantivos: *la separación radical que cualquiera de ellos provoca entre las palabras y las cosas,* los *sentidos* y los *hechos*[10]. Veámoslo poco a poco:

1) En el *trauma* la desestabilización es profunda pero provisional pues hay instituciones con capacidad de regular los desajustes, competentes entonces para que a la desestabilización le siga la institucionalización de un nuevo equilibrio del sentido y de los hechos: es una "suspensión en el funcionamiento de una lógica por la irrupción de un término que le resulta intratable con sus recursos. Irrumpe un estímulo excesivo que no puede ser captado con los recursos previos" (Lewkowicz, 2004: 152). Pasado el tiempo, todo regresa a su lugar; se asimila, se normaliza. La muerte de un cercano es un trauma; el duelo, cuando se cierra y se resuelve, es una

---

[10] En materia de sociología y antropología de la violencia, hay un trabajo en profundidad en la obra de Veena Das (2008) sobre el concepto de acontecimiento: "eventos que instituyen una nueva modalidad de acción histórica que no estaba inscrita en el inventario de esa situación" (Das, 2008: 28. Del prólogo de F. A. Ortega). En castellano, Ortega, 2008, trabaja sobre el concepto de acontecimiento en Das y lo vincula con una lectura sugerente del de "trauma social". Así, apunta, "un acontecimiento traumático no se define tanto por el final del consenso social ni por la destrucción de la comunidad sino por la desaparición de criterios" (*ibídem*: 44), esto es, no solo por la ruptura de los consensos normativos y la imposibilidad de que sean sustituidos sino por la instalación de la vida social en un contexto en el que esa falta constituye normalidad.

institución que permite gestionarlo con bien. La tortura o el exilio, por profundas que sean, también son heridas que suelen cicatrizar[11]. Aunque duela, lo torcido se endereza.

2) En el caso del *acontecimiento* la desestabilización es profunda e intensa. Tanto que mientras sucede, el desencaje entre palabras y cosas, entre sentidos y hechos, es absoluto: "la cantidad excesiva desborda cuantitativamente las cualidades destinadas a incluirla (...). El término presentado resulta incompatible con la lógica estructural. El inasimilable exceso cualitativo indica el sitio del acontecimiento" (*ibídem*: 153). No hay categoría para comprenderlo; el acontecimiento —sea lúdico o trágico— es efervescente, excesivo y se afirma como lo único y sin nombre: un carnaval; un terremoto; mayo del 68; irrupciones de dolor o de pasión, intensas pero gestionadas con olvido; revueltas poderosas, pero invisibles en la historia, aunque dejen huellas...

3) La *catástrofe* es la inestabilidad estable: el desajuste permanente entre palabras y cosas convertido en estructura. Frente al trauma se distingue por su intensidad; frente al acontecimiento, por su duración. "La catástrofe es una dinámica que produce desmantelamiento sin armar otra lógica equivalente" (Lewkowicz, 2004: 154). Lo que rompe, dura. Por siempre, sin reemplazo. Así es, no sólo sucede que la causa de la catástrofe no se retira sino que ningún acuerdo de orden nuevo acude en lugar del que fue sometido a destrozo. Es, en fin, un imposible hecho posible: la anomia hecha norma, la ambivalencia hecha valor, la excepción permanente, la anormalidad de la norma, un duelo perpetuo... Un acontecimiento, pero eterno. "Esta vez —dice Lewkowicz— la inundación llega para quedarse" (*ibídem*). Hay ejemplos relativamente banales: la

---

[11] O que se digiere, lo que a efectos de lo que planteo viene a ser lo mismo: se puede *hacer algo* con ello. O no, pues el sujeto que soporta esos dolores puede padecerlos hasta el punto que su aparato psíquico permanezca "sumergido y enterrado en el horror de la violencia del trauma originario con la incapacidad del hacer la separación y disociación entre el tiempo pasado y el tiempo presente. El tiempo interior queda capturado y fijado a un pasado que impide proseguir" (Viñar, 1995: 57). En ese caso, al menos con arreglo a la terminología que propongo, el trauma deviene catástrofe. El propio Viñar, hablando con él de la tortura, me indicaba: "alguien que pasa una experiencia de horror siempre es distinto después, a veces porque tiene una secuela y una herida y a veces porque tiene un temple y una relación con la vida que es distinta y mejor que antes". Es, me decía recordando al Martín Fierro, "como el fierro que se forja: o se rompe o se templa".

identidad de un emigrante sin papeles de su país de acogida, ciertas situaciones de precariedad laboral... Pero me interesa como marco de referencia para pensar la desaparición forzada de personas, mi caso, un lugar que se vive en tanto que catástrofe, mi hipótesis. Es en parte mi lugar para pensar y vivir. O así lo creo.

Así, en la serie que va de menos a más en la distancia que se produce entre la estructura (los hechos/las cosas) y los recursos interpretativos que la acompañan para racionalizarla (los sentidos/las palabras), la catástrofe está en la cima, en el límite. Más allá, no hay nada. En una clave más sociológica puedo definirla así: *la catástrofe es la quiebra de las relaciones convencionales entre la realidad social y el lenguaje que casa con ella para analizarla y para vivirla; aparece cuando esta quiebra se consolida y esa consolidación constituye espacios sociales que, aunque con dificultades para la representación se representan y aunque con problemas para la construcción de identidad, ésta se hace*[12].

En los mundos construidos en torno al desaparecido eso ocurre; en estos mundos, la realidad social y el lenguaje son los de la *modernidad* y, dentro de ésta, los de la identidad en su *formato civilizado*. La desaparición forzada de personas destroza todo eso: la identidad civilizada, el lenguaje moderno, la relación entre ambos.

---

[12] Aparte de en algunos trabajos de Ignacio Lewkowicz, para la formulación del concepto de catástrofe me inspiro en las ideas de catástrofe lingüística de George Steiner y Alvin Rosenfeld, y psíquica, de René Kaes. La primera puede entenderse en los términos de los efectos que los fenómenos límite producen en el lenguaje. Así Auschwitz, que para Steiner somete al lenguaje a crisis de tal profundidad que le lleva a afirmar que "está fuera del lenguaje" (1982), constituyendo para Rosenfeld un verdadero "lingüicidio", un caso de "muerte del lenguaje" (en Grierson, 1999). A la segunda, la psíquica, nos podemos acercar desde el trabajo de René Kaes, para el que "una catástrofe psíquica se produce cuando las modalidades habituales empleadas para tratar la negatividad inherente a la experiencia traumática se muestran insuficientes, especialmente cuando no pueden ser utilizadas por el sujeto debido a cualidades particulares de la relación entre realidad traumática interna y medio ambiente" (1991: 98). Es decir: comparece cuando la situación no puede ser entendida desde los mecanismos de comprensión de la estructura que la situación desbarata.

2. La catástrofe de la desaparición forzada de personas. Civilización, modernidad, biopolítica

2.1. La ambiciosa lógica de la representación moderna. Apenas cuatro notas[13]

En la modernidad, sobre el mundo se ejerce un continuo trabajo de purificación que lo despedaza (Serres, 1991: 107). El mundo se fragmenta, lo continuo se disgrega, las cosas se separan y se clasifican, se desagrupan y se reagrupan. Pulsión moderna a visualizar, a clasificar, a ordenar, a nombrar, a etiquetar. No es inocente. Puedo adelantarlo: creo que ese trabajo está en el fondo de las guías que orientan los procesos históricos que derivaron en la desaparición forzada de personas.

Y en el fondo de más cosas, pues es amplia, enorme, la serie de prácticas que funcionan con esa lógica: ciencias, hospitales, parques, edificios universitarios, jardines, censos, utopías urbanísticas, guarderías, museos, tablas de frecuencias, campos de concentración, programaciones de televisión... Todas ellas tienen un denominador común: el *poder de hacer lo que representan*. Tiene razón Donna J. Haraway: "la forma de la ciencia es la retórica social creadora de artefactos que configuran el mundo en objetos efectivos" (1995: 316-317). La realidad se construye de acuerdo a los modelos para representarla: la ciudad, la sociedad, el mundo mismo... responden a un mapa previo. Universo roturado: a cada cosa, persona, acción o fenómeno su nombre, su momento, su lugar. Se abre un espacio de taxonomías, un espacio analítico, el espacio de las clasificaciones, que se impone sobre lo continuo, sobre la promiscuidad de los límites y sobre la movilidad de lo confuso. Contra la desdiferenciación, la parrilla clasificatoria, donde encajan las identidades y las diferencias.

---

[13] La modernidad es todo y es nada. Para quien quiera periodizaciones, es Ilustración, Luces, Enciclopedia; para quien quiera acotaciones geográficas, era Occidente, y ahora es cosa múltiple y ubicua que todo lo colonizó; para quien quiera estructuras de producción de sentido, es sobre todo una enorme maquinaria de producción de realidad que racionaliza, limpia, construye coherencias y equivalencias, sitúa, emplaza. Sin posibilidad de huida. Es una episteme (Foucault, 1997): una manera de representar el mundo, organizar lo que se parece y lo que no, lo que es igual y lo distinto, la identidad y las diferencias... y que todo lo incluye, hasta el hombre, que no escapa de su voracidad. Es, en fin, lo que somos y en donde vivimos.

División, clasificación, observación. Surge un espacio "recortado, inmóvil, petrificado. Cada cual está pegado a su puesto. Y si se mueve, le va en ello la vida, contagio o castigo" (Foucault, 1992: 199).

Los dispositivos ordenan la ciudad: dispositivos productores de verdad, dispositivos de saber, dispositivos de poder. Poderosos articuladores del orden. Mediadores del sentido, conductores de los significados: planos, planes, funcionarios, paisajes, tablas, fosas, máquinas, presos comunes y no comunes, torres, folios, compases, instrumentos, edificios... Artefactos de representación cuyo número y potencia crece sin contención desde entonces hasta hoy. La representación moderna atrapa al mundo. Es la égida del análisis. Es mi territorio, el de la sociología. También el de la desaparición forzada de personas, lo veremos. No digo que seamos cómplices; sí que todos los que vivimos en y por *lo moderno* compartimos un cierto *aire de familia*. Y que esa correspondencia debe pensarse.

Este proceso, repetido, atraviesa la modernidad. Puede ser que encuentre su cima con el ejercicio de representación científica, pero no le es en absoluto privativo: todo en la modernidad cae dentro de sus fauces. Atrapa el sentido y explica, sobre todo, cómo damos sentido a las cosas desde entonces. Miremos dos de los muchos ejemplos de esa limpieza —y de su esplendor y espectacularidad—, el *jardín botánico* (puesta en escena del modelo científico aplicado a la naturaleza) y el *museo* (escenificación del modelo científico aplicado a las identidades sociales). En ambos casos las cosas que los integran devienen parte de uno, jardín, o del otro, museo, gracias a un trabajo intenso de selección, ordenación, análisis, clasificación...: sólo ingresa en la clasificación lo que responde positivamente al interrogatorio del científico, lo que se ajuste a sus prototipos. O en términos distintos, al mundo sólo pertenece *lo que tiene sentido*; lo que no, es expulsado[14]. Y cuando quedan desprovistos de lo que sobra, se puede manejar cómodamente la realidad, que casa bien, muy bien, con las representaciones. Modernidad: voraz maquinaria de pro-

---

[14] Bruno Latour y Emilie Hermant lo explican así: "La biblioteca, el gabinete, la colección, el jardín botánico y la casa de fieras se enriquecerán sin por ello atestarse de todos los rasgos no pertinentes" (1999: 163-164).

ducción de sentido; sólo lo que lo tiene existe, el resto queda sin identidad. Todo encaja[15].

En esos espacios se hace real la representación del mundo: zonas geográficas, épocas, clases sociales, razas, especies, culturas, sociedades, orden, progreso... Cada objeto en su lugar y para cada cual su momento. El mundo visto por la mediación de los artefactos de la representación que, en esos hermosos lugares, jardines o museos, también en otros no tan hermosos como los centros clandestinos de detención, se transfigura en *representación habitable*. La representación ya es un territorio acondicionado para la vida. Las palabras y las cosas se encuentran; no podemos desde entonces separarlas sin riesgo de cataclismo.

Esto de lo que escribo es algo muy moderno. Se resume así: el mundo es los artefactos que lo pensaron y piensan. Desde los museos de los historiadores a los estudios de toponimia de los filólogos; desde los sondeos de los arqueólogos hasta las entrevistas de los sociólogos; desde los parques de los botánicos a las reglamentaciones carcelarias; desde la clasificación de las razas a las órdenes para ejecutar a un subversivo... todo eso *hace al decir*. Todos estos ejercicios de representación y de análisis de la realidad son también trabajos que intervienen en la racionalización de la realidad que representan y los resultados son múltiples y de naturaleza diversa, hermosos (la belleza del jardín botánico o del zoológico decimonónico), neutros (el trabajo del asistente social o del médico de familia) o infames (el horror del Holocausto o la sistematicidad de la represión en el Cono Sur latinoamericano). Pero eso sí: todos son productos modernos.

2.2. Jardineros y construcción de sociedades e individuos en el proceso civilizatorio en el Cono Sur latinoamericano

La cosa viene pues de lejos. Tanto que entre los productos de ese trabajo de *modelización* de la realidad están Argentina o Uruguay. Son el exceso de ese trabajo: el producto ideal del sueño moderno. Allí, "las

---

[15] Foucault también lo supo ver y escribió: "Los documentos de esta nueva historia no son palabras, textos, archivos, sino espacios claros en los que las cosas se yuxtaponen: herbarios, colecciones, jardines; el lugar de esta historia es un rectángulo intemporal en el que los seres, despojados de todo comentario, de todo lenguaje circundante, se presentan unos al lado de los otros, con sus superficies visibles, aproximados de acuerdo con sus rasgos comunes y, con ello, virtualmente analizados y portadores de su solo nombre" (1997: 131-132).

motivaciones [del colonizador] (…) para fundar nuevas ciudades en el territorio que acababan de conquistar y para destruir las antiguas ciudades indígenas que habían encontrado en el camino respondían a un nuevo designio, el de inventar una nueva Europa" (Blengino, 2005: 19). Lugares imaginados como lo que surge de la nada, del vacío: como el trabajo de moldeo aplicado a un desierto que se habita a golpe, insistente, de proyecto. Sociedad fraguada con la utopía moderna[16].

En la América que me ocupa los territorios conquistados se imaginan, en efecto, como un desierto que se llena gracias a un preciso trabajo de jardinería (Bauman, 1997a) que permite que en ellos: (1) se dé forma a una población (Foucault, 2006); (2) se construya la Ciudad Letrada (Rama, 1998); y (3) se conforme al sujeto que integra esa población, al habitante de la Ciudad Letrada, el individuo-ciudadano. En la zona es ése el proyecto civilizatorio. Continúa abierto.

2.2.1. La formación de la población

Desde el XVIII el gobierno se ejerce no sobre el territorio sino sobre la población. Es eso lo que Michel Foucault llamó *biopolítica*, "el modo en que (…) la práctica gubernamental ha intentado racionalizar aquellos fenómenos planteados por un conjunto de seres vivos constituidos en población: problemas relativos a la salud, la higiene, la natalidad, la longevidad, las razas" (1990: 119). En otros términos, la forma en que el gobierno se ejerce como diseño, control, dominio… de los cuerpos, de los cuerpos colectivos y de los cuerpos individuales. Roberto Esposito lo explica bien: la biopolítica es la forma de gobierno en la que se superponen el ámbito de la política o del derecho y el de la vida y esa superposición es sólo en la modernidad que ha lugar, cuando se hace del individuo y de su conservación el presupuesto y el objetivo de toda otra categoría política y jurídica (2007: 16).

---

[16] Aunque referido a épocas distintas, el clásico retrato de Los Angeles de Mike Davis (2003) o los trabajos recogidos en Sorkin (ed., 2004) sobre los suburbios de las grandes ciudades de los Estados Unidos y la constitución allí de las clases medias como clases resultado de la planificación sociológica dan cuenta de un proceso de moldeo similar al que describo. Cabe decir que aunque éste sea el dato propio de la vida social tal cual se concibe en el conjunto de América, es bien cierto que esta relación tan estrecha entre *proyecto moderno* y *vida social* no aparece de modo tan nítido en la América andina, cuya historia es imposible de narrar desconsiderando la tradición precolonial, tradición que sí puede eludirse sin mayores consecuencias en el caso de la historia social del Cono Sur.

Este gobierno de poblaciones tiene su genealogía y tiene sus protagonistas.

La *genealogía* del gobierno de poblaciones se encontrará sin demasiadas dificultades cuando se dé con la de la idea de *sociedad*, una forma de vida social, téngase en cuenta, de invención reciente (Donzelot, 1984; Kaufmann, Guilhaumou, 2003). En efecto, la idea de sociedad comparece en el imaginario de sus muchos preceptores —desde el republicanismo al anarquismo, desde el liberalismo al socialismo, desde la sociología

---

Creación del Registro Nacional de las personas. Buenos Aires, 29/9/1948

-Ley Vigente-

Artículo 1 Créase el Registro Nacional de las Personas, dependiente del Ministerio del Interior, con la misión de registrar y certificar la identidad de todas las personas de existencia visible de nacionalidad argentina o que se hallen en jurisdicción argentina o se domicilien en ella, exceptuándose al personal diplomático extranjero, de acuerdo con las normas y convenios internacionales de reciprocidad.

Artículo 2. Compete especialmente al registro: a) Identificar e inscribir a todas las personas comprendidas en la enumeración del artículo 1, registrando los elementos que las indiquen y manteniéndolos actualizados; b) Clasificarlos de modo que puedan ser utilizados: 1. - Por las autoridades públicas, a fines militares, electorales y demás que se fijen en la reglamentación; 2. - Por los particulares; c) Expedir los informes, certificados o testimonios previstos por esta ley; d) Realizar, en coordinación con las autoridades pertinentes, las actividades estadísticas para asegurar el censo permanente de las personas.

Artículo 8. El registro expedirá, con carácter exclusivo, los documentos nacionales de identidad, a saber:

a) Libreta nacional de identidad (L.N.I.);
b) Certificado nacional de identidad;
c) Certificado condicional de identidad;
d) Pasaporte;
e) Cualesquiera otros que, con fines especiales, se establezcan.

---

al trabajo social— como un territorio para la acción correctora (lugar de las políticas y de los derechos) y para la acción observadora (lugar de las sociologías y las antropologías). Son las de estos preceptores —y las de otros— plumas poderosas, que en su *obra social* fueron capaces de hacer lo que soñaron, la sociedad, que es por eso tanto una "noción estratégica" (Donzelot, 1984: 77) como también una tecnología de gobierno. Puede seguirse argumentando; pero creo que basta con esto para poner sobre el papel una idea poderosa, la de *hacer sociedad,* idea, casi proyecto, que troquela varios siglos de pensamiento político y científico, que orientó y orienta el trabajo de moldeo y modelaje de la vida social del XVIII, el XIX y el XX (de Marinis, 1999: 90), que creó y crea campos de acción eficaces, tanto para las cosas como para las personas. Y más aún, que creó y crea cosas y personas...

...cosas y personas con forma y conforme a la lógica del Estado-nación y del individuo-ciudadano, los *protagonistas* de este enredo. Tampoco me alargaré sobre esto (Gatti, 2007). Me alcanza ahora con recordar que las metáforas que modelan nuestras subjetividades son legado directo de, en lo colectivo, el Estado-nación y en lo personal, el individuo-ciudadano. Ambos, el mayor y el menor, son hermanos, y como tales, se parecen aunque dé la impresión de que rivalicen y se peleen. Pero lo quieran o no siempre compartirán padres (la modernidad y la racionalidad) y lógica: ambas son figuras ordenadas, coherentes, estables —como el Estado—, indivisibles —como el individuo—. Siempre incontaminadas, siempre en su sitio; nunca sucias ni desordenadas. Con nombre, territorio e historia claros y visibles. Ambos son el modelo de la vida moderna y son también su resultado, al punto que han devenido nuestros *productores de solidez* (Lewkowicz *et al.*, 2003: 171). Constituyen, sí, "nuestra canción", la melodía que nos atrapa, la única manera que tenemos de ver y vivir la vida social. No hablo sólo de referencias empíricas, que sí, ni de realidades administrativas, que también. Hablo de las que constituyen nuestras "pan instituciones donadoras de sentido", los "principios generales de consistencia" de nuestra subjetividad (*ibídem*: 31 y 65), aquello que para nosotros, modernos, supone, no es poco, nuestra geometría básica (Moya, 1984). Son nuestra metáfora.

Retengamos entonces una idea, sencilla de enunciar: *que las ideas de sociedad, Estado-nación e individuo-ciudadano son productos y proyectos modernos, sólo modernos, y que su búsqueda ordena y coloniza nuestra subjetividad.*

2.2.2 La construcción de la Ciudad Letrada

Pero no todo funciona igual en todas partes: la forma moderna de gobierno, esa que desde el XVIII encuentra en la población a su objeto y su resultado, que tiene en el Estado-nación y en el individuo-ciudadano a sus criaturas dilectas... se extiende dondequiera, es cierto, pero de maneras diferentes. Tiene pues este trabajo de *colonización de la realidad* su historicidad y su territorialidad. O en otros términos: no es la misma, aunque se le parezca, la historia de la invención de la sociedad en Europa que la que da cuenta de ese proceso en América Latina. En la primera se *combatió* contra el Estado feudal y su política, esa propia del *guardabosques* (Bauman, 1997a) que administraba sus dominios con parsimonia *dejadosa*: vela por el mantenimiento de los recortes básicos, pero deja que lo silvestre fluya sólo; cuida de que pervivan sin alteraciones sustantivas los principios elementales de exclusión e inclusión pero no interviene demasiado sobre lo incluido y si lo hace, lo hace sin grandes rigores. Es frente a esa política del guardabosques que en la vieja Europa se establece el "gobierno de los conocedores y el conocimiento como fuerza dirigente" (*ibídem*: 99), léase el gobierno moderno: que ordena, que ilustra, que educa; que transforma el mundo y lo adapta al *Plan* poniendo en práctica el *arte de la vida social racional* (*ibídem*: 102).

Pero no fue así en América: el Estado no se ocupó allí, aquí, de reemplazar viejos guardabosques; se imaginó más bien que la suya era una tarea de instalación de *jardineros* para, primero, hacer crecer civilizaciones, y para mantenerlas y cuidarlas después; esos jardineros trabajaron sobre la *nada previa*, que llenan, que ilustran:

> "La cultura moderna es una cultura de jardín. Se define como el diseño para una vida ideal y una perfecta administración de las condiciones humanas. Construye su propia identidad a partir de la desconfianza en la naturaleza. Aparte del plan global, el orden artificial del jardín precisa de herramientas y de materias primas. También necesita de defensas contra el peligro implacable que supone el desorden. El orden, concebido en primer lugar como diseño, determina lo que es una herramienta, lo que es materia prima, lo que es inútil, lo que es inoportuno, lo que es nocivo, lo que es una mala hierba o un animal dañino" (Bauman, 1997b: 120)

En esta línea, Ángel Rama trabajó con la idea de que la ciudad latinoamericana nació de la ejecución no sólo de un plan ilustrado sino de un plan literario. Es esa ciudad una cosa que es la ejecución de una *palabra* en época en que la *palabra* y la *cosa* empiezan a llevarse bien, al menos a llevarse de acuerdo a los pactos modernos. América Latina, continente vacío en el imaginario del colonizador, es el lugar propicio para arrancar con buen pie la vida en común de esa pareja recién formada entre palabras y cosas: "La ciudad latinoamericana ha venido siendo básicamente un parto de la inteligencia, pues quedó inscrita en un ciclo de la cultura universal en que la ciudad pasó a ser el sueño de un orden y encontró en las tierras del Nuevo Continente el único sitio propicio para encarnar" (Rama, 1998: 17). Tierra virgen, enorme continente, tabula rasa, construcción *ex nihilo*, un mundo perfecto, domeñado por la representación. Mundo resultado de la razón; nada puede ser más bello y limpio: Nueva España, Nueva Helvecia, Atenas del Plata, Nueva León, Nuevo Berlín, Suiza de América, Nueva Granada, Nuevo París... Lo mismo pero ahora sin errores. El orden moderno de la representación en estado paroxístico:

> "Dentro de ese cauce del saber, gracias a él, surgirán esas ciudades ideales de la inmensa extensión americana. Las regirá una razón ordenadora que se revela en un orden social jerárquico transpuesto a un orden distributivo geométrico. No es la sociedad, sino su forma organizada, la que es transpuesta; y no a la ciudad, sino a su forma distributiva" (*ibídem*: 19)

Prototipo que se traslada a la realidad. Diseño y plan ("principio de planning", dirá Rama, que es el que rigió esa traducción del modelo al terreno); guión con forma de ordenanzas que son también una escritura. Aún hoy, los resultados de ese trabajo de la representación, pues es, sí, la representación la que se bate el cobre con el vacío a colonizar, son, por eficaces, impactantes: nacen ciudades, se conciben Estados, se trazan predios ordenados y bien tabulados, se idean eso que llamamos imaginarios, preñados de utopía, marcados por el plan desde el que se dibujaron

---

Diario de campo: 28/8/2005, Buenos Aires. Indios y desaparecidos

En la reseña que en *Clarín* hacen del libro de Vanni Blengino *La zanja de la Patagonia* (Blengino, 2005) se le pregunta al autor por la construcción del mito de la Patagonia desértica, de la zanja y la frontera, de la separación de la paja y el polvo, de la Campaña al Desierto... y del indio como el primer desaparecido. No lo niega, no lo afirma. Dice, con razón, que cada época produce sus mitos y sus figuras, que ésa es de ésta, que aquélla es de otra.

Aunque quizá estén conectadas por fino hilo...

---

y por las cláusulas que lo adornaban, entre otras, cierta obligación para el jardinero de mantener el predio libre de maleza. Es relevante para lo que hablo, la desaparición forzada de personas en los setenta: condicionará un futuro que seguirá pensando en *civilizar*, *mantener* y *limpiar*. A fin de cuentas ese futuro, nuestro presente, no está tan lejos del origen.

En todo caso, en los territorios donde el plan funcionó quedó sin duda alguna certificado el triunfo de las ciudades sobre el vacío; o más aún: de la *civilización sobre la barbarie*. Pero a diferencia de la norma europea, donde la ciudad devino tal tras un largo proceso de desarrollo o, en algún caso, imponiéndose a la resistencia de la estructura feudal, aquí en la América Latina el ideal —la ciudad— es el lugar de arranque. La civilización no es pues un resultado, es un punto de partida: "Estas ciudades irreales, despegadas de las necesidades del medio, verdaderos batiscafos, si no extraterrestres al menos extracontinentales, aprovecharán su beneficio" (*ibídem*: 26).

Trabajo de jardinería tan duro en lo esencial como cualquier otro esfuerzo de ingeniería sociológica; poderoso como ellos, y es probable, por qué no, que en la cabeza de quienes lo pergeñan sea hasta bienintencionado. E incluso hermoso. O al menos rutinario. En todo caso, seguro que no necesariamente tenebroso y sí necesariamente pulcro: el jardinero, es sabido, se encarga de diseñar el jardín, pero también de limpiarlo de malezas, de mantener impoluto, con admirable y paciente persistencia, lo que contiene su cercado. Eso exige eliminar; pero con un buen fin.

Modernidad en estado paroxístico, sociedad sometida a las miradas del ingeniero/jardinero, vista como "un objeto a administrar, como una colección de distintos problemas a resolver, como una naturaleza que hay que 'controlar', 'dominar', 'mejorar' o 'remodelar', como legítimo objeto de la 'ingeniería social' y, en general, como un jardín que hay que diseñar y conservar a la fuerza en la forma en que fue diseñado" (Bauman, 1997b: 23) ¿Quién sostuvo ese sueño? Rama habla de letrados, y eso incluye: auditores, registradores de la propiedad, economistas, arquitectos, geógrafos, periodistas, abogados, notarios, escribanos, escribientes y burócratas de la administración… Pero la nómina es ampliable, y llega, cómo no, hasta los científicos o los sacerdotes (Blengino, 2005). Y, en el extremo, hasta los militares. De ideologías y orígenes varios.

2.2.3. La fabricación del individuo civilizado

El sujeto que vive en este jardín es esa maravilla de la racionalidad que hoy conocemos como "individuo". En él biopolítica y civilización se encuentran. Es este individuo una invención reciente[17] cuya gestación depende, en parte, de su buena relación con la maquinaria de registro y de socialización de los estados nacionales del XVIII, el XIX y el XX (censos, escuelas, instituciones públicas, documentos de identidad, leyes para el registro burocrático de las personas...). Y depende también de lo bien que responda la persona que merezca ser tal al cuestionario, cada vez más cerrado, del proceso civilizatorio: demandas de buenas maneras, exigencias de autoconciencia (Elias, 1988), tests de razón ilustrada, revisión de grados de civismo... Tiene historia este sujeto que se llama individuo, por mucho que hoy se haya hecho ahistórico y lo pensemos como un "universal sociológico que acompaña a la condición humana" (Béjar, 1988: 15). No lo es; al contrario, es algo, ya lo he dicho, de invención reciente. Pues en efecto, no se conocía nada equivalente al individuo ni en Grecia, donde lo más parecido era el *idiota*; ni en Roma, donde sí se hablaba de *persona*, término que remitía a algo mucho más específico (máscaras): "En la praxis social de la antigüedad clásica la identidad grupal del ser humano particular, su identidad como nosotros, vosotros y ellos, todavía desempeñaba, comparada con la identidad como yo, un papel demasiado importante para que pudiera surgir la necesidad de un término universal que representara al ser humano particular como a una criatura casi desprovista de un grupo social" (Elias, 1990: 182). Hubo de precisarse de un largo proceso para que la idea de individuo cuajase y más para que colonizase como hoy lo ha hecho la idea de persona. Sólo en el XVII algo que hasta entonces se restringía al ámbito de la lógica y la gramática (*individuus*: el símbolo de una unidad indivisible) pasa a aplicarse al de la subjetividad humana.

---

[17] No puedo dejar de citar dos de las tantas frases maestras del propio Foucault, frases de esas que deberían encabezar los primeros capítulos de cualquier manual de antropología, psicología o sociología. La primera: "El hombre no existía (...). Es una criatura muy reciente que la demiurgia del saber ha fabricado con sus manos hace menos de doscientos años" (1997: 300); la segunda: "El hombre no es el problema más antiguo ni más constante que se haya planteado el saber humano (...). Puede estarse seguro de que el hombre es una invención reciente" (*ibídem*: 375).

Norbert Elias da buenas pistas para abordar la sociogénesis de este singular sujeto que fue, que es, el individuo-ciudadano. Elias, en *El proceso de la civilización* (1988), su obra magna, analiza cómo el trabajo de la civilización, proceso de largo aliento y que tiene dos de sus correlatos empíricos más relevantes en las ideas de población y en la planificación de la sociedad, se da conjuntamente con otro de alcance sólo aparentemente más modesto, el del nacimiento del individuo moderno. Su historia puede trazarse siguiendo un camino en el que, a medida que crecen las coacciones externas, aumenta el grado de autoconciencia. José María González García describe bien el paisaje que se va viendo durante este viaje:

> "Esta transformación supone un proceso de autoconstitución del individuo, de transformación de su sistema emotivo, de contención de las emociones, un cambio en los preceptos de las 'buenas maneras' en la mesa o en cualquier reunión de la 'buena sociedad', el desarrollo de una gran capacidad de observación psicológica de sí mismo y de los demás (…). Se constituye un tipo de hombre calculador, siempre a la defensiva, represor de sus reacciones emotivas espontáneas, gran observador y conocedor de su propio yo y buen experto en la observación psicológica del ser humano" (2001: 47-48)

La civilización, en el plano de las economías afectivas, se traduce entonces en *racionalización* de sí. La sociedad encuentra su cómplice perfecto en el plano de las subjetividades personales, el *individuo racional*. De la mano del proceso civilizatorio presenciamos la unión de Weber y de Freud o en palabras del propio Elias, la "correspondencia entre este cambio específico en la estructura de las relaciones humanas y el cambio correspondiente en las estructuras psíquicas" (1988: 451). La sociedad encuentra su equilibrio, las disposiciones de necesidad coinciden al fin con las orientaciones de la acción:

> "Las *coacciones* sociales externas van convirtiéndose de diversos modos en coacciones internas, como la satisfacción de las necesidades humanas pasa poco a poco a realizarse entre los bastidores de la vida social y se carga de sentimientos de vergüenza y como la regulación del conjunto de la vida impulsiva y afectiva va haciéndose más y más universal, igual y estable a través de una autodominación continua" (*ibídem*: 449)

Lo natural se domestica y la sociedad se lee, de más en más, como agregación de individuos autocontrolados: pudorosos, decorosos, sometidos a las reglas de mesa, dotados de una psique —*la psique civilizada*— con un grado creciente de diferenciación interna (ello, yo y súper-yo), que no defecan ni salivan en público, que comen bien y comen parecido. Son los habitantes ideales de la Ciudad Letrada. No son máquinas; es más, a veces, incluso, participan de la vida pública y creen en la ciudadanía y hasta en la posibilidad de cambiar y mejorar el lugar que habitan. Son sujetos dotados de *voluntad* (Anguita, Caparrós, 1998).

* * *

La modernidad creó poblaciones ordenadas, llenas de individuos racionales, limpias. El plan salió bien.

2.3. El proceso civilizatorio en el Cono Sur. Belleza del jardín y eliminación del residuo

> …gran interés tomo en la conclusión de los infieles… (Bernabé Rivera, ca. 1830)

Estas pinceladas bastan para registrar la *pureza* del "operar americano" del proceso civilizatorio. Son lugares que nacen, en efecto, de la *letra civilizatoria*, que sumida en una suerte de efervescencia nominalista rebautiza lo que encuentra: "Se cambian y se inventan nuevos nombres

Diario de campo: 27/12/2007, Montevideo. Sin identidad no hay derechos, sin papeles no hay identidad

Cerrando el año político 2007 Tabaré Vázquez recorre junto a los miembros de su gobierno el interior del Uruguay. El 27 de diciembre de 2007 en Sarandí Grande, localidad del departamento de Florida, reflexiona sobre las consecuencias de las políticas contra la pobreza desplegadas por el Gobierno del Frente Amplio. Dice: "Los ciudadanos y los más humildes y los más pobres, están recobrando sus derechos. Primero porque los están conociendo, porque se les informa, y segundo porque los están recobrando. Pasan a ser ciudadanos, cuando antes no lo eran por la sencilla razón que ni siquiera tenían documentos de identidad que no los hacían pasibles de recibir los beneficios sociales que les correspondían. Hay un programa de identidad 'nacido vivo' para que cada niño uruguayo, apenas nacido (…) sea registrado y reciba gratuitamente su documento de identidad, porque como decíamos sin identidad no hay derechos" (http://www.presidencia.gub.uy). No hay duda, las que el Frente Amplio desarrolla contra la exclusión son políticas civilizatorias: evitan exclusiones, es decir, crean *individuos inclusos*. Léase, ciudadanos.

para los minerales, las plantas y las personas. Se clasifican científicamente arbustos y hierbas. También los religiosos cambian el nombre de las personas y recurren al número para verificar el éxito de la obra de evangelización" (Blengino, 2005: 56). Ciudad Letrada acertó a llamarla Ángel Rama: *vida resultado de la escritura* (y del censo, y del aparato judicial, y del documento nacional de identidad...). Foucault y Elias estarían felices viendo el diseño de Argentina y de Uruguay. Otros los poblaron de individuos. A esos individuos devastó el dispositivo desaparecedor. Queda pues perfilado el paisaje de fondo de la desaparición forzada de personas: el proceso civilizatorio, esto es, una retórica sobre la construcción de la vida social en la que a partes iguales trabajan el discurso de la *creación ex nihilo* de esta sociedad junto con el de la *eliminación de lo que sobra* de ella, en la que pesa tanto la construcción de lo que se ajusta al proyecto como la desaparición y/o domesticación de lo disfuncional, de lo incómodo, de lo conflictivo.

Debo quizá aclarar que esto no es sólo interpretación del analista: los autores del golpe de Estado de 1976 en la Argentina se nombraron, pomposamente, como conductores del "Proceso de Reorganización Nacional"; los del de Uruguay, más parcos, llamaron gobierno cívico-militar a lo que surgió tras el golpe de Estado de 1973. Ambos movilizaron viejos imaginarios sobre los Estados-nación de esta región como Estados constituidos en la dialéctica entre el orden y el desorden, nacidos del desarrollo de la sarmientina batalla de la civilización contra la barbarie (Blengino, 2005), debitarios de la obra de limpieza de la mala hierba iniciada por el general Julio Argentino Roca en la Campaña al Desierto o por el

Diario de campo: 9/9/2005, Montevideo. Sin identidad no hay derechos, sin papeles no hay identidad (II)

Antes de oír a Tabaré Vázquez (cf. cuadro anterior) escuché, de boca de Margarita Salas, del Archivo General de la Nación, lo siguiente: "nacemos con un documento en la mano, que es la partida de nacimiento, morimos con otro, que es la de defunción". En América Latina, el Ser lo es si es de papel timbrado. Felicidad del escribano. También del individuo-ciudadano.

general Fructuoso Rivera, cuando la población indígena de lo que hoy es Argentina y Uruguay fue aniquilada. Para el caso uruguayo el historiador Carlos Demasi, analizando —y bien— lo que en el imaginario de quienes lo perpetraron supuso el golpe de Estado de 1973 en Uruguay comenta que la narrativa de la historia que construyó el régimen cívico-militar no distó mucho del relato tradicional de la historiografía uruguaya (1995: 36, 40), a saber:

> "Luego de los dolores del parto y las rebeldías propias de la juventud, el país se encaminó por una senda de ininterrumpido progreso hasta el presente. Las sangrientas guerras civiles quedaban como las naturales convulsiones de una sociedad en formación donde algunos compatriotas confundidos ponían obstáculos a la labor gubernamental (…). Pero gracias a la capacidad de sus gobernantes (…), el país superaba progresivamente sus dificultades" (ibídem: 32)

Diario de campo: 10/5/2008, Viloria (Navarra). *Inocuar* [*sic*] el mal de la sociedad uruguaya

No damos en Uruguay con un nombre equivalente al argentino "Proceso de reorganización nacional". Buscándolo, Brenda Bogliaccini me hace llegar por e-mail algunos pasajes de *Las Fuerzas Armadas al Pueblo Oriental* (Tomo 1: La subversión), opúsculo firmado por la Junta de Comandantes en Jefe y editado en junio de 1976. En el epígrafe "Derrota militar" se da cuenta de la sucesión de objetivos —siete— que encadenó la "estrategia de las Fuerzas Conjuntas". Antes de encarar el último, la suprema consecución del orden (en su jerga: "brindar seguridad al desarrollo nacional, coparticipando en la elaboración y ejecución del Plan Nacional de Desarrollo Económico y Social y sus programas sectoriales"), debía de satisfacerse otro, clave del trabajo de reorganización, limpieza y prevención higiénica. Se explica así ("neutralizar el aparato político de la subversión y su acción en los frentes de masas") y se articula en torno a un verbo extraño, quizá inventado, *inocuar*:

1) "inocuización del frente político";
2) "inocuización del frente sindical";
3) "inocuización del frente estudiantil";
4) "inocuización final del frente político, poniendo fuera de la ley al PC, al PS y demás grupos marxistas".
¿Limpiar? ¿Inculcar? ¿Civilizar? ¿Aniquilar? ¿Todo ello?

A lo largo de ese recorrido, continúa Demasi, el *plan de país* sigue en esencia siendo el mismo. Pero para evitar despistes cada tanto el proyecto se revisa y se limpia la mala hierba. Suavemente, eso sí: "los golpes de Estado eran incruentos e incluso los había 'buenos', y las dictaduras, solamente breves intermedios en los cuales se corregían algunos vicios de la etapa anterior y se preparaba a la sociedad para alcanzar nuevas metas (…). [Pero] es claro que la construcción descartaba muchos materiales que no eran precisamente de desecho" (*ibídem*: 33). Fuerte marca sarmientina, en efecto, la del relato de los orígenes del país y de los progresivos ajustes de su proyecto: civilización contra barbarie. Proyecto y correcciones. No hubo ruptura pues; sólo se dio continuidad a lo que ya estaba: "en la historia del país no hay rupturas, disociaciones, desarticulaciones" (Rico, 1995b: 79); el prefijo es otro, RE-: recuperación, reconstrucción, restauración, renovación… REhacer el viejo proyecto, que se DESviaba. Pero hay una novedad —regresaré en breve sobre ella—: *que en medio de esa dialéctica está ahora el producto mismo de la civilización, el individuo-ciudadano racional*. La cosa cambia.

Entonces, si la desaparición forzada de personas se nos aparece ahora como sinónimo del horror mismo, ¿cómo es que ese horror se dio en estos lugares de civilización y norma, en estos jardines de poda controlada? ¿Cómo fue posible que ocurriese tal colapso en Argentina y Uruguay, países por todos pensados —sobre todo de parte de sus nativos, incluido de este que escribe— como cultos y letrados, excepcionales en América Latina, hechos a golpe de citas literarias, con dos capitales que son, porque las sintetizan, más europeas que muchas de las europeas? Es cierto que es tentador recurrir al argumento de que las dictaduras, la tortura o, en una escala de brutalidad inusitadamente superior, la de la desaparición forzada de personas, contravienen una suerte de *regla de progreso* de los procesos civilizatorios[18]. Que como rompen con la secuencia, son retrocesos a la animalidad de lo humano, a la parte que no ha sido aún domeñada y que expresan que queda algo por domesticar, que "se requieren todavía más esfuerzos civilizadores" (Bauman, 1997b: 17). Que vamos bien, pero vamos lentos. Pero quizá, más que la hipótesis de un

---

[18] Es el argumento que sostiene, por ejemplo, Edmundo Gómez Mango (2006) o que, en comunicación personal, Marcelo Viñar construye así: "En donde el horror, la barbarie que existió pueden ser procesados, pueden ser reconocidos para poder ser cicatrizados, [ésa es] la civilización". Civilización versus barbarie. Dialéctica sin resultados grises sino entre opuestos contenidos el uno en el otro.

derrumbe civilizatorio o de una súbita barbarización sea más ajustada a lo que ocurrió la que sostiene que *en la hora de los golpes de Estado de los años setenta a lo que asistimos es a la exacerbación de la racionalidad*. Que las dictaduras, en los setenta, más que forzar las sociedades argentina o uruguaya, más que conducirlas a una excepción en su historia, revelaron que en ellas había no pocas instancias "preparada[s] para servir con facilidad a la empresa de exterminio" (Vezzetti, 2002: 152).

Creo que la hipótesis que queda así establecida es bien posible en lo fáctico y enormemente fecunda en lo analítico: *la desaparición forzada de personas no es barbarie sino que, al contrario, es modernidad exacerbada*. No es otra que ésta la propuesta desde la que Zygmunt Bauman (1997b) analiza el Holocausto, cuando sostiene que este fenómeno, aún mereciendo adjetivos del campo de lo ominoso, no es sin embargo ajeno en su lógica a la de nuestra iluminada modernidad, tanto en sus manifestaciones más espectaculares (la racionalidad científica o la construcción de la idea de ciudadanía) como en sus producciones más banales (el trabajo minucioso de limpieza del jardinero, la relación dedicada de un médico con su paciente…). El Holocausto fue un "laboratorio sociológico" (*ibídem*: 15) de enorme calibre, que indicó mucho no del peligro de retornar a la barbarie presocial sino de las "posibilidades ocultas de la sociedad moderna" (*ibídem*). Cuesta decirlo, pues soy moderno, pues hablo desde la sociología, pues mi identidad se construye en sus metáforas, pero esa devastación fue, es, probablemente será, la apoteosis del sueño civilizatorio:

> "El holocausto (…) se acomodaba por completo a todo lo que sabemos de nuestra civilización, del espíritu que la guía, de sus órdenes de prioridad, de su visión inmanente del mundo y de las formas adecuadas de lograr la felicidad humana junto a una sociedad perfecta" (*ibídem*: 11)

Roca y la Campaña al Desierto. Antes de él, en 1831, Fructuoso Rivera civilizando el este del río Uruguay en Salsipuedes. Genocidios fundacionales de estos *lugares excepcionales* a los que se unirá la desaparición forzada de personas. Mismo relato, mismo proyecto. Igual que el Holocausto. Todos estos fenómenos fueron "inquilino[s] legítimo[s] de la casa de la modernidad, inquilino[s] que no se habría[n] sentido cómodo[s] en ningún otro edificio" (*ibídem*: 23). Así es, todos comparten lógica, con lo que es sensato pensar que lo sucedido aquí en los setenta fue efecto no de un derrumbe civilizatorio o de un proceso de barbarización, sino, al contrario, que fue algo que obedeció a la radicalización del proyecto moderno; esto es, que fueron hechos ciertamente rompedores, casi

Diario de campo: 3/3/2008, Montevideo. Ediciones del debate

Buenas preguntas de Brenda Bogliaccini, de Trilce. Marca bien cuál es uno de los nodos del debate que este texto quiere proponer: "¿Qué es el proyecto moderno? Todos somos modernos, entonces ¿da lo mismo un militar, un militante, un ama de casa, el vecino de al lado y Gavazzo? ¿Todas las prácticas y discursos eran lo mismo? ¿Todos los sueños civilizatorios eran lo mismo?" No me gusta hacerlo, pero a todos esos interrogantes respondería que sí; y sin muchas dudas.

excepcionales, no por eso deben pensarse como hechos fuera de lógica. La lógica era vieja, conocida: la de la civilización contra la barbarie, la de la construcción de sentido contra el caos, la de la limpieza de la maleza. Tiene por eso razón Hugo Vezzetti cuando afirma que "la[s] dictadura[s] fue[ron] tanto una irrupción como un desenlace" (2002: 16).

Así fue, la que se puso en juego fue una retórica vieja: la de la purificación, la del reciclaje del resto, lo que no es otra cosa que la forma que tomó la modernidad política en el ámbito local. Por eso la burocracia estatal se movió en los setenta como en las guerras indias, su antecesora, manejó similares representaciones sobre la disciplina y el caos, el desierto, el Otro y la norma, la población y su regulación. Sostuvo una ficción: la de países en orden, armónicos, orgánicos, corpóreos… afectados por la subversión y el enemigo interior. Era necesario intervenir para regenerar la nación. Y construyó así un linaje fantástico, pero efectivo: de Roca al Proceso; del indio y el desierto al subversivo y la subversión; de Rivera a la Dictadura. Salsipuedes y los Dos demonios. Anclaje directo con la fundación, con el imaginario del Estado contra el desorden. Mismo enemigo (el caos, el resto, la sobra, el desierto); mismas herramientas (el desbroce, la limpieza). Igualación imaginaria del salvaje y el subversivo y, consecuentemente, de Roca en la Argentina o Rivera en Uruguay con el personaje salvador, que es también el civilizador y que es por ello el limpiador e higienizador. Proyecto moderno, de densidades parecidas. Objetivo, la refundación de la nación; herramientas, las mismas ahora en los setenta que entonces, a mediados del siglo XIX: una poderosa maquinaria de limpieza y exterminio. Cuesta mucho decirlo, pero buscaban la belleza, un mundo ordenado.

2.4. La paradoja del detenido-desaparecido, un trabajo des-civilizatorio

En ese contexto, el del proceso civilizatorio, el de las políticas de población, el de la (re)construcción de la ajustada a plan Ciudad Letrada, la maquinaria trabaja con automatismos, aún en los setenta, aún hoy: estamos ante el Estado desplegando política de población, ejerciendo de Estado jardinero, operando a través de los cuidadores de su parcela que velan porque el edén que han fabricado se mantenga en su sitio y que si algo se ha salido del marco se cuadre y reorganice. En la campaña de Roca, en las Guerras Indias, Rivera y la batalla de Salsipuedes o en la puesta en marcha del Registro Civil en ambos países, que en la Argentina —¿será casual?— es también obra de Roca, también en el trabajo del "Instituto Nacional de Colonización", que organiza la distribución de la tierra en el lado oriental del río Uruguay, el objetivo perdura: troquelar el desierto con civilización, cuidar que lo que se planta crezca con bien, ordenado, ajustado al jardín, comprometido con el proyecto.

Pero aunque esto se explique por aquello, aunque haya un hilo fino que une la fundación con los setenta, aunque parezca que todo es historia repetida, no es del todo así. Hay dos enormes novedades:

Diario de campo: 14/12/2007, Punta Colorada. Tertulia radiofónica de *El Espectador*: ganado y eucaliptos en el Uruguay moderno

El 14 de diciembre se conmemora la que se presume que es la fecha de la introducción del ganado en Uruguay. Tal hazaña, protagonizada por Hernandarias, es celebrada en la tertulia de los viernes de la emisora *El Espectador* por Carlos Maggi, ensayista, conservador, y Mauricio Rosencof, escritor, responsable de cultura de la Intendencia de Montevideo, del MLN-Tupamaros. Ambos coinciden —¿no es extraño?— en indicar que a Hernandarias hay que atribuir el mérito de haber dado el pistoletazo de salida de la economía del Uruguay moderno (¿hubo alguno antes que no lo fuese?). Maggi agrega: tras la cría sistemática de ganado, la segunda ola de modernización del Uruguay es la que en la actualidad protagoniza la forestación sistemática de buena parte del territorio. Y añade: "Ahí está la belleza del Uruguay: que su naturaleza es una naturaleza plantada".

En Uruguay, lo natural es el artificio moderno. Buena base, excelente, para una cultura jardinera.

---

1) Ese poder, el del proyecto moderno, se ejerce allá por donde se encuentre la población que es parte de su dominio, pero sobre todo en los *centros clandestinos de detención* (CCD). En ellos es probable que el poder se aplicase con la banalidad del gesto idiota, por trivial y maquinal, del burócrata, que reprime con rutina y sentido común (Bauman lo ha visto pensando sobre Auschwitz y el Holocausto: "El asesinato en masa contemporáneo se distingue por la práctica ausencia de toda espontaneidad, por un lado, y por la importancia de la planificación racional y los cálculos cuidadosos por otro" (1997b: 118)). Pero el centro clandestino de detención hizo que esa fuerza se expandiese más allá de lo que el burócrata controló y previó, y que llegase hasta el territorio del espanto. Es ahí que el CCD tornó la criatura más eficaz del proyecto de disciplinamiento de la población desarrollado en los setenta, una creación. Tiene pues sentido pensar en él como en una creación "periférica pero medular" (Calveiro, 1998: 13): no se la ve, pero sin ella, el proceso no se entiende. Como el *lager* de la Alemania nazi, el centro clandestino de detención es el epítome del espacio biopolítico, un espacio de control extremo sobre la vida. Una jurista argentina, buscando la fórmula legal que defina la desaparición forzada de personas dice: "No hay ningún desaparecido que haya desaparecido por acción individual (…). Todo desaparecido pasó por un campo. La matriz del crimen está en el campo, en el campo de concentración" (E4c). Primera novedad: una red de lugares dotados de un grado enorme de poder civilizatorio, hasta extremos incontrolados.

2) Es de presumir que ese poder se ejerciese como siempre se hizo: sobre las entidades que rompen la lógica del orden. No es esta de los años setenta una excepción, o no lo es del todo. Porque una paradoja dio consistencia a la mayor singularidad de las dictaduras del Cono Sur: *las entidades objeto de desaparición forzada son los productos más refinados del trabajo civilizatorio, los individuos con carta plena de ciudadanía, racionales e ilustrados, aseados (o sucios por elección).* Los frutos perfectos, sí, de la modernidad son los que van a ser despedazados por la maquinaria que fue su condición de posibilidad. Rutina civilizatoria que se aplica a lo más acabado de la civilización, máquina civilizatoria invertida; *des civilización*, que no es lo mismo que barbarie, sino que es, al contrario, civilización a la enésima potencia. Y es que esa fuerza enorme, la civilizatoria, hizo

este paisaje. Y si es necesario para su preservación lo deshace. Segunda novedad: el proyecto de disciplinamiento de la población puesto en marcha en los setenta tomó como objeto de su despliegue —y me atrevería a afirmar que esto es históricamente inaudito, tanto como que resulta teóricamente fascinante y moralmente terrible— a su propio producto, el individuo moderno y racional, de identidad refrendada con credenciales cívicas y administrativas[19]. Al individuo limpio y autoconsciente del Estado-nación, de la ciudadanía liberal. Al sujeto que le ve sentido al diván psicoanalítico. Y lo deshizo.

> Diario de campo: 23/11/2007, Montevideo. Presentación en el Centro de Estudios Interdisciplinarios Uruguayos, UDELAR (II): la dictadura posmoderna
>
> Álvaro Rico, del CEIU, me apunta un dato sobre el que pensar, que quizá quepa entender que las dictaduras de los setenta son algo así como un último acto de defensa del orden moderno. Lo que me resulta perturbador e incómodo del argumento son las paradojas que resultan de su aplicación hasta el límite: una, que me apunta una estudiante de doctorado de la Facultad de Humanidades de la UDELAR, Ivonne dos Santos, es que la dictadura habilita las condiciones de posibilidad para la entrada en juego de formas de nombrar post-, es decir, que moderniza y actualiza; dos, aunque en realidad es la segunda parte de la anterior, que el asalto a lo más delicioso y acabado de la civilización moderna, el individuo-ciudadano, asalto hecho en nombre de la preservación de la civilización y el orden produzca, al tiempo que una involución des-civilizatoria es un salto adelante postcivilizatorio y que, en esa medida, dé lugar, aunque en sus formas más extremas, a la primera de las identidades post- de esta parte del mundo, la del detenido-desaparecido y su entorno. Vamos: que la dictadura es en Uruguay la avanzada de la postmodernidad.
>
> Mundo loco.

---

[19] Roberto Esposito maneja una conjetura que debe tenerse en cuenta para entender esa paradoja y pensarla no sólo, como yo hago, como un producto específico de este lugar, el Cono Sur latinoamericano, sino también como algo que es un *efecto de época*: la biologización de la política conduce a pensar el mundo desde la metáfora organicista y a administrar al pueblo y a sus equivalentes funcionales (comunidad, nación…) como cuerpos. Si se da el caso que éstos se imaginan como estando sometidos a peligro de enfermedad se hará con ellos un trabajo de *inmunización* que, en el límite, conducirá a la extirpación de una parte, la dañada. Este trabajo de inmunización es paradójico en sus efectos pues pasa por que la sociedad que sana "diri[ja los] dispositivos protectores contra su propio cuerpo" (2007: 19). La máquina se aplica a sí misma y destroza su producto, destrozándose.

Dos novedades entran a jugar entonces en la sucesión pausada del proceso civilizatorio: la creación de un espacio para la civilización con un poder de devastación inusitado; la aplicación de la maquinaria civilizatoria a sí misma y el consecuente desgarro de uno de sus productos más excelsos, el individuo. Me interesa sobre todo esto último, pues es desde esa paradoja, la de la maquinaria aplicándose a sí misma, que surge la catástrofe y que se explica a mi juicio la dimensión del horror que alcanza la desaparición forzada.

La coyuntura de la época, los militares entrenados en la Escuela de las Américas, la Doctrina de la Seguridad Nacional, la producción generalizada del enemigo interno como dato de época, la experiencia nazi. Argelia también. Incluso Vietnam. Acudir a esos factores explicaría mucho, sin duda, de este episodio de la historia. Pero ninguno de ellos, ni por separado ni juntos, puede dar cuenta de lo sublime del horror que provocó —y provoca— la desaparición forzada de personas, un estado más allá del límite, una catástrofe, un trance en el que el lenguaje y la identidad se escinden. Y sin consuelo ni cosido. Donde el sentido se desbarata y ese desbarajuste llegó para quedarse, es ahí donde opera lo verdaderamente estructurante de la desaparición forzada de personas. Ahí, en el *sentido*, es donde se da la batalla.

Capítulo 2: La identidad frente a la máquina desaparecedora

En esta zona de América Latina la desaparición forzada de personas constituyó una catástrofe que descompuso individuos, que destrozó sus entornos. Así es, el dispositivo desaparecedor (Calveiro, 1998) y la figura que produce, el detenido-desaparecido, provocaron el crac de ese producto prototípicamente moderno —el individuo-ciudadano— y también de las formas de representación que lo acompañan, las que permiten darle palabra, las que nos ayudan a pensar en nuestra identidad cuando está íntegra y a gestionar incluso sus crisis. La desaparición forzada de personas impidió ambas cosas, identidad y lenguaje.

Esa maquinaria fue devastadora, y mucho. No obstante no hay por qué darles a sus ejecutores demasiados méritos. Su producto fue sublime; no su productor: "Unos bestias pintaron la Monalisa y en realidad estaban tratando de matar una mosca con un pincel (...). Hicieron cosas increíbles, separaron una identidad de un cuerpo, eso es lo que hicieron" (E10).

1. La perfección represiva del detenido-desaparecido

El cruce de los ingredientes con los que he trabajado hasta ahora —biopolítica, civilización, obsesión higienista, ingeniería social, utopía americana...— produjo en los años setenta una enorme emergencia, una novedad, una singularidad, una consecuencia no intencionada, un no-previsto: la *perfección represiva del detenido-desaparecido*. El detenido-desaparecido es individuo retaceado; es un cuerpo separado de nombre; es una conciencia escindida de su soporte físico; es un nombre aislado de su historia; es una identidad desprovista de su credencial cívica, de sus cartas de ciudadanía.

En efecto, lo que aquí, en esta parte del mundo, se lee como *identidad* —un individuo-ciudadano— fue devastado: pierde nombre, se queda sin territorio, se lo desgaja de su historia. La catástrofe es tal: las cosas no tienen ya palabras para darles consistencia; la estructura, el orden convencional de las cosas, son sometidos a tal terremoto que el disloque que le sigue no puede ser interpretado con las palabras que tenemos. Hacen crac nuestras estructuras cognitivas: las que sirven para pensar a los vivos, a los muertos, al sentido normal de las cosas. Al anormal también. Y es que se está ante una figura que se piensa *sin lugar* ("El desaparecido no deja rastros, crea un vacío" (E41); "Me gustaría saber dónde está mi mamá. Me parece que no es justo que no esté en ningún lado" (E27h)), que no encaja en *entidad reconocible* alguna, al tiempo *ausente y presente* ("En los detenidos-desaparecidos, la ausencia se convierte en presencia" (E41)), figura *sin lógica* ("La desaparición es un atentado a la lógica. Provoca un sentido de absurdo" (E41); "No existen, es una entelequia, no tienen entidad" (E42c)), *sin cuerpo*: "Es un cuerpo sin identidad y una identidad sin cuerpo" (E12). La nada. Terrible. Ya hace años, en Uruguay, Luis Pérez Aguirre supo identificar algunas de las terribles tensiones que acechaban a lo humano cuando era sometido a la condición de detenido-desaparecido:

> "El desaparecido es considerado como un no-ser; el Estado de Seguridad Nacional no quiere reconocerle su carácter de humano. Más aún, en el esquema del 'enemigo permanente', los desaparecidos no son considerados ni siquiera como delincuentes (que en toda sociedad democrática siguen siendo persona), porque no tienen derecho ni a ser procesados y juzgados, a tener públicamente la condición de 'presos'; a conocer su sentencia. La condición de los desaparecidos es un caso extremo de 'alteridad': la sociedad les quitó toda cualidad humana ¡Se les niega su condición humana! Se procura suprimirles el último lazo que tenían con la sociedad; se les niega hasta el derecho de estar en un lugar y fecha" (Pérez Aguirre, 1990: 129)

Algo no pensable, que bordea lo socialmente imposible, y ante lo que "la palabra presente la amenaza de su agotamiento" (Gómez Mango, 2006: 15). Por eso es sólo con la conjugación de términos de semántica difusa que puede definirse la desaparición y sus figuras: *chupado*, separado, disociado; *borrado*, sujeto imposible de registrar en el repertorio de la existencia estructurada; *chupaderos*, lugares donde un sujeto era absorbido, abducido casi, por la maquinaria desaparecedora. El detenido-desaparecido, dice de nuevo Gómez Mango es un "muerto-vivo" un "muerto robado a la muerte", un "siempre presente en la ausencia misma" (*ibídem*).

Como otros parias, un desolado[20]. Cuesta reconocerle una victoria, aunque sea nominativa, pero el propio Jorge Rafael Videla expresó la ambivalencia de la figura al decir que "los desaparecidos son eso, desaparecidos; no están ni vivos ni muertos; están desaparecidos". También *del otro lado*, la organización Abuelas de Plaza de Mayo los definió de un modo parecido:

> "La condición de 'desaparecido' está dada por lo que de él se ignora (su cautiverio, su muerte, el destino de sus restos y, en los casos de quienes transitaron los campos de concentración y no fueron identificados, quiénes eran). Lo que se ignora, la negación, es lo que lo define"[21]

Es un ausente presente. *Es*, no está, pues la desaparición se conjuga apuntando a la permanencia de un estado imposible: "La categoría de la desaparición implica una presencia-ausencia que se mantiene a lo largo del tiempo" (Kordon y Edelman, 2005). No es poca cosa ante lo que estamos: es nada menos que un *nuevo estado del ser*. Sobrecoge descubrirlo: "Cuando me dijeron 'vos estás desaparecido'; no me dijeron en realidad 'estás desaparecido', sino *sos* un desaparecido" (E41). Si creíamos que en la arquitectura de la existencia no había lugar posible entre la vida y la muerte y si lo había (purgatorio, limbo, limen, fantasmas y espectros de nombres varios...) duraba poco y correspondía a estados pasajeros del ser (o del no ser), la desaparición forzada de personas inventa un espacio de inestabilidad perpetua, una suerte de *limbo permanente*. Un espacio irresoluble además: ni siquiera se cierra con la eventual certeza de la muerte. Seguirá *siendo* un detenido-desaparecido: "esa persona que hasta ese momento era una desaparición forzada, al aparecer los restos, es una desaparición con hallazgo de restos" (E16). Nunca acaba.

Algo nuevo, mucho. Piénsese bien lo que supone; no damos con uno de estos estados todos los días... Si ya está pensado apuéstese por una u

---

[20] Desde el psicoanálisis Edmundo Gómez Mango, apoyándose en Hanna Arendt, propone incluir al detenido-desaparecido en la nómina de los desolados —precarios, clandestinos, sin papeles, refugiados...—, parias de la tierra marcados por la pérdida y la ausencia, sujetos de duelos no resueltos: "La noción de desolación concebida por Hanna Arendt me parece la que mejor se presta para describir y comprender el sufrimiento psíquico de estos parias de la modernidad (...), 'una situación en la que, en tanto que persona, me siento apartada de toda compañía humana'" (2006: 101), una señal de la "experiencia íntima de sentirse radicalmente expulsado de lo humano" (*ibídem*: 8).

[21] Tomado de http://www.abuelas.org.ar/archivo.htm [Acceso en mayo de 2008].

otra de estas alternativas: o sacamos al desaparecido de ahí para exorcizar el horror o lo pensamos en ese sitio, en *su lugar*. Vitalmente no lo sé; analíticamente apuesto por esto último.

Lo cierto es que la catástrofe es enorme: una entidad que tuvo el privilegiado estatuto de individuo-ciudadano fue expulsada al territorio *del afuera*. Convertida en NN[22] muda de la categoría de ciudadano, nítida, limpia, clara, a la de desaparecido, ambigua, oscura, invisible, contaminada y plena de imposibles. Ingresa a un territorio nada cómodo, en el que se le asocia a los fantasmas. Y ya se sabe: éstos inducen a pensar en lo siniestro, que es lo que no tiene estatuto definible: es "una no persona, algo que no se sabe si existe" (E41), "es algo que no está" (E42d). Es un estado inédito para el que no existía nombre: "Nos habla de (...) un abismo nuevo" (E41), algo que va más allá de cualquier cosa conocida. Con el detenido-desaparecido se crea, sí, un *estado nuevo del ser*.

¿Es una particularidad rioplatense? Creo que sí y creo que entenderla pasa por pensar que en su interpretación local la desaparición forzada de personas arremete contra la joya de la corona civilizatoria, el individuo-ciudadano, al que devasta. No obstante, es cierto que desaparición forzada de personas ha habido en otras ocasiones: es el caso del proceso que se abre con el decreto *Nacht und Nebel* (Noche y Niebla), de 1941 (Amnistía Internacional, 1983), que parece ser el antecedente histórico más directo de la figura del detenido-desaparecido y del dispositivo desaparecedor tal como se expresa en el Cono Sur en los setenta; lo es también el caso de los muchos desaparecidos en la Guerra Civil española. O incluso en la propia América andina, donde en épocas distintas ha sido virulenta la política de desaparición forzada. En cualquiera de esos casos la estrategia, aplicada sistemáticamente, es, amén de siniestra, eficaz. Pero no es lo mismo: mientras que en algunos de los lugares que he mencionado parece que para controlar las consecuencias sociales de la desaparición forzada es plausible acudir a figuras que en las tradiciones locales explican la existencia de cuerpos sin identidad o de nombres sin cuer-

---

[22] Las iniciales "NN" designan las tumbas de desconocidos o de aquellos enterrados en fosas comunes. Provienen de la expresión latina *nomen nescio* (literalmente "desconozco el nombre") aunque, por error de traducción, que no de semántica, se interpreta como "Ningún Nombre" o, en inglés, como "No Name". En los ochenta en la Argentina aparecieron numerosos esqueletos en cementerios públicos que luego fueron identificados como de personas detenidas-desaparecidas. Esos cuerpos estaban en tumbas NN. En Uruguay se está ahora en su búsqueda...

pos[23], allí, aquí, en las civilizadas capitales del Cono Sur, la desaparición forzada desgaja lo que se entiende por identidad hasta tal grado que no hay remedio. Así es, el tipo de detenido-desaparecido del que hablo, el mío, el nuestro —¡uf!— habita en un espacio impreciso entre la vida y la muerte, en el que se desmoronan dos cosas: la arquitectura moderna de la identidad; la posibilidad de representar. Hasta tal punto que no hay remedio. Son las dos caras de una misma catástrofe, que es terrible.

Intentaré hablar del primer desmoronamiento a través de lo que dicen los antropólogos forenses, que trabajan intentando reordenar los trozos restantes de las identidades desaparecidas, reunificando cuerpos destrozados e identidades rotas. Para acercarme al segundo derrumbe me valdré del esfuerzo de un sujeto muy singular, el ex detenido-desaparecido, testigo de lo que ocurrió en el campo y operario de una labor ingrata, hacer representable *esto,* que arrasó el lenguaje.

2. La disolución del nombre, la catástrofe de la identidad

> El problema, la cuestión central está en el nombre. Ahí se juega la batalla (E1)

Los psicoanalistas Marcelo Viñar y Maren Ulriksen han trabajado largamente sobre el impacto de la tortura en el torturado y en el tejido social que lo integra. En la tortura, interpretaban, lo que se pone en juego son los lugares de conexión del sentido con las cosas, los lugares donde se casan y combinan la palabra y el cuerpo. Es esa relación la que la tortura devasta: "La tortura se sitúa en la bisagra que articula al cuerpo indivi-

---

[23] Como sucede en Tucumán, en el norte argentino, donde se habla, significativo nombre, de los *in-ausentes,* tal y como me trasladó, en comunicación personal, la investigadora argentina Mercedes Vega. En los ingenios azucareros de ese territorio, se hablaba de la desaparición invocando viejas figuras de la tradición local ("se lo llevó el Familiar", "se lo llevó el Perro"), algunas de ellas procedentes al parecer de los tiempos de la Conquista. No hubo catástrofe; todo seguía igual: como entonces, ahora vienen *los hombres armados.* Parecería plausible así trabajar con la hipótesis de que en esas tradiciones, que en bruto llamaría "premodernas", existen figuras a las que acudir para gestionar la disociación de la identidad que provoca la desaparición forzada, figuras que, en este caso, filtran el dolor que provoca ésta, que cuando se despliega en zonas sin esos amortiguadores no tiene con qué contenerse. No es una ventaja: indica que el horror no es excepcional, que integra una serie continuada de oprobio. Para reflexionar sobre el acostumbramiento al horror es muy sugerente la película *Hombres armados,* de John Sayles (1997).

dual de carne y sangre, al cuerpo social, y a la palabra que sella el contrato tácito y explícito entre individuo y socius" (Viñar y Ulriksen, 1993: 131). Por ella el torturado roza el no ser (el *désêtre*) (*ibídem*: 77): torna, sí, un despojo; sólo cuerpo, sin sentido. Cuerpo roto. Un poder de devastación inmenso: "La tortura toca ese punto de intersección que es fundamento de lo humano: el cuerpo y la palabra" (*ibídem*: 128). La intensidad de esa escisión se recrudece en el caso de esa figura "siniestra, cruel, inconcebible" (*ibídem*: 9) que es el detenido-desaparecido, exacerbación, punto-límite (*ibídem*: 126) de la separación de las palabras y las cosas, del cuerpo y del nombre. Tras ella no queda nada de esa relación, un cuerpo sin nombre, un nombre sin cuerpo ("El dato esencial [de la desaparición forzada de personas] es el lugar y la fecha en que se produce el secuestro, punto en donde se separan cuerpo e identidad" (Somigliana, Olmo, 2002)), o peor, sólo un cuerpo que sufre ("[Los desaparecidos son para mí] cuerpos a los que les pasan cosas (…). Cuerpos que caen al mar, cuerpos silenciosos en una cucheta al lado de la otra. Sólo cuerpos" (E27e)).

En términos teóricos podríamos decir que con la desaparición forzada de personas *las cosas* que hacen la identidad moderna aparecen a trozos. Estos *despedazamientos* son tres: el de la alianza de *un* cuerpo y de *un* nombre; el de la inserción de ese cuerpo y nombre unidos en *una continuidad*; el de la inscripción de ese cuerpo y nombre unidos y con historia en el espacio de la *comunidad sancionado por el Estado*.

Diario de campo: 21/9/2005, Buenos Aires. EAAF, toma I: cajas inquietas de cuerpos sin nombre

Visito por segunda vez la sede del Equipo Argentino de Antropología Forense. D.B. me muestra las cajas que contienen restos sin nombre. Inquietan. Las que sí tienen nombre, las que han *recuperado su identidad* están más tranquilas.

El primer despedazamiento es el de lo que se lee como la *unidad ontológica* del ser humano, la que reúne *un cuerpo* y sólo uno con *un nombre* y sólo uno. Terrible operar el de esta maquinaria, que descompuso la unidad, naturalizada en el sujeto moderno, entre cuerpo y conciencia, las condiciones de posibilidad de nuestro equilibrio ontológico. Poniendo en limpio este diagnóstico, un miembro del EAAF (Equipo Argentino de Antropología Forense) dice así: "La represión clandestina lo que hacía era hacer dos cosas de una cosa; identidad y cuerpo son la misma cosa, tienen que ser la misma cosa; en un punto es como que vos pasás por un

> Registro Nacional de las Personas. Buenos Aires, 29/2/1968
>
> - Ley Vigente -
>
> Compete al Registro Nacional de las Personas ejercer las siguientes funciones:
>
> a) La inscripción e identificación de las personas (…) mediante el registro de sus antecedentes de mayor importancia desde el nacimiento y a través de las distintas etapas de la vida, los que se mantendrán permanentemente actualizados;
>
> b) La clasificación y procesamiento de la información relacionada con ese potencial humano.

lugar, por un paraje, donde dos cosas que forman una sola se disocian" (E10).

Consumado el primer despedazamiento la maquinaria separó luego a ese nombre y ese cuerpo unidos en una identidad de lo que la asocia a la novela familiar. Segó las cadenas filiatorias: "Lo ocurrido (…) condujo a una ruptura del sistema humano de filiación; es una masacre de los vínculos y una fractura de la memoria" (Lo Giudice, s/f). La desaparición rompió, entonces, nada menos que el tiempo, el que nos une al pasado y al origen, el que nos liga, vía filiación, al futuro.

No quedó ahí. La maquinaria despedazó finalmente la relación de ese individuo, que es cuerpo y conciencia engarzada a una historia, con la unidad administrativa que le da sentido como ciudadano, el Estado, instancia desde la que se ubica en el espacio comunitario. Le hurtó las inscripciones sin las cuales no terminamos de ser, no somos del todo: "Desde el nacimiento de una persona acá se le asigna un número y una identidad, nadie escapa a eso. [Sin eso] no pertenecés al Estado, no sos como individuo pleno de derecho" (E11). Despojado de los derechos de ciudadanía, convertido en *chusma*, en *bandido*, en *racaille*, en *linyera*, en gente sin nombre... el detenido-desaparecido es un sujeto de *mala muerte*[24], apenas nada:

---

[24] Debo esta referencia a la "mala muerte" a Álvaro Rico, en comunicación personal.

Esqueletos disociados de *su* nombre en la sede del EAAF, Buenos Aires, Argentina. Fotogramas tomados de la película *Nietos. Identidad y memoria* (Ávila, 2004). El siguiente pasaje transcribe la intervención de un miembro del EAAF, en esta misma cinta:

"Lo que todavía no hemos podido hacer en todos estos casos [mirando las cajas] es establecer la relación de sentido que permita poner nuevamente sobre sus pies la relación básica que todos tenemos entre nuestra identidad y nuestro cuerpo. El terrorismo de Estado lo que hizo entre otras cosas en estos casos es disociar, hacer que una identidad y un cuerpo se separen. La identidad queda en el aire, y el cuerpo queda acá. El propósito de este trabajo es que la cosa no quede como la dejaron, y la dejaron así [señalando a las cajas], con las identidades escindidas de su cuerpo"

"- El asunto es éste: si vos te encontrás con un muerto y decís 'es Juan Pérez', Juan Pérez te significa algo, es Pérez… [Ellos dicen]: es NN. No existe, no te significa nada un NN (…). Los NN siempre fueron indigentes. [Los que están] fuera de la sociedad. El indigente puede ser un linyera, un pordiosero, un loco. Los que están afuera de la sociedad

[GG] También los desaparecidos" (E11)

Repito la secuencia para poder pensar en ella otra vez: la máquina digería individuos íntegros, entidades pensadas como la unión de un cuerpo, cambiante pero único, a una conciencia, cambiante pero esencialmente una. Producto de esa ingesta la máquina expulsaba una figura nueva: el detenido-desaparecido, sujeto pero sujeto roto, identidad pero pseudo-identidad. Simple pero poderosa acción la de la máquina: produjo nada menos, lo decía antes, que un *nuevo estado del ser*, un cuerpo separado del nombre, una conciencia escindida de su soporte físico, una identidad sin tiempo y sin espacio. Inventó el detenido-desaparecido.

No es necesario ir muy al fondo para observar en esta maquinaria que ingiere individuos y produce despojos, la huella, de nuevo, del proceso civilizatorio: el trabajo de administración de la población, la obsesión por mantener limpio el jardín, la preocupación por que los desechos no interfieran en el predio ya ordenado. Esas mismas preocupaciones estaban en la maquinaria desaparecedora. Los miembros del EAAF dan nuevamente pistas correctas, y por directos hasta pueden resultar hirientes, y por explícitos, sus términos —aparato de producción, basura...— pueden llegar a ser sangrantes: "Era como un aparato de producción" (E11); "Va superando los problemas (...) sin un mínimo de elaboración ¿Cómo se supera esto? ¿Qué hacemos con los cuerpos? 'Subilos a un avión y tiralos, tirales tres o cuatro tiros y tiralos en un basural'" (E10); "¿Sabés en qué pensaron? 'Vamos a meter la basura debajo de la alfombra', eso pensaron. O sea, hagámoslo pero que no se note" (E10). Sólo fue eso. Un problema práctico que se resolvió a través del Estado y su rutina, de la burocracia y sus personajes.

Así descrito parecería que nos enfrentamos a una maquinaria, la desaparecedora, nada sublime, menos aún monstruosa; es mera racionalidad. De nuevo, sí, nuestro viejo proyecto civilizatorio. Una mecánica. Algo que funciona alimentado de *tonta rutina,* con un operar sencillo, aunque de enorme eficacia, legible en términos de *inputs* y *outputs*: *ingresaba* sujetos íntegros, en los que cuerpo y nombre encajaban; *egresaba* o bien retales de esos sujetos (bajo forma tanto de *cuerpos sin nombre* —cadáveres sin identificar—, como de *nombres sin cuerpo* —nombres absorbidos por la máquina desaparecedora pero sin cuerpos a los que serles aplicado—) o bien, y en contadas ocasiones, sujetos íntegros —nombres unidos a los cuerpos, vivos o muertos— a los que ya se les había exprimido la información. Ingreso y egreso. Así. Poco más:

> "El fenómeno de la desaparición asemeja a un sistema de ingreso y egreso: el primer momento del esquema es la desaparición. Es el momento del ingreso de una persona determinada en el 'circuito clandestino de represión'. El dato esencial en este momento es el lugar y la fecha en que se produce el secuestro, punto en donde se separan cuerpo e identidad. Si hay liberación o legalización, ambos volverán a ser 'uno'. Si, como solía suceder, concluye con la muerte igualmente clandestina, la separación se perpetúa" (Fonderbrider, 1997)

Sistema, máquina, mecánica, artefacto... son buenos sustantivos para este proceso. Al fin y al cabo, sólo se trata de un mecanismo regulador del orden que, por eso, pide un vocabulario de similar textura: "El artefacto represivo expulsa un cuerpo sin identidad" (Somigliana, Olmo, 2002); "Puede decirse que la sustracción de la identidad, al ingresar la persona cautiva del grupo de tareas en la estructura clandestina, y su salida bajo la forma de un cadáver de identidad desconocida, son la constante y el rasgo más distintivo de este sistema" (Olmo, Rousseaux, 2005). Son frías y mecánicas estas descripciones, es cierto. Duelen, es verdad. Pero alcanzan *el tono:* describen bien algo que, de tan terriblemente racional, resulta insoportable. O en otras palabras, porque es aquello (racional) es esto último (insoportable). Sobrecoge, hiere. Quizá por lo que administra —la identidad— y por lo que hizo de ésta, mero despojo: "Cuando esa persona pierde su valor como fuente de información es expulsada..." (E11); "Los cuerpos eran tratados según la rutina burocrática prevista para el fenómeno 'cadáver de identidad desconocida hallado en la vía pública'" (*ibídem*).

El propio Estado que había dado forma a un individuo-ciudadano, lo *chupa* primero y luego lo prohíbe, lo borra, rematando el proceso de (des)civilización que él mismo inició. Es ésa, concluye un antropólogo forense, "la perfección de la desaparición" (E11). Frío, horrible. Es, ciertamente, el tono justo.

3. La imposibilidad del lenguaje. Excurso sobre las narrativas del chupadero y el trabajo de testimonio de los ex detenidos-desaparecidos

Junto a la identidad, el otro de los lugares directamente afectados por la desaparición forzada de personas es la palabra, imposibilitada de actuar ante lo que pasó. Considerando sólo los extremos, dos son las reacciones posibles ante este desmoronamiento: no creérselo y creérselo. Si no se cree, si se piensa que el lenguaje *puede con esto*, que la representación y su lógica siguen en pie pese a este crac, si se piensa en fin que "prueba", "dato", "verdad" u "objetividad" siguen incólumes pese a la catástrofe... abandónese la lectura en este punto o pásese al epígrafe siguiente. Si sin embargo sí se cree que la representación no es posible y que no lo es *in toto*, esto es, que ninguna palabra puede llevarse bien con estos fenómenos, que nada hay que hacer ante el desastre[25], pues... déjese también de leer aquí.

O sígase si se quiere encontrar otra cosa. Pues aunque entiendo que la violencia que esos hechos ejercen sobre el lenguaje es tal que éste se bloquea, que queda en estado de *shock*, no por eso pienso que esa convicción deba conducir ni a la necia negación del problema ni al desconsolado silencio o al entregado desconsuelo. Hay opciones intermedias frente a estos argumentos extremos; una pasa por repensar el ejercicio de la *representación* moderna, o, en otros términos, que alcanzados los límites de *nuestro* lenguaje debe pensarse en cómo construir un lenguaje *adecuado* a eso que no puedo decir.

No es éste, obviamente, el único lugar donde eso se propone. Cerca nuestro, Elizabeth Jelin ha dicho que ante la violencia extrema más que en pensar que ésta no es narrable porque el lenguaje no puede con ella, el argumento justo podría situarse en el punto en el que se piense que son las "restricciones y limitaciones del lenguaje de los sistemas simbólicos disponibles" (2002: 88) quienes lo impiden. Algo más lejos en el tiempo y en el espacio, Theodor Adorno sugirió esta vía de reflexión en aquel famoso *dictum* ("No es posible la poesía después de Auschwitz") (Mate, 2002; Friedländer, 1992). O el propio Juan Gelman, que en el discurso de aceptación del premio Cervantes de 2008 afirmó, refiriéndose a los límites del lenguaje y a la posibilidad y obligación de reinventarlo para hablar de lo que no ha hablado: "Esas palabras nuevas, ¿no son acaso una victoria contra los límites del lenguaje? (...) Hay millones de espacios sin nombrar y la poesía trabaja y nombra lo que no tiene nombre todavía" (2008). A lo que luego añadió, hablando, ya sí, de la tarea de quien maneja la lengua, poeta o escritor, sociólogo o testigo: "Esto exige que el poeta despeje (...) caminos que no recorrió antes, que desbroce las malezas de su subjetividad, que no escuche el estrépito de la palabra impuesta, que explore los mil rostros que la vivencia abre en la imagina-

---

[25] Algo como eso sí fue lo que sostuvo George Steiner cuando escribió que la Alemania nazi cometió respecto del idioma alemán un *lingüicidio*, que destrozó la lengua. La forzó: "Lo que ha muerto es el idioma alemán" (1982: 133) escribió, contundente, Steiner. Se le violentó, se le usó para lo que no era: "Las palabras fueron forzadas a que dijeran lo que ninguna boca humana habría debido decir nunca y con las que ningún papel fabricado por el hombre debería haberse manchado jamás. Es nauseabundo y casi intolerable recordar lo que fue hecho y hablado (...). Lo impensable fue escrito, clasificado y archivado (...). El idioma fue distorsionado para que dijera 'luz' donde sólo había oscuridad y 'victoria' donde sólo imperaba el desastre" (*ibídem*: 138, 139 y 140). Se fue más allá del límite de todo idioma. Las palabras sufrieron, y así "algo irremediable acab[ó] por ocurrir[les]" (*ibídem*: 141).

ción, que encuentre la expresión que les dé rostro en la escritura" (*ibídem*). Si los hechos fueron *más allá,* también la lengua debe aventurarse y explorar territorios nuevos.

También lo hace Georges Didi-Huberman en *Imágenes pese a todo* (2004), donde sostiene que los campos de concentración y exterminio de la Alemania nazi "fueron los laboratorios, las máquinas experimentales de una *desaparición generalizada* (...): de la psique, (...) del vínculo social (...), un infierno fabricado también por hombres para hacer *desaparecer la lengua*" (*ibídem*: 39). Un proyecto, pues, de desaparición de todo eso y, además, de la posibilidad de hablar de ello ("Desaparición de las herramientas de la desaparición" (*ibídem*: 41)) y de su recuerdo ("Desaparición de la memoria de la desaparición" (*ibídem*: 42)). Y casi nada quedó dice Didi-Huberman: sólo ruinas, devastación, cuerpos rotos, nombres sin soporte, no lugares... Y sin embargo, y pese a todo, hubo imágenes y hubo testimonios de lo que ocurrió allí. Esas pequeñas cosas, ¿acaso no sirven? ¿Basta con deshacerse de unas y otros afirmando que no valen, que son inútiles, pues se las tienen que ver con lo que no se lleva bien ni con unas ni con otros? No. O no necesariamente: el debate puede reemprenderse situando las preguntas "en el seno mismo de la palabra" (*ibídem*: 48) y preguntarse: ¿Cómo representar cuando la palabra falta o calla? ¿Cómo pensar la representación de lo que se sabe que no es representable?

Los campos, la desaparición forzada, en efecto, aniquilaron *nuestra* forma de representar, la representación misma como forma de relacionarse con esa entelequia llamada *realidad.* Como ha afirmado Jean Luc Nancy pensando en los campos de concentración y exterminio nazis "la efectividad de los campos [consistió] en un aplastamiento de la representación, de la posibilidad representativa" y concluye: "Aquello (...) somete a la representación a la prueba de sí misma: cómo dar presencia a lo que no es del orden de la representación" (2006: 32-33). Así es, lo que podemos representar de lo que ocurrió en los campos es que ante ellos este régimen de representación (el nuestro) es imposible y preguntarnos cómo hacer para *representar esta imposibilidad de representar.* El esfuerzo, pues, ha de pasar por pensar en cómo decir eso que es imposible.

En el campo del detenido-desaparecido un sujeto ha afrontado ese reto de manera intensa, el ex detenido-desaparecido, el que regresó del chupadero y elaboró una narrativa, el testimonio, para hablar de ese lugar ante el que el lenguaje rebota.

3.1. El chupadero y su narrativa

¿Cómo estructurar ese delirio? (E41)

Los *chupaderos* —buen nombre, nueva victoria nominativa de las bestias—, son esos espacios que abducían individuos y expulsaban desechos, esos pozos donde todo, hasta el lenguaje, quedaba atrapado. Son el *operador de la devastación*, el dispositivo sin el que esta maquinaria hubiese sido imposible.

Ahí sucedió todo. Allí sucedió la catástrofe.

Son espacios cuando menos extraños: oyendo a quienes los (mal)vivieron da la impresión de que se encuentran en mundos paralelos al nuestro, ajenos a nuestra normalidad. Que están reglamentados por términos que son del orden de lo *clandestino,* de lo *excepcional,* de lo *oscuro,* del *secreto* (Forster, 2000: 85). La película *Garage Olimpo,* de Marco

Diario de campo: 17/9/2005, Buenos Aires. Automotores Orletti, ¿lo lleno o lo vacío?

Veo desde el tren que Automotores Orletti está abierto. Bajamos. Algo llama, ¿el vértigo del vacío? ¿Un último lugar de conexión de ellos con mi mundo, una especie de antena, quizá algo parecido a una tumba? Busco huecos en nuestro espacio-tiempo pero sólo veo cotidianidad: unos tipos trabajan, limpian un coche; un viejo los mira hacer. Barren la acera, los pájaros trinan. Les extraña que mire, pero tampoco reaccionan. Un curioso más. Rutinas de barrio.

Me desespero: me gustaría sentir *algo* pero el lugar no me dice nada.

No es fácil imaginar el chupadero, ese espacio fuera de la lógica, rodeado de lo normal, cuando ves la continuidad sin quiebre entre la normalidad y ese espacio. Desespero: ¡¡eso que veo ahora no puede haber devastado tanto!! ¡¡Eso no puede ser esa anfractuosidad, esa catástrofe de la realidad!! Me esperaba topar con un agujero negro que absorbía el sentido… Y veo lo contrario: algo lleno de sentido.

En *Página/12* un sobreviviente de Auschwitz declara, ese mismo día: "quien ha estado en Auschwitz nunca podrá salir y quien no ha estado nunca podrá entrar"

Bechis (1999) transmite bien esta textura especial del chupadero. En ella, la Buenos Aires de 1976 se muestra en dos planos, uno iluminado, otro que no; uno de superficie, otro soterrado; uno visible, otro no; uno aparente y otro detenido-desaparecido. No están comunicados. Coexisten, pero tienen distintas lógicas:

> "La distancia que se toma de la Ciudad de Buenos Aires en los planos aéreos: una ciudad agobiada por el peso de esos encuadres cenitales, muchas veces vacía de personas, otras veces caminada por personas ausentes que pasan frente al portón de Garage Olimpo sin sospechar, o mejor sin preguntarse, qué esconde (…). El sol siempre brilla sobre Buenos Aires (…). Abajo, en el centro de torturas, la oscuridad contrasta fuertemente con la luminosidad del afuera" (Gallotta, 1998).

El *chupadero* tiene otra lógica, otro lenguaje, otra textura. En él la Regla, esa que reglamenta la normalidad de las cosas, se convierte en negación de la-Regla; es literalmente, un lugar anómico. Es un espacio en *off* en el que malviven, *malmueren*, los *chupado*s. Es el agujero de los desaparecidos (E5). Un espacio torvo; un lugar dominado por una lógica absurda, en el que la cotidianidad transcurre en "los confines más subterráneos de la crueldad y de la locura" (CONADEP, 1987: 59). Allí, dice un ex detenido-desaparecido "se acabó la ley de la gravedad" (E41); allí, cuenta otro, "se pasaban todos los límites" (E41). Un tercero explica "no se aplicaban las reglas de afuera, las reglas que conocemos desde que nacimos" (E41). Pilar Calveiro, sobreviviente de la porteña ESMA, la Escuela de Mecánica de la Armada, cuenta que estando allí "hay la sensación muy clara de que se está en una dimensión que es otra", en un mundo aparte. Separado del mundo del afuera, el campo de concentra-

Garage Olimpo # 1.
El mundo On, territorio de la Regla

Garage Olimpo # 2.
El mundo Off, espacio de la contravención de la Regla

ción, dice, "es una irrealidad real donde rigen otras lógicas" (Calveiro, 1998; citado en Vezzetti, 2000: 16).

En ese mundo quedó mucho: quedó sobre todo gente, claro, pero también quedó el lenguaje…

…Y algo salió de ahí, el ex detenido-desaparecido. Pero se vino de ahí sin palabras para hablar de *eso*; o mejor dicho, sin las palabras *justas*. Tuvo que armar un relato de estructura particular, la *narrativa del chupadero* (Vezzetti, 2000), parecida a la del relato de viajes: transmite su paso por "otro mundo", al que primero fue, del que luego volvió[26]. La primera parte es la narración de una zambullida en el averno, repleta de términos de textura oscura ("Era como que una iba cayendo cada vez más bajo. Eso se notaba" (E41); "Era como si uno se fuera despegando de la vida (…), de todo control (…), de toda lista" (E41); "Vas empezando a tener conciencia de este no ser, de esta pérdida de la identidad" (E34)); la segunda, justo lo contrario, el relato del regreso a la luz del mundo-con-Reglas ("Cuando salimos de ahí (…) yo pensé que habíamos llegado como al paraíso" (E36); "Como saliendo una luz blanca" (E36); "Volvés a pisar la realidad" (E36)). El sujeto vuelve a serlo, abandona el *no ser,* es de nuevo *alguien*: "Yo sabía que si yo estaba en la cárcel *era*, es decir, iba a estar mi nombre en algún lado" (E34).

Pero, como digo, algo se queda ahí: la palabra para hablar de ese lugar. Pues aunque recupera identidad, y aunque al volver reaparece como sujeto y desaparece como desaparecido, el viaje es de los de peaje elevado: se paga en lenguaje. La realidad se recupera, sí, y es cierto que "reaparece la palabra" (E41). Pero, ¡ay!, esa palabra *refiere a otra cosa,* tiene otro tono y no es adecuado: "Yo me sentía como un marciano cuando recién salí. Venía de la realidad de los campos a esta realidad que no tiene nada que ver… no tiene nada que ver" (E42f); "¿Quién puede decir, quién puede verbalizar el proceso inverso a la desaparición?" (E32). Cuando el ex detenido-desaparecido regresa del centro clandestino vuelve a estar inscrito, se reintegra en la serie, se reincorpora a las cosas que decimos "normales", aunque sea a la idiota burocracia de una cárcel ordinaria o a la más terrible de un penal en pleno estado de excepción. Cambia de universo. Pero ambos son entre sí intraducibles. Lo que fun-

---

[26] Conviene, por ser respetuosos con los rigores académicos, diferenciar la estructura de estas narrativas de la que se presume al testimonio entendido de más en más como las narrativas de las víctimas de hechos traumáticos. Sobre el testimonio erigido en género, casi en narrativa universal, existe una amplia biblioteca. Una revisión parcial puede encontrarse en Rodríguez Maeso, 2010.

ciona aquí, no lo hace allí, ninguna ley conocida, ninguna vieja regla. Y *eso, aquello,* no encuentra su lugar en el lenguaje conocido, que no lo puede contener, es demasiado grande, demasiado carente de sentido. No tiene nombre: "Hay algo de un... Sería como el horror. Pero tampoco es que sea horror. El horror ya tiene medio sentido" (E42c). Nada abarca, ciertamente, lo que sucedió. Es exceso: exceso para todo referente de un universo que no fuese aquel. Una entrevistada, superviviente de Automotores Orletti, relata así su visita al *chupadero* que la absorbió muchos años después de haber salido de él:

> "Me pareció tan chico [el centro clandestino de detención]. No podía creer que todo lo que me sucedió hubiese entrado ahí. Como que no entrara. Como si fuese mucho más grande que lo que demuestra el local" (E36)

3.2. El ex detenido-desaparecido y el testimonio

> Vosotros sois lo que nosotros fuimos, nosotros somos lo que vosotros seréis (Inscripción en el dintel del cementerio viejo de Orereta, Guipúzcoa).

Y sin embargo hay que contarlo ¿Cómo hacer? Desde el testimonio ¿Cómo se construye éste? Dando forma a un lugar desde el que poder hablar, el del ex detenido-desaparecido, lugar difícil, de muy complicada administración en un mundo que, como el nuestro, se lleva mal con lo *fuera de serie* y que aborrece de lo sin sentido: los ex detenidos-desaparecidos están en el inquietante espacio del *entredós,* en el paradójico limbo, en el ambivalente

Diario de campo. 5/10/2005, La Plata. Ex detenida-desaparecida. El blanqueo: volver a ser

N.E., ex detenida-desaparecida de La Plata, fue absorbida, estuvo en el infierno, salió de ahí y lo iba notando porque su existencia fue materializándose en papelitos, en inscripciones: notas de los padres, notas a los padres, número de prisionera, documentos... No era nada y empezó a ser.

Esa es la fenomenología de la desaparición cuando hablamos de los reaparecidos. Empezó a ser cuando comenzó a desear ser presa: ser una inscripción en la burocracia. Antes, la nada.

purgatorio. Lugares tan aberrantes como anormales, siempre imposibles. Sólo desde ahí pueden hablar, situados en un lugar *en ninguna parte* ("Nosotros seguimos sin estar en ninguna parte" (E41)), siendo para los demás *invisibles* ("Si antes ser desaparecidos significaba de alguna manera estar muerto, hoy estar vivos para nosotros sigue siendo estar desaparecidos pero vivos, porque no se nos ve" (E41)), *fantasmales* ("En ocasiones sentí ser un fantasma, nadie nos escuchaba, nadie nos creía" (E33)). El ex detenido-desaparecido ocupa, sí, un lugar difícil ¿Cómo seguir agarrados a una identidad, la de desaparecidos —habitantes del agujero— si al salir del agujero dejaron de serlo? ¿Cómo reclamar seguir hablando como desaparecidos si precisamente por poder hablar han dejado de serlo?

El primer paso para gestionar esa dificultad pasa por dar con un nombre común que designe esa difícil posición colectiva: "Aparecidos", "Desaparecidos reaparecidos", "Fantasmas", "El desaparecido que aparece" (E41). El segundo, dar sustento a ese nombre común construyendo un lugar de enunciación socialmente compartido, un lugar donde vencer el síndrome del que vive en el extrañamiento, una *comunitas*[27] ("Un lugar propio" (E41); "Un poco el gremio nuestro, el de los sobrevivientes" (E41)).[28] Son espacios sociales en los que ni siquiera es preciso hablar: el silencio basta, los códigos son otros ("[Es] toda gente que entiende perfectamente, que sabe lo que pasó, que no hay que explicarle nada" (E37)). Son lugares compartidos, cómodos pero complejos. Actúan como trampolines para la escenificación de un estigma común, que les da nombre: son porque estuvieron *allí*, y ese allí constituye el apellido de esas comunidades (Sobrevivientes de Orletti, de Vesubio, del Pozo de Banfield...). Y es que el reaparecido, el sobreviviente, el ex detenido-desaparecido, hace de una llaga el lugar desde el que se enuncia: "Somos una herida abierta" (E41); "Somos los que salimos de la muerte" (E41); "Somos los que regresan del vacío" (E42a).

---

[27] En los ritos de paso el conjunto de sujetos que los atraviesan forma un grupo (el grupo liminar) de características singulares: ni son ni no son, ni están en la estructura ni están fuera, ni están en el tiempo ni dejan de estarlo. A esos sujetos se les piensa sucios, contaminantes, invisibles, incómodos. Durante ese lapso, el grupo liminar forma la que Víctor Turner llamó una *comunitas*: una sociedad sin estructurar, relativamente indiferenciada (Turner, 1980: 103), una "comitiva de camaradas" (*ibídem*: 111) cuyo dato en común es que son lo que los que integran la sociedad estructurada no son y que ocupan "un momento en y fuera del tiempo, dentro y fuera de la estructura social" (1988: 103). Los liminales, como los ex detenidos-desaparecidos, no son seres *como los demás*.

[28] Es el caso de la AEDD (Asociación de Ex-detenidos-desaparecidos) que actuó en Argentina como soporte comunitario del relato de muchos ex-, lo que dio plausibilidad a su identidad de grupo. También del grupo que asocia hoy en Uruguay a algunos de los sobrevivientes de Automotores Orletti.

Una marca negativa los produce, así es. Donna J. Haraway (1995: 265-266) ha escrito, apoyándose en trabajos de Chela Sandoval, de las estrategias de mujeres negras que estando en "la parte más baja de la cascada de identidades negativas" (*ibídem*: 266), se apropian de lo que las niega para construir una definición de sí mismas como grupo. Por esa reversión el estigma se hace marca comunitaria; la categoría que hacía de la suya una identidad *impropia o inapropiada* deviene *propiedad positiva, lugar de afirmación comunitaria y de reivindicación*. Es el caso, y doblemente: primero porque la alianza se produce haciendo de una marca terrible, la de ser desaparecidos, el cemento grupal...

> "Y me dijo '¿pero cómo se van a juntar? Es como si se hiciera una sociedad de rengos'. Así como se formó el Frente de Lisiados Peronistas en el año 73 (...). Yo me debo haber quedado pensando que hay sociedades de ciegos, pero eso, como que te juntaba una carencia (...), 'te juntás a partir de una carencia'. Una sociedad de defectuosos, te juntás a partir de un defecto, de una tara" (E32)

...y luego porque a esa marca (detenido-desaparecido) se añade un prefijo (ex) que revela inequívocamente que tampoco son del todo lo que los hace ser, sin embargo, grupo, *desaparecidos*:

> "El hecho mismo del nombre, el 'ex' indica que te falta algo. Te falta ser desaparecido" (E32)

Diario de campo. 9/9/2005, Montevideo. El testigo en escena

Con *los de Orletti* delante soy Gatti chico: "yo conocí a tu padre...", "vi tu foto con la moña...", "tu padre era un hombre muy respetado"...
La actitud, claro, es cariñosa, colaborativa. De ayuda. Vieron a mi padre en Orletti. O lo conocieron de antes. Desarrollan ahora, en las entrevistas, el papel que siempre adoptaron conmigo: me dan memoria, ahora de la desaparición de mi padre. Nunca les pedí que lo hicieran: salía naturalmente. Estaba bien.
Y me dan datos. Y documentos. E informes. Y testimonios. Me prevén que será doloroso, me anuncian que querré conocer detalles.
Recuerdan, rememoran, cierran los ojos, se repliegan... Testifican.

Nombre y lugar compartidos. Ambos muy complejos. Es solo una vez construidos que es posible el tercer paso, construir el lenguaje que case bien con ellos. Ese lenguaje tiene forma de *testimonio*. Para muchos es casi un oficio: el de *terstis*, ese que intermedia, aquel que vehicula la información, una suerte de *médium* (Agamben, 2002: 15)[29]. Es ésa su identidad: comunica datos, recoge datos, busca datos. Reconstruye hechos. Y mientras habla, el cuerpo del testigo se tuerce; llora; cierra los ojos, se repliega. Conecta con un lugar terrible; la forma de decirlo ha de serlo. No es puesta en escena. Explica los síndromes que otros han prescrito para su situación (culpa, sospechas…). Explica cómo se fue pensando como muerta, como exiliado, como superviviente, como testigo finalmente… Y llega al testimonio, su vida: el suyo, el de los otros, que recoge para encontrar verdad, verdad, verdad. Datos, detalles, nombres, lugares. Es la retórica del testigo. Y mientras la escenifica, sus ojos siguen cerrados. Son testigos, hablan así:

> "Entendemos que tal vez la función prioritaria nuestra es el dar testimonio" (E34)
>
> "[*GG*] ¿Y decís que a partir de ahí te sientes testigo? ¿Que el significado de tu vida es ser testigo?
>
> - Yo me siento así, me… me gusta ese término, creo que es eso… Como sobreviviente… pero no, como ex-presa no, como testigo de lo que había vivido ahí, de las torturas que había a los uruguayos ahí" (E38)

Ilustración de María Barhoum, reproducida con autorización de la autora

---

[29] El testigo es, según Agamben (2002: 15 y ss.) tres cosas: *terstis*, el que intermedia ("Testigo en cuanto interviene como tercero en un litigio entre dos sujetos" (*ibídem*: 156)); *superstes*, el que vive una experiencia hasta el final y ha sobrevivido a ella, y por eso puede referirla; *auctor*, el que emite testimonio de algo, un narrador. Es decir, el que narra un hecho al que sobrevive con la intención de informar, aunque ese hecho tenga como características no ser informable (esto es, que ni se puede contar, ni tiene forma).

Una verdadera misión que, como tal, empeña a veces hasta el hastío la actividad y la vida del sujeto, tanto desde su propia lectura de su identidad como ex- ("Hay momentos que estoy hasta las bolas, no quiero más, estoy harta, que no me jodan más" (E32)), como de la que de ellos y de su misión hacen los *compañeros*, que en muchos casos encuentran en el ex- al representante de la *generación desaparecida*: "Lo que quedó [de aquella generación] fueron los ex detenidos desaparecidos (...). Funcionamos con principios y normas [de aquella generación política]" (E31).

3.3. La paradoja del ex detenido-desaparecido: hablar de la imposibilidad de hablar

Pero ¿de qué da testimonio el testigo? ¿Y cómo? ¿Es la suya un habla convencional? Agamben apoyándose en Primo Levi analiza las relaciones que se establecen entre dos de los personajes que producen los campos de concentración y exterminio nazis: los *hundidos* —los que no salieron del campo— y los *salvados* —los sobrevivientes del *lager*—. Los sobrevivientes pueden dar cuenta del campo, pero sólo hasta un punto; los hundidos, que sí lo vivieron, no pueden contarlo: han visto a la Gorgona y no tienen palabra[30]. Los primeros testifican, representan; los segundos, mudos, son representados. Los primeros están encerrados en el absurdo de un imposible: *hablan de algo que bordearon, pero no tocaron*. Esa es la que Agamben propone nombrar como "Paradoja de Levi": (1) "El musulmán es el testigo integral"[31] (Agamben, 2002: 85, 157, 172); (2) "Yo [salvado] testimonio por el musulmán" (*ibídem*: 172)[32]. Adaptada a nuestro contexto esta paradoja es la del ex detenido-desaparecido y respondería a esta formulación: (1) El desaparecido es el testigo integral; (2) El ex detenido-desaparecido habla en lugar del desaparecido. Esto es: *quien puede*

---

[30] La Gorgona era la deidad que, en la mitología griega, tenía el poder de hacer morir a quien la mirara. Dice Levi: "No somos nosotros, los supervivientes, los verdaderos testigos (...). Los que hemos sobrevivido somos una minoría anómala (...): somos aquellos que por sus prevaricaciones, o su habilidad o su suerte, no han tocado fondo. Quien lo ha hecho, quien ha visto a la Gorgona, *no ha vuelto para contarlo o ha vuelto mudo; son ellos (...) los hundidos, los testigos integrales* (...). Ellos son la regla, nosotros la excepción" (1989: 72-73. El énfasis es mío).

[31] En los campos de concentración del nazismo se llamaba "musulmanes" a los prisioneros que alcanzaban un grado extremo de deterioro, razón por la que adoptaban una posición —agachados, doblados...— similar a la de los musulmanes en sus rezos.

[32] Literalmente, así enuncia Giorgio Agamben esta paradoja: "El testimonio se presenta (...) como un proceso en el que participan al menos dos sujetos: el primero, el superviviente, puede hablar pero no tiene nada interesante que decir, y el segundo, el que 'ha visto a la Gorgona', el que 'ha tocado fondo', tiene mucho que decir, pero no puede hablar" (2002: 126).

testimoniar no tiene palabra; quien tiene palabra no tiene nada que decir. Desesperante, como asumen algunos de ellos:

"El impacto está sobre los desaparecidos y ellos no pueden dar testimonio, no pueden hablar. El hecho de que lo estemos haciendo aquellos que pasamos de alguna manera por los lugares por donde pasaron los desaparecidos como detenido-desaparecido me parece... falso" (E42c)

"Son ellos los testigos" (E42c)

En *C'est l'hiver que les jours rallongent*, un testimonio novelado sobre el campo de concentración nazi de Auschwitz, se da cuenta de un viaje de sobrevivientes al campo. Todos ancianos ya, cumplidas hace tiempo las obligaciones del testimonio, procuran durante un rato recordar detalles banales de la vida en el *lager*. Y en ésas una sobreviviente, viendo que en la entrada del campo habían crecido unos árboles, comenta: "Esos árboles crecieron después de nuestra muerte" (Bialot, 2002: 12). Su trabajo de sobrevivientes les obligó a un imposible: *hablar siendo muertos* pues sólo habiendo llevado al límite la experiencia del campo pueden encontrar la palabra justa. Pero es imposible hablar si se está muerto.

Los testigos tuvieron que crear un lenguaje para donde no lo podía haber y una identidad en donde no era posible ¡Qué esfuerzo enorme,

En marzo de 2008 invité a Graciela Daleo, "Viki", a participar con una pequeña inserción en este libro. No me contestó hasta noviembre, cuando el libro estaba ya editado. Su explicación fue la siguiente y recoge lo mucho que esta cosa quiebra en el lenguaje pero también de las posibilidades de escapar pensando, de encontrar vías de diálogo con otras formas de dar sentido, con otras generaciones... Graciela me autorizó a publicarla si había reedición del libro...

From: VIKI
To: Gabriel Gatti Casal de Rey
Sent: Friday, Octobre 31, 2008 6:49 AM
Subject: imposibilidades...

Hola, Gabriel, Después de tantos meses, finalmente hoy te estoy escribiendo. Debería haberlo hecho ya en abril, que creo que fue la última vez que te escribí.
Imposibilidades digo, y fueron al menos dos: la segunda, escribirte para explicarte la primera. La primera: escribir ese algo para un lugar que generosamente me propusiste en tu trabajo.

¿Por qué terminó siendo para mí imposible? Todavía no lo descifro totalmente. Ideas me dieron vuelta, apuntes hice, debatí en mi cabeza muchas veces, pero no logré concretarlo en papel…

Tal vez no logre encontrar el punto en que lo que me da vueltas en la cabeza y podía anotar de a ratos no aparezca (aparezca, qué palabrita) como una reivindicación de "propiedad privada" sobre un sentido… ¿Qué procuro decirte? En borrador, algo sobre lo que algunas veces hablamos, o fue sugerido en las charlas, en lo que escribís, en lo que circula y otros dicen… "Los desaparecidos" no son sólo quienes fueron centralmente para mí, y mucho antes de ser "los desaparecidos": compañeros de camino, de proyecto, de vida, de pasión, de convicción…, tampoco sólo aquellos victimizados, torturados, trasladados definitivamente, con quienes compartimos casi todo ese recorrido, menos el último instante, el final que hace de ellos desaparecidos, y me baja a mí en la penúltima estación, y por eso soy una aparecida. Ellos son —como alguna vez me dijiste— lo que después de su desaparición se ha hecho de ellos (y no refiriéndote a los represores, claro). Ellos son lo que padres, hijos, hermanos, abuelos, que los buscaron y buscan de mil maneras hacen de ellos. Lo que organizaciones de derechos humanos, políticas, culturales, hacen de ellos. Lo que estudiosos les atribuyen, lo que psicólogos y sociólogos encuentran y descifran…

Todo eso y mucho más, seguramente… Y precisamente, y aun entiendo y ubicándome también yo en alguno de estos "lugares" que te menciono, porque también son para mí "bandera de lucha", "situación de desaparición" sobre la que he pensado y elaborado, etc. etc. etc., te decía que no encontraba el punto donde escribir algo…

Algo desde mi lugar específico, mi lugar en relación a ellos que es anterior a estos últimos de los que hablamos, el lugar a partir del momento en que fueron desaparecidos. Mi lugar especifico anterior al del compartir la capucha y el tiempo de la desaparición. Mi lugar específico más compartido con "mis pares", mis pares, ellos, y tantos que sobrevivieron. Ese lugar específico de compañeros actuando, vivos, potentes, convencidos, amándonos entre nosotros porque y a raíz de compartir el amor por un proyecto revolucionario… ¿Quiero decir que no puedo expresar esto que estoy expresando? Sí, puedo hacerlo. Lo estoy haciendo… Pero no encontraba el punto justo de hacerlo sin sentir el temor de en el fondo, estar peleándome por un "sentido" que sé que no puede ser

exclusivo, y que otros portan, elaboran, adjudican, tienen, otros "sentidos", tan legítimos como el que yo porto… Tal vez, no logre evitar estar
a la defensiva ante tantas "disputas de sentido", y digo disputa no en
sentido peyorativo, sino de cruces de variables que enriquecen los "sentidos". Pero disputas de sentidos que tantas veces "nos dejan afuera" de
ese sentido tan básico que es el que hizo de tantos de nosotros "desaparecidos", y a tan pocos, "aparecidos". O sea, aquello que hacíamos "mientras estábamos vivos", y uso a propósito la primera persona del plural.
Vivos en ese "sentido" del que te hablo antes. Ese estar vivo que para los
pocos que aparecimos, en gran parte —al menos así es para mí— ya no
volvió a ser igual, aunque "esté viva". No pude hacerlo. O no vencí el
temor que ese riesgo me provocaba… No voy a releer este correo.
Porque si no, será como los apuntes de la nota que no logré escribir.
Pero te debía a vos una explicación, y a mí me debía también hacerlo.

Te mando un abrazo

Graciela

qué obligación! En su monumental *Shoah* Claude Lanzmann (1985) recoge esta declaración de Michaël Podchlebnik, sobreviviente de Auschwitz.
Resume bien esto que digo: "Todo está muerto. Todo está muerto, pero
no soy más que un hombre y se quiere vivir. Entonces, hay que olvidar.
Agradezco a Dios por lo que ha quedado y por olvidar. Y porque no se
hable de eso". A lo que Lanzmann, agudo y despiadado, le pregunta "¿Y
le parece bien hablar?", "No, no está bien. Para mí no está bien". "Entonces ¿por qué habla?", remata el realizador. "Porque estoy obligado a hacerlo". Similar esfuerzo tuvo que desplegar el ex detenido-desaparecido
componiendo un lugar trufado de tensiones y paradojas, que obligan al
más sensato a descubrirse mezclando tiempos y verbos de forma inapropiada para el registro habitual de *lo sensato,* pero una forma no obstante
ajustada a las necesidades que narrar esta catástrofe conlleva:

"Y yo hablaba y decía: 'Nos llevaban —así hablaba yo—, nos llevaban al
sótano [donde se inyectaba el pentonaval antes de los 'Vuelos de la
muerte']'(…). Fue una cosa loca, yo lo dije [así]: 'nos'…" (E32)

Paradójica posición, ciertamente; terrible mejor dicho: sólo enun-
ciándose como parte del grupo de detenidos-desaparecidos ganan legitimidad para hablar; pero es sólo diciendo que respecto a ese colectivo
están en posición de carencia —son ex—, que tienen la posibilidad de

hacerlo. Y esa tensión perfila, como decía, los tiempos verbales con los que enuncian su presente, imposibles de razonar correctamente si esperamos algo muy estructurado:

> "Estaba tan segura, tan convencida de que lo viví y lo morí con ellos, pero no lo morí del todo, digamos. [En la ESMA] no lo morí del todo, sí" (E32)

¿De qué pueden hablar, entonces, los que, aunque lo rondaron, no experimentaron el horror hasta su extremo? De los hechos devastadores que sucedieron en el campo, claro. Pero, habida cuenta que el testigo dice que "hay algo imposible de transmitir" (E42c), que "[contándolo] le vas a quitar todo lo que sentiste cuando lo viviste" (E37), que "lo vas a convertir en una cosa... material" (E37), que, en fin, "la experiencia de lo vivido se puede contar pero hay una partecita que..." (E33), también puede hablar de otro de los destrozos que se sufrieron allí: el del lenguaje mismo. Así, el testimonio no sólo *cuenta cosas*, cuenta también la dificultad de contar cuando el sentido es devastado. Es ésa la tensión que expresa, aquélla, terrible, a la que la desaparición forzada de personas somete al lenguaje. Esa catástrofe, sí. Por eso algunos, con acierto, han dicho que el testimonio es el discurso que da "expresión lingüística a lo innombrable" (Sucasas, 2002: 333), que lo que importa de él no es lo que tiene de expresión de la verdad sino lo que tiene de reflejo *de la desesperación de no poder contar*. No digo, no, que lo que digan no sirva para saber qué pasó. Al contrario: digo que más allá de que el testimonio informe de lo demoledor de los hechos concretos que sucedieron en los campos, informa también de una de las devastaciones más enormes, la del lenguaje mismo, que no puede contar bien esos hechos.

Para *eso que pasó* no hay palabras y no obstante, tiene que haberlas.

Capítulo 3: Los militantes del sentido: ruinas, cuerpos, archivos, memoria

Si los anteriores se ocuparon de mostrar que la desaparición forzada de personas era una catástrofe, que esa catástrofe se jugaba en el territorio del sentido y que afectaba esencialmente a la identidad y al lenguaje, los capítulos que siguen se dedicarán a analizar los *cómo se narra, cómo se vive* y *cómo se gestiona* hoy la desaparición forzada de personas. En el caso de este que arranca ahora y del que le sigue me interesa atender a las que llamo *narrativas del sentido*, esas que apuestan por ordenar la catástrofe, introducir orden (imaginario) en el caos (del imaginario) que la desaparición forzada de personas provoca; en los dos finales (capítulos 5 y 6) me acercaré a otras narrativas bien distintas, las de la *ausencia de sentido*, las que gestionan la desaparición forzada y sus consecuencias procurando pensarla y dejarla en *su* singular lugar.

La desaparición forzada de personas devastó el sentido que otorgamos a la identidad al desgarrar los maridajes tenidos por nosotros, modernos, por irrompibles. Desgarró lo que interpretamos que es la *unidad ontológica* del ser humano, la unión estable de un cuerpo con un nombre. Desgarró los vínculos de un sujeto con su historia: lo que nos une a un linaje, a una herencia, a una familia, a una línea de filiación que nos prolonga hacia atrás y hacia delante. Desgarró también la reunión de ese sujeto con un espacio de relaciones sociales, una comunidad. Rompió también las relaciones de las palabras con las cosas. Ese despedazamiento múltiple separó lo que habitualmente va junto. Asusta ver que las ecuaciones que nos hacen, las naturalizadas como universales, estén tan sometidas a quiebra…

Y reaccionamos.

Una de las formas de hacerlo es la que reflejan estos dos próximos capítulos: con toneladas de sentido, del mismo que la desaparición forzada de personas disolvió. Así es, las narrativas del sentido gestionan la catástrofe intentando reponer lo que ésta deshace: apuestan por re-unir cuerpos y nombres; por re-hacer la alianza de un sujeto con las cadenas de filiación que lo hacen tal; por re-componer individuos devolviendo sentido a la conexión de esas personas con sus inscripciones como miembros de un Estado... En fin, procuran devolver lo que fue sometido a vapuleo al estadio *ex ante*: si la desaparición segó, el trabajo de los tenedores de esta narrativa trabaja en dirección contraria. Así los arqueólogos, que se esfuerzan por devolver sentido a las ruinas del campo de concentración y detención; o los archiveros, empeñados en clasificar y dar sentido a los papeles sucios que se esconden en las partes más oscuras del Estado; también los antropólogos, que se afanan en reponer la relación de sentido entre cuerpo y nombre; o en fin los psicoanalistas, procurando reequilibrar a un sujeto asolado por el trauma.

Estas narrativas, hoy aún dominantes, aunque sean más propias de períodos de transición, de salida de guerras y de dictaduras, están marcadas por un mandato: el de la memoria[33]. Es complejo, nada unívoco, polisémico, pero suele confundir memoria con verdad y objetividad[34]. Y tiene consecuencias. La que me inquieta no es política ni se ha de leer en términos de justicia. Tiene que ver con el aspecto epistemológico —es decir, con las formas de conocer— de estas narrativas. A mi juicio, al reclamar verdad, justicia y memoria, al buscar librar a las víctimas del lugar de oprobio al que fueron relegadas, al querer rescatar a presos, exiliadas, torturadas o desaparecidos del trastero del olvido, esas entida-

---

[33] Este mandato no se manifiesta necesariamente en lo inmediato de la salida de un régimen de silencio. Así, mientras que en la Argentina este proceso de búsqueda de verdad comenzó a darse, aunque a trompicones, a la salida misma de la dictadura 1976-1983, en Uruguay las cosas circularon más lentas, aunque menos que lo que lo están haciendo en España, en donde aún hoy, nada menos que rondando la treintena los años pasados desde la muerte de Franco y algo más de la setentena los pasados desde el final de la Guerra Civil, se siguen construyendo, y no sin polémica, la memoria de esta guerra y de los muertos, desaparecidos y represaliados durante el franquismo.

[34] No es el objetivo de este libro el análisis de las políticas de la memoria y su relación con la vulneración de los derechos humanos. Sobre esto existe una vasta literatura científico social, hasta el punto de que se habla de una "explosión de la memoria", de una "cultura de la memoria". La importante cantidad de trabajos en socioantropología alrededor de este tema dan fe de ello (así, para la Argentina, Sarlo, 2005; Robben, 2005; Taylor, 2003; Vezzetti, 2002; Franco y Lewin (eds.), 2007; Jelin, 2003; para Chile, Richard, 2007; sobre Uruguay, hay algún apunte en Rico, 1995b). No obstante, entiendo que al menos para la Argentina, *memoria* no es solo un lugar de interés científico social; es también el tópico en torno al que se estructura un verdadero universo, muy cuajado ya tanto en lo académico (Fundación Memoria Abierta, Núcleo de Estudios sobre Memoria) como en lo institucional (Día Internacional de la Memoria, Archivo de la Memoria, Paseo de la Memoria...).

des es bien cierto que reingresarán al estatuto de las cosas-con-sentido. Y bien está. Y bien está que se haga de ese rescate un viaje pleno de los honores que merecen las cosas, fenómenos y personas que han adquirido el derecho a que para ellas se hagan reclamos de justicia.

Pero se corre un riesgo: desnaturalizar, convertir esas figuras en *otra cosa*, hacer del exiliado o el preso ciudadanos plenos o del desaparecido sujeto completo, sin fisuras. Ni catástrofes. Y no lo son.

Lo que digo es relevante. Mejor dicho: son relevantes las preguntas que están detrás de lo que digo, que remiten, en lo esencial, a un solo interrogante, ¿cómo cuadrar la preocupación por la justicia, la verdad o la memoria —que define hoy varias áreas del campo del detenido-desaparecido— y el hecho de que este campo sea, en alguna dimensión, difícilmente representable? La respuesta que más directamente se me aparece me lleva a decir que desvirtuando la desaparición y sus consecuencias, es decir, integrándolas a un relato, haciendo de ellas serie, hito, punto de paso de una cadena que les da sentido. Representándolas y situándolas en el tiempo. Pero si la catástrofe se elabora, deja de serlo y era en ella en lo que queríamos pensar.

No obstante, si bien es cierto que desde mi sensibilidad teórica estas narrativas me producen cierta sospecha, no puedo dejar de pensarlas acompañadas de términos como *justicia*. Al fin y al cabo uno no deja de ser un sujeto moderno, inscrito en poderosas cadenas de filiación, heredero de convicciones que, dudas aparte, me impiden imaginar otra cosa que no sea que estos *conjuros de la catástrofe* son, ya no sólo éticos, sino también justos. Y sobre todo necesarios. Y tiernos.

1. Excurso muy breve (apenas una caminata) por el vacío social: El *horror vacui* y el sentido como arma para exorcizarlo

Natura horret vacuum

En Occidente, legatarios como somos del *horror vacui*, nunca nos hemos llevado bien con el vacío. La cosa viene de lejos, desde que se sostuvo que la naturaleza odia al vacío. Lejos, sí. Antes incluso de que la sociología se pasease por la realidad: desde Aristóteles, parece, que decía del vacío que era un "concepto inconsistente" (Ribas, 1999) y que, como otros, sostenía que "la naturaleza se resiste a tolerar la ausencia" (*ibídem*). Otro tanto sucedía en el más árido terreno —para quien escribe al menos— de las matemáticas, en el que se somete a juicio a unos números vacíos, los imaginarios, que para Kant carecían de *respetabilidad*. Y así. En todos los casos el vacío es un no lugar, algo que escapa y niega la *taxon*, que carece de entidad. Sensorio intransigente, inclemente casi, respecto del vacío, que está presente también en el pensamiento sociológico cuando nos dice hoy que la realidad social está vacía de sus antiguos sentidos y que es por eso preciso procurarle otros de reemplazo (Gatti, 2005). En todos los casos, se sea filósofo, físico, matemático o sociólogo, el vacío se interpreta, en palabras de Ribas, como el "reverso imposible de lo existente" (1999: 6), como *aquello que porque no está lleno de lo que da sentido no es*.

Por eso, cuando nos presentamos ante algo que creemos que es *vacío* lo que tratamos de hacer es *llenarlo de sentido*. Si no se lo encontramos, creemos sin embargo saber que, a poco que descubramos cómo, lograremos que eso que ahora comparece como vacío de sentido deje de estarlo; si aún así sigue sin aparecer el sentido y el vacío persiste, no cejaremos de pensar que el sentido está ahí, oculto, por mucho que de momento no lo conozca. Cuestión de mejorar y de esperar, que tarde o temprano nuestro amigo el sentido reaparecerá. Tras la pérdida de lo que se tenía —seguridad, poder, estabilidad, socialización, identidad, historia…—, lo vacío; ante éste, búsqueda y construcción de colmos de reemplazo. De lo que en todo caso no es cuestión es de suponer que eso que está en el vacío tenga entidad en cuanto tal, que exista en cuanto vacío, en cuanto que falto de sentido, y que sea dejándolo en esa dimensión *in-significante* que lo podremos conocer.

Aunque a veces sí. En un trabajo brillante, Yves Barel (1984a) dijo del *vacío social* que se detecta por sus síntomas; sobre todo por uno: *la ausencia de sentido a ojos de los que hasta un punto entendíamos que eran los cuadros naturales de nuestras sociedades, para los que ya no significan*. La ruptura de esos cuadros naturales para entender las cosas, esto es, de los referentes normativos que dan forma a nuestras normalidades, que nos permiten decir qué-sé-yo o no-sé-qué, no supone necesariamente que la vida sea imposible; supone que se han roto los canales que conectaban las cosas con sus marcos interpretativos. La cuestión se sitúa en un territorio interesante: un *lugar que aunque social, no parece poder entenderse con las herramientas de la (s) sociología (s)*; un *lugar existente pero irrepresentable*. Llamémosle vacío social a ese lugar; así visto, el vacío no es la no existencia de cosas; tampoco es la no existencia de sentidos conocidos para las cosas; *es el distanciamiento entre las cosas y los sentidos; es la existencia de cosas que rehuyen del sentido*. Eureka: *el vacío social pudiera no estar vacío*.

Lo cierto es que eso hace tiempo que lo descubrieron los físicos, justo en el momento que superaron los traumas del *horror vacui*, cuando se permitieron empezar a pensar que el vacío estaba lleno (Rubbia, 1990) o, en otros términos, que en las zonas faltas de sentido había sentido y que éste se conformaba justo en ese complejo agujero lleno de ausencia, agujero que tenía como dato principal su inobservabilidad. Nos enfrentamos entonces —es Ribas quien prolonga la reflexión hasta el territorio de las paradojas— a la necesidad de pensar y aceptar un contrasentido: que "lo que no es (el vacío) [entra] en la consideración de las cosas existentes" (1999: 2). Es decir: que lo que no es, es.

¿Vale esto también para los desaparecidos y sus mundos sociales?

2. La desaparición forzada de personas como espacio de trabajo: Los militantes de la recuperación del sentido

Lo cierto es que la respuesta habitual es la contraria: ante la convicción de un crac en el sentido, paladas de nuevos sentidos llenan el agujero y exorcizan el *horror vacui*. Comentaré cuatro prácticas que coinciden en ello; en todas hay tres datos en común, todos sencillos de decir: primero, que integran las narrativas del sentido; segundo, que son nuevas, tanto como lo pueda ser la existencia del campo del detenido-desaparecido; tercero, que reflejan el desarrollo de una cierta *profesionalización* de la lucha por los derechos humanos, es decir, la proliferación de esfuerzos que aunque con tonalidad militante están asociados a una pericia técnica, a un conocimiento experto.

Hablaré en primer término del trabajo de los arqueólogos devolviendo sentido a los operadores de devastación, a los centros clandestinos de detención en ruinas; luego, del de los archiveros gestionando, para limpiarlas, las tripas del monstruo, los restos del registro burocrático del Estado clandestino; en tercer lugar, del de los antropólogos forenses, por el que ya se pasó en el capítulo anterior, bregando siempre en pos de la reconciliación de unos cuerpos separados de sus nombres; y finalmente del de los psicólogos queriendo restañar las heridas del trauma.

Todos trabajan para lo mismo: recuperar sentido. *Son militantes del sentido.*

2.1. Rehaciendo ruinas sin sentido

El centro clandestino de detención (CCD[35]) es el operador de la devastación, el lugar donde todo sucedió. Pero de la mayoría de los lugares que se dedicaron, por corto tiempo en general, al exterminio, quedan ruinas (El Olimpo, Mansión Seré, Vesubio...) o un vago recuerdo de lo que contuvieron (Automotores Orletti, en Buenos Aires; la casona del SIDE en Bulevar Artigas y Palmar, en Montevideo, el chalet de Shangrilá donde fueron depositados los *usuarios* del "Primer vuelo").[36] ¿Qué hacer, años después de abandonados, de esos lugares ahora convertidos en ruinas o en vacíos?

La ruina es un lugar interesante. En la pequeña historia de las ciencias sociales es una de las primeras formas de *catástrofe del sentido* que mereció atención. Ya en un artículo cuya primera versión en castellano se publicó en 1926, Georg Simmel, pionero en muchas cosas, se animó a reflexionar sobre el seductor pero inquietante estatuto de las ruinas. Dijo Simmel: "un nuevo sentido se apodera de esos accidentes (...) [cuando] en las partes desaparecidas o destruidas [de un edificio] se han desarrollado otras fuerzas y formas" (1987: 110). En los términos de mi trabajo lo diría así: una *cosa*, un objeto, alcanza el estatuto ruinoso cuando ya no está asociado a las palabras que le dieron sus antiguos sentidos y encuen-

---

[35] CCD o desde hace poco y entre los *especialistas* en esto, CCDTE (Centro clandestino de detención, tortura y exterminio). Viene al caso comentar, aun en el lugar de una nota al pie, este afán por alcanzar la *pureza nominativa*, este curioso empeño por dar con la sigla perfecta. No es el único territorio social en el que ocurre; es más, diría que es un dato indicativo de un fenómeno: el de la institucionalización de un campo. En efecto, cuando algo se cristaliza genera poderosos entramados institucionales y también la vocación en quienes trabajan en ellos de encontrar los términos precisos para dar cuenta de las cosas, fenómenos y personas que los pueblan, de encontrar, en fin, *la jerga perfecta*. Más allá de lo que tiene de paródico este proceso de efervescencia nominalista, interesa atender a esta preocupación por la incorporación de nuevas iniciales al viejo nombre (CCD) en lo que tiene de sintomática del proceso de institucionalización del campo del detenido-desaparecido.
[36] Entre junio y julio de 1976 un vuelo, el "primer vuelo", del ejército uruguayo trajo a Montevideo a uruguayos detenidos clandestinamente en Buenos Aires en el chupadero conocido como Automotores Orletti. Este grupo permaneció tres meses desaparecido y sus miembros fueron hechos aparecer legalizados como presos en un falso operativo realizado en el balneario Shangrilá. Tras éste se ha demostrado la existencia de al menos otro vuelo — el "segundo vuelo"—, también clandestino, que se habría realizado en octubre de 1976 desde la Argentina hacia Uruguay. En él también habrían sido trasladados militantes detenidos en Buenos Aires, de nuevo en Automotores Orletti. A diferencia de los que viajaron en el "primer vuelo", estos del segundo continúan siendo detenidos-desaparecidos.

tra alianzas con otras *palabras*, que le dan un nuevo sentido, sentido que tiene que ver, precisamente, con esta separación de las palabras y las cosas. En otros términos: las ruinas tienen un sentido, su falta de sentido. Esa ambigüedad da a las ruinas su singularidad, su condición, a un tiempo, de lugares de vida y de lugares sin la vida que tuvieron: de ellas "se ha retirado la vida y sin embargo aparecen todavía como recintos y marcos de una vida" (*ibídem*: 111). Situadas entre lo conforme y lo informe, emplazadas en un lugar a medio camino entre lo que es y lo que no ("Entre el instante en que no ha sido formado todavía y el instante en que ha vuelto al polvo, entre el 'aún no' y el 'ya no', existe una posición positiva del espíritu" (*ibídem:* 113)), las ruinas tienen una materialidad peculiar, ni totalmente fuera ni totalmente dentro del circuito que recoge a las *cosas que son*, cerca del lugar de la basura —es decir, lo que radicalmente ya no es— pero conservando no obstante la huella de lo que fueron.

Maqueta del CCD "Casa Grimaldi". Santiago de Chile. Fotografía del autor, diciembre de 2007

Ante la ruina se pueden adoptar varias estrategias. Una es dejarla en ese estado, trabajarla desde ahí, como lugar del que la vida parece haberse retirado pero del que la vida se reapropia y le otorga un sentido *raro*, nuevo pero que no le obliga a renunciar a su condición de ruina (a espacio, pues, escindido ya del sentido). No abordaré esa estrategia ahora, sino en el capítulo 5. Otra es llenándola de representación, sacar ese espacio de su condición ruinosa, *devolverle sentido*, recuperarlo. En este segundo caso, de lo que se trata es de reestablecer el lazo de esas cosas, ahora ruinas, con el sentido, facilitar su reconciliación después de un período de malas relaciones, que por efecto de ese trabajo de reconstrucción quedará ahora relegado al pasado. Los arqueólogos son quienes se encargan de esto. Aunque no eluden indicar que hoy esos espacios están en estatuto ruinoso, lo que procuran es mostrar el momento en que daban materialidad a algo específico: se representa, se hacen maquetas, se hacen mapas y figuras... "Las cosas vuelven a su sentido" (E13), dice una joven arqueóloga argentina sobre un objeto en escombros recuperado de un CCD.

Así es, el arqueólogo puede ser por eso llamado un *militante del sentido*, pues su actividad se guía por este axioma: si la desaparición forzada de personas destrozó, él reconstruye, da identidad y singulariza; si la desaparición forzada de personas ocurrió en ese espacio —el CCD—, él lo rehace y rehace lo que sucedió en él ("Tenemos que laburar sobre la identidad [del CCD]" (E13)). Ingresa al agujero donde se produjo la catástrofe, donde los cuerpos fueron separados de los nombres, donde el desaparecido se hizo tal. Y lo llena:

> "Vamos a tratar de hacer una pequeña maqueta. Hay gente que necesita verla así, y la vamos a reconstruir, aunque sea que tengan una maqueta de referencia" (E13)

> "Para nosotros esto así como está, ruinoso, [si lo dejáramos así] nos quedaríamos sin una parte de la explicación. Nosotros lo estamos recuperando como para decir 'acá existió...'" (E13)

Poner el centro clandestino de detención en la historia, darle sentido al operador de devastación, es el objetivo. Retirarle a ese espacio ominoso carácter de tal: no es el averno, algo más allá de todo, es un lugar explicable. Pero el precio de ese trabajo de significación puede ser alto, la sobreexposición al sentido esquiva decir lo que el centro clandestino de detención también fue, un lugar donde fracasó la representación misma, un lugar situado fuera de toda serie. Convertido en patrimonio, en un lugar con identidad, ese espacio al que por su condición de CCD podríamos calificar como único integra una secuencia; se explica no por sí mismo, sino como pieza de un *continuum*, como parte de una historia no como singularidad que la rompe:

> "El espacio no es sólo uno (...). Tiene que ver también con entender por qué este lugar[37] llegó a ser un centro de detención (...). Ahí es la recons-

---

[37] Se refiere a un CCD conocido como Mansión Seré, situado en Morón, al Oeste del Gran Buenos Aires.

trucción histórica total, de todos los períodos anteriores, que también da cuenta de un país determinado, que llevó a que este lugar sea tomado por la Fuerza Aérea y convertido en un centro de detención (…). Por eso, cuando el proyecto toma la historia de este lugar, la toma desde mil ochocientos y pico hasta 2005, que es el período que tuvo los distintos usos de este lugar, puntualizando en casi una bisagra esto como centro de detención, porque hoy no estaríamos acá si esto no hubiera sido un centro de detención" (E13)

La *continuidad* prima sobre la *ruptura*. Es más: si había algo de la segunda, su inserción en la primera la anula. Es la estrategia para devolverle al lugar su sentido, para que sea un *lugar antropológico* (Augé, 1992), un espacio al que se le presume pleno de identidad, del que se sospecha que está henchido de historia, del que sabemos que permite en él el despliegue de relaciones sociales. Da igual si eventualmente esas tres cosas —identidad, historia, relaciones sociales— puedan estar inundadas de perversidad; lo importante es sacarlas de la oscuridad, iluminarlas, situarlas en la flecha del tiempo, lineal, continua, causal…

"No podemos aislar este centro clandestino de detención sin tener en cuenta su articulación con los demás centros clandestinos de detención (…) de la zona. Ni tampoco debemos (…) aislarlo temporalmente y trabajarlo de esa forma, si no no podríamos entender estas continuida-

Almacén de lo que fue el CCD "Casa Grimaldi", en Santiago de Chile. El cartel con la fotografía de una detenida desaparecida en el CCD espera, entre otros trastos, el momento para ser expuesto. Fotografía del autor, diciembre de 2007.

des. Así que [este proyecto] trabaja lo que es este centro clandestino de detención observando las causas, por qué llegó a ser específicamente un centro de detención, pero también saber por qué llegamos a lo que significó el despliegue de terrorismo de Estado, y en ese mismo análisis observar sus continuidades en el presente" (E13)

...y *devolverles el sentido*; esto es, restituir las relaciones de *esta cosa* —el CCD y su universo— con las palabras que le corresponden[38]:

Diario de campo: 17/9/2005, Buenos Aires. Mansión Seré: ruinas significadas

En un parque del partido de Morón —oeste de Buenos Aires— jóvenes arqueólogos y antropólogos excavan para recuperar los cimientos de la Mansión Seré, un operador de devastación. Para preservar las excavaciones se ha construido un perímetro vallado alrededor de las ruinas del que fue CCD, perímetro que se recorta sobre lo que hoy es una cancha de fútbol.

Los niños juegan, los adultos pelotean... la pelota se cuela en el predio del antiguo CCD. Mientras hablamos del horror, pasa delante de nosotros. No es muy perturbador.

Les pregunto por las ruinas: no significan nada en sí mismas; significan en un contexto que ellos reconstruyen. Pero ¿no es el estatuto ruinoso del edificio el dato, no es ése el contexto del CCD, no es el vacío al que señalan, lo más parecido a la devastación que produjo? ¿Hay algún testimonio mejor que ese sinsentido para dar cuenta de que lo que aquí se vino abajo fue la posibilidad de representar?

Salgo con la sensación de haber estado ante un exceso de representación. Me da la impresión —y me crea problemas— que el detenido-desaparecido y el CCD son coartadas para irritar el barrio y exigirle que piense y que se piense. Que más que representar el pasado, se trata de activar el presente. No está nada mal la idea, nada mal. Pero es otra idea.

---

[38] No sólo la arqueología trabaja en esta dirección. En lo que me toca, me impresionó un trabajo de un científico social argentino, Andrés di Tella (1999), sobre la vida cotidiana en los campos de concentración argentinos, trabajo inscrito en un volumen sobre la vida cotidiana en el país. Me impresionó no por la calidad del texto sino por el enorme error teórico de hacer convivir en un mismo título "vida cotidiana" —que es rutina, repetición, continuidad— y "campo de concentración" —que es excepción y quiebre de la norma—.

"Desde ya tiene [el CCD sentido] para nosotros. El tema es que nos parece que para toda reconstrucción histórica debés relacionar un proceso histórico que tuvo distintos eventos y uno te lleva a explicarte tal vez el otro (…). Entendámoslo antes y después" (E13)

En términos generales, una de las direcciones hacia las que se orientan los trabajos de la memoria[39] es la de la búsqueda de sustento material para las narrativas de la historia. A ese trabajo lo llamamos, es un consenso, *construcción de patrimonio*. No es una operación nueva en la historia; tiene, al menos, la misma edad que la modernidad. Sí es cierto en todo caso que estamos hoy ante una cierta explosión del patrimonio[40], un movimiento general que da sustento a uno más particular en el campo del detenido-desaparecido: el de la construcción de artefactos que dan firmeza a una narración de la historia, que permiten poner en escena una historia a través de la exhibición del espectáculo de las cosas que la integran, desde edificios a museos de la memoria, desde CCDs a memoriales[41] ("Para nosotros [este trabajo] tiene que ver con toda una recuperación de identidades, o hablar sobre nuestra identidad como pueblo (…). Es casi la materialidad de una identidad" (E13)). Es, como digo, un movimiento general que presta *facticidad* a la memoria, dota de materialidad a la historia del sujeto colectivo que sostiene ese patrimonio, cons-

---

[39] Elizabeth Jelin (2002) ha hablado del "trabajo de la memoria", y ha acertado, pues de eso se trata: de un trabajo para moldear un tiempo con sentido. Es una tarea larga, llena de borraduras y olvidos; de selecciones; de institucionalización de recorridos temporales correctos; de abandono de otros, desechados por pensados equivocados; de combate entre narrativas por la legitimidad de la representación del pasado. Es evidentemente una tarea de resultados precarios: nunca acaba. La memoria no es el recuerdo de algo como cierto; es la elaboración de lo cierto y, eventualmente, su institucionalización como certeza compartida. No es, no se confunda, sinónimo de verdad.

[40] Antonio Ariño (2002), sociólogo de la cultura, ha escrito que este *boom,* que se expresa en una inusitada proliferación de museos, de reflexiones sobre la colección, de propuestas técnicas para un correcto almacenamiento de los orígenes… es la expresión de un cierto *miedo por la pérdida,* muy contemporáneo. Por eso Ariño, con razón, habla de éste como de un "movimiento conservacionista" que opera articulando soportes para "asegurar la conectividad y continuidad intemporal" (*ibídem*: 333) al grupo al que el patrimonio da asiento material.

[41] Casi tan ejemplar de este trabajo de recuperación del sentido como espectacular en los resultados de su reconstrucción de lo que fue y ya no es el trabajo que en la Fundación Memoria Abierta de Buenos Aires se desarrolla para el programa Topografías de la Memoria. Pueden contemplarse sus resultados, y asombrarse con ellos, en http://www.memoriaabierta.org.ar [Acceso en mayo de 2008].

truye marcadores que identifiquen un tiempo con sentido: "Yo recupero evidencia material, pero para hablar, justamente, de cosas que trascienden lo material, digamos" (E13).

Es esto algo sumamente problemático en contextos en los que los objetos sobre los que se aplican estas políticas del sentido tienen una materialidad tan connotada como la que tiene un CCD. Podríamos decir, y sería cabal interpretarlo así, que los trabajos que apuestan por hacer de estos espacios un memorial, un recordatorio o un museo constituyen parte de las luchas por la representación del pasado reciente, que integran el campo de las luchas entre representaciones de ese pasado. Que forman parte de los esfuerzos de y sobre la memoria. Que no imponen *una verdad* sino que proponen *una interpretación* entre otras ("Nosotros lo que hacemos es esto, una excusa para empezar a pensar, pero (…) no les voy a contar 'la verdad'" (E13); "Recuperar la memoria, resignificar la memoria para el barrio (…), reflexionar junto con [los vecinos] acerca de la memoria, de la historia" (E13)). Pero también podemos concentrar la mirada sobre esta interpretación para preguntarnos por cómo moldea, o, por qué no decirlo, *por cómo violenta*, esos lugares y los sobrecarga de sentido, es decir, por cómo puede llegar a desnaturalizarlos, transformándolos a través de sus prácticas de representación, en piezas parte de *una* identidad y de *una* memoria colectivas ("Nuestro objetivo general hoy sería la recuperación de un espacio para la reconstrucción de las memorias, de una identidad" (E13)).

Estos militantes del sentido trabajan desde su pericia profesional en contra de los efectos devastadores que la desaparición forzada de personas provoca: si ésta destrozó, construyen. Si aquello deshizo, rehacen. Si eso separó *cosas* de *significados*, resignifican, aun a riesgo de excederse ("La función [de nuestro trabajo] sería siempre tratar de unir [el objeto con el sentido] y darle aún más sentido" (E13)). Con su trabajo, me dicen, las cosas "retornan acá con algún sentido'" (E13). El arqueólogo, en fin, remienda materiales derruidos y los integra a un relato: dota de materialidad a una memoria; hace del centro clandestino de detención nada menos que patrimonio, es decir, parte de una serie cuando, quizá, sólo quizá, su lugar sea el de lo que rompe la serie. Quizá también ahí se deba dejar, en el lugar de las rupturas de la discontinuidad. Es probablemente más incómodo. Y más feo.

2.2. Limpiando las tripas del monstruo

El trabajador de los archivos públicos es un personaje esencial de la lógica moderna, uno de los vehículos de su orden. Aunque se gane la vida laborando con materiales de textura distinta no es muy diferente su práctica a la de los activistas del orden del jardín que analizara Zygmunt Bauman (*cf.* capítulo 1). Como ellos, como muchos más, en realidad como casi todos los que hacemos *trabajos modernos*, clasifican, ordenan, jerarquizan, limpian, seleccionan... hasta manejar cómodamente la parcela de realidad que les toca. Me detendré en la tarea de los que se las tienen que ver con las tripas del monstruo burocrático.

> Creación de la Dirección Nacional del Registro Civil. Montevideo, 1879 Y 1885.
>
> -Ley Vigente-
>
> La Dirección General del Registro Civil (...) es responsable del Registro del Estado Civil de las personas y de los hechos vitales, de la conservación de los archivos y de otorgar la documentación respectiva, sirviendo de base a la organización de la sociedad y la familia.

Mientras duró la represión clandestina el Estado funciona en un registro distinto, pero sigue operando la burocracia, hasta el punto que la red de centros clandestinos que sostiene la mecánica de la desaparición forzada de personas funcionó con la vieja lógica del aparato del Estado: genera documentos, produce legajos, da lugar a anotaciones, obliga a la clasificación de expedientes, registra poblaciones, clasifica individuos, da cuenta de entradas y de salidas... Apunta, escritura, registra, anota. Verbos viejos. No es muy distinto el material de esos archivos que el que ingresa a las estanterías del Estado en tiempos de limpieza. Es más, son los mismos los datos que representan: las personas cuando toman forma de ciudadanos; los individuos tal como aparecen acreditados en los registros de nacimiento, muerte, propiedad; los litigios; las entradas y salidas del país... Es decir, el material básico para el buen discurrir del gobierno de poblaciones.

Pero si en tiempos pulcros ese material adopta la textura de las cosas a las que se les puede dar visibilidad pública, en los de quiebra del orden pulcro la consistencia de ese material es otra bien distinta: la de lo invisible, la de lo ocultado, la de lo no clasificable... Es un material sucio el del Estado jardinero cuando se dedica a deshacerse de la maleza. Funciona igual, pero deja rastros extraños, cortados: apenas pequeñas incisiones en los materiales comunes del Estado, algunas señales que remiten a legajos rotos o inexistentes, poco más que pistas, como anotaciones acerca de alguna salida de alguien, momentánea o final, de las catacumbas de la maquinaria desaparecedora y de su ingreso a las partes más visibles y conocidas del aparato del Estado.

Son rastros de un Estado clandestino: "Suponemos que debía haber... porque a veces logramos conseguir algún documento que otro que nos ubica en esas estructuras clandestinas, pero..." (E18). El Estado trabajó, sí, pero en *modo oculto* y por eso lo que queda de ese trabajo destila ese peculiar olor: apuntes de un funcionario de la morgue que entierra y da fe de un cadáver NN; testimonios confusos de enfermeras que atendieron a una joven embarazada tiroteada y que levantaron acta en el registro de un hospital público porteño; rutinas de peritos y policías de servicio en alguna noche de 1973 o 1974 o 1975 o 1976 o 1977 o 1978, que por costumbre fotografiaron un cuerpo aparecido en la calle y adjuntaron el informe a un expediente; cartas de mi padre a mi abuela que un funcionario consignó junto a documentos más serios en una caja con *sus cosas*; apostillas en los márgenes de un expediente oscuro, o al revés, comentarios con letra del horror en los márgenes de un expediente banal; apuntes de jueces de guardia que revisaron un legajo y escribieron que ese cuerpo no era "de nadie", que era NN, y que el destino de esa no-identidad debía ser la fosa común de un cementerio público; trabajo trivial de archiveros del Estado que guardaron alguna copia dactilográfica de algún cuerpo sin nombre; automatismos de algún funcionario montevideano que abrió, sabiéndolo o no, el correo del Cóndor, recogió el documento de identidad de Adriana o las cartas de mi padre a mi abuela y dejó esas pruebas indirectas del paso de estos sujetos por las tripas del monstruo, depositadas en las catacumbas del Estado. Rastros de un vacío. Con eso operan hoy los archiveros, con el material que la máquina produjo cuando trabajó en *modo B*, en modo clandestino, que es el mismo pero oscuro, que es de un orden similar pero que no:

"- Claro, a veces tenemos la suerte de... en muy pocos casos, de conseguir legajos que han quedado... Por ejemplo, hay un caso de un muchacho detenido acá en La Plata, que pasa por Brigada La Plata y alguno con una carga más burocrática que otros escribió e hizo lo que hacía con cualquier detenido. Entonces hay un listado de todo el material que le secuestran, de todo lo que le chorean de la casa… Hace la lista, numera (…). Este buen señor en un momento hace un memo preguntando para saber las cosas, si ya le dieron la libertad y cuándo se la dieron. Él hace todo un legajo de ida y venida de papelitos, de varios papelitos. Y alguno le contesta que no, que lo trasladaron a Coordinación, hasta que uno le pone, en manuscrito: 'Dejate de joder, que esto es todo por izquierda'

[GG] Ah, qué increíble ¿Bajo qué rubro lo archivó?

- Rubro por izquierda, Mesa DS, o sea Mesa Delincuentes Subversivos, que tiene todo un legajo que este señor había iniciado con la detención… la supuesta detención, que era el secuestro" (E18).

A principios de agosto de 2005 me acerqué a la que fue la sede de la DIPBA (Dirección de Inteligencia de la Policía de la Provincia de Buenos Aires), centro de operaciones del conocido como "Circuito Camps"[42], ahora Comisión Provincial por la Memoria, en La Plata. Buscaba algo neutro: saber de los criterios de trabajo de quienes bregaban con los residuos burocráticos del período 1976-1983. No esperaba más. Sin embargo, me costó entrar a la DIPBA: aunque se trabaja en su dulcificación ("Donde habitó el horror reinará la vida" se indica en la entrada), el edificio aún se parece demasiado a una comisaría. Tras largo rato, largo,

Archivo de la DIPBA (Dirección de Inteligencia de la Policía de la Provincia de Buenos Aires), La Plata, Argentina. Carpeta etiquetada "uruguayos" conteniendo algunos de los datos disponibles en ese Archivo sobre ciudadanos uruguayos detenidos-desaparecidos. Fotografía del autor, octubre de 2005

---

[42] En referencia al Comisario Gral. Ramón Camps, reputado represor, a la sazón responsable mayor de un circuito de 29 Centros Clandestinos de Detención distribuidos en el conurbano bonaerense.

mirando el edificio desde un bar situado enfrente, me animé, mi acompañante me animó, a entrar a las catacumbas. Aunque el espacio está adecentado y preparado para el público tenía aún —no me equivocaba— algo muy perturbador. Pregunto por el Archivo; en el fondo de un pasillo me recibe la por entonces responsable, que fue detenida-desaparecida precisamente en La Plata y que a la sazón era miembro de la AEDD (Asociación de Ex detenidos-desaparecidos). La acompañan en su trabajo miembros de H.I.J.O.S. (Hijos por la Identidad y la Justicia, contra el Olvido y el Silencio).

La densidad crece.

Mientras espero a que me atienda y a establecer con ella una fecha para una entrevista en profundidad miro la pantalla de la computadora en la que están trabajando en ese preciso momento. Figura un expediente con los datos disponibles en esa sede de una persona. No es cualquiera: "León Duarte. Automotores Orletti. Peticiones de Habeas Corpus...".

Me mareo.

Diario de campo: 5/10/2005, La Plata. Detrás de una puerta gris estaba la Verdad

En mi entrevista con N.E. le transmito las sensaciones que me produjo *esa* puerta que tiene detrás, la que esconde las catacumbas del Estado clandestino: "Me impresionó la puerta. La sensación, no sé, como que la burocracia llega justo hasta la puerta, y detrás de esa puerta estaba el campo de concentración. Es curioso, es la misma sensación que he tenido cuando he ido a Antropólogos Forenses, con esa puerta que esconde las cajitas de huesos no identificados. Pero la sensación que me daba la puerta esa es que esconde... los restos del infierno ¿Qué supone trabajar con eso? ¿Cómo trabajan para darle una forma a ese hueco? ¿Rodeándolo?"

En la edición de *Página/12* del 25 de noviembre de 1998, dando noticia de la apertura del Archivo de la DIPBA, una nota significativamente titulada "Detrás de una puerta gris estaba la verdad" dice: "Son miles y miles de fichas, microfilms, carpetas y cajas de documentos, la historia de la represión de la década del 70 a 1997"[43]. Papeles del Estado en *Modo B*.

---

[43] Citado por da Silva Catela, 2001: 204.

Es sólo una coincidencia, dos líneas de causalidades que intersectaron, nada más que dos trayectos que se cruzaron en un preciso segundo —el mío investigando representaciones de la desaparición forzada de personas, el de alguna investigación judicial que requería datos de los uruguayos desaparecidos en Orletti, mi padre incluido— pero no puedo menos que tener la certeza de que hay algo que se parece al destino y de que éste, en mi caso, juega a menudo con cosas que tienen la forma de lo inefable. Esa certeza se traduce en una convicción con la que me propongo trabajar analíticamente: tras la puerta que N.E. tiene a su espalda, la que da paso al Archivo, se esconden las tripas del monstruo y son cuando menos difíciles de representar.

El archivo que está tras esa puerta es de esas cosas que merecen adjetivos del orden de lo espeluznante. Y es un problema, pues el trabajo de los archiveros consiste en saber lo que se esconde en ese monstruo, pero para hacerlo, ¿deben ordenar el material de acuerdo a criterios bibliotécnicos o procurar mantenerlo en su estado actual, mostrar su lógica, aunque ésta no sirva para obtener datos útiles para enjuiciamiento alguno? ¿No es también cierto que estudiando esa lógica, por muy ilógica que parezca, sabremos de la naturaleza del monstruo? No da mal cuenta de estos interrogantes Ludmila da Silva, antropóloga:

"No podemos dejar de percibir los archivos de la represión como construcciones e instrumentos de clasificación del mundo de los agentes de seguridad que los produjeron. En fin, como espacios a partir de los cuales se puede construir conocimiento atendiendo a las formas de su organización, lógicas clasificatorias, espacios ubicados y no solamente al documento en sí mismo" (2007: 207).

Insisto pues en la pregunta, ¿cómo gestionar el archivo? ¿Con la sensibilidad del que sabe qué es lo que este archivo representa o con la frialdad del técnico que aspira a construir una representación adecuada? Me inquieta saber cómo hacen quienes han de bregar con esos restos del trabajo sucio del Estado: ¿los higienizan? ¿Los convierten en material de un Estado, aquel para el que el archivero trabaja, que ahora gestiona en orden? ¿O los administran de modo que concuerde con *su* singular consistencia, respetando *su* lógica, la del Estado en *modo B*? En definitiva ¿limpian las tripas del monstruo o las muestran sucias? Son preguntas que los propios profesionales se plantean en algunos de sus documentos de trabajo:

"Entre las actividades de investigación en curso se destacan el establecimiento de pautas técnicas y criterios analíticos para el mapeo y desclasificación del Archivo, según las metodologías para el tratamiento de archivos sensibles (…). Ese relevamiento permite comenzar a desentrañar la lógica de clasificación y los significados de la información del archivo en distintos momentos históricos, el carácter del acervo, su rango temporal, las formas de circulación, búsqueda y registro"[44]

Pues hay en estos archivos una lógica peculiar, la propia del período que clasificaron. Durante un tiempo, hasta 1976, esta lógica es la de la burocracia que aunque de manera discreta, pues opera con material sensible, hace lo que siempre hizo: clasifica, ordena, registra, guarda, anota, refiere, remite, sintetiza… El jardinero hace catálogo de sus plantas, individuos-ciudadanos, y mantiene un registro de los potenciales enemigos, bien ordenados, según origen y tipo de mal que encarnen…

"En el archivo [de la DIPBA] hay una ficha de personas, la ficha personal. Esa ficha personal me remite a expedientes, los expedientes están divididos en distintas mesas y factores. Yo puedo tener una mesa, la Mesa DS, Delincuente Subversivo (…). Los factores es… cómo miraban la sociedad: estudiantil, partidos políticos, religiones, entidades del público, gremios… (…). Por ejemplo la Mesa A corresponde al Factor Estudiantil y al Factor Partidos Políticos; la Mesa B es gremial y Factor Económico (…); y la Mesa D son entidades sociales y factor religioso; pero las mesas D y C rompen la lógica de los factores porque esto es Delincuente Subversivo" (E17)

…aunque siempre sabiendo que esa representación que hacía del otro se hacía en nombre del Estado, dueño de las clasificaciones, legitimado para aplicarlas:

"[Este archivo] estaba pensado desde la legalidad. Más allá de que fuera ilegítimo este archivo, porque es de persecución político-ideológica, lo concreto es que era legal, tenía un estatuto, estaba dentro del organigrama de la Policía, que a su vez es un aparato del estado provincial" (E17)

Pero luego… Estalla la catástrofe y el Estado comienza a discurrir entre dos mundos, paralelos: el modo A —el de siempre—, y el modo B. Se compartimenta: la burocracia limpia de un lado, la clandestina por otro. Me interesa la segunda; tiene forma de hueco, de agujero negro, de vacíos: cadenas de datos que se rompen, series de referencias que se

---

[44] Tomado del sitio Web de la Comisión Provincial de la Memoria (http://www.comisionporlamemoria.org) [Acceso en agosto de 2005].

seguían fácilmente hasta una fecha y que de repente se esfuman. Como se esfuman también los sujetos chupados por el aparato que producía esas series y que las rompía:

> "Nos ha pasado con alguna gente que está desaparecida, que sus familiares vinieron a buscar los papeles y la persecución llegaba hasta el día antes de la desaparición. Hay como una cosa minuciosa que [se rompe ahí]" (E17)

Secuencias cruzadas de datos, apostillas pulcras que ligan la catástrofe con la lógica conocida del viejo Estado jardinero, que, de repente, se deshacen cuando ese mismo Estado convulsionó su operar clásico. Sigue siendo el mismo pero trabaja como Estado clandestino, y los documentos que produce registran ese operar; por eso de ese giro queda el resto sucio, o la ausencia, el vacío. Una ex detenida-desaparecida, trabajadora ahora en los archivos de la DIPBA, cuenta:

> "*[GG]* En tu caso ¿aquí qué registro queda de ti?
>
> - En el caso mío hay una ficha que te remite a determinados legajos o a una carpeta alfabetizada. El caso mío es uno de esos casos que cuando vas a buscar el legajo o la carpeta alfabetizada no existe, no hay nada más que la ficha.
>
> *[GG]* O sea, no hay algo que remite a algo…
>
> - Claro, está la ficha esa que vos viste, como la que viste de León [Duarte, cf. p. 100], está la ficha con algunas anotaciones, pero cuando vos vas a buscar esos legajos no están. Eso indica que lo hubo, lo hubo pero ahora no está" (E18).

En el contexto de estos capítulos sobre los esfuerzos orientados a dar sentido a lo que parece no tenerlo, a anular la catástrofe, me interesa el trabajo de quienes se acercan a los archivos con la aspiración de representar aquello de lo que la representación se ha ausentado. Es decir, de quienes buscan *el* Archivo, ese con mayúsculas, el que recoge la verdad. Saben que no lo hay, pero no renuncian a reconstruirlo a partir de lo que queda. Parece difícil. Tanto como dar visibilidad —no otra cosa es representar— al trabajo oscuro del Estado clandestino ("Yo te diría [que nuestro trabajo es un intento de] reconstruir eso y hacerlo visible" (E16); "Emociona mucho cuando (…) llega una denuncia y de golpe empezás a reconstruir y sabés qué fue; decís: 'qué bueno'" (E16)). Desde el Estado se actúa contra lo que el Estado hizo, se pone orden a su lado oscuro. El

Diario de campo: 11/8/2005, Buenos Aires. Paso por la secretaría de Derechos Humanos. La oficialización de un discurso

Nueva sede de la Secretaría de Derechos Humanos de la Nación: recepción recién remozada, sala de conferencias que porta el nombre de uno de los iconos de los DDHH en Argentina, Emilio Mignone. Todo empieza a oler a oficial. Más aún cuando accedo al edificio: guardia de seguridad, número de DNI, acceso tras autorización. Arriba son muchos; se conocen desde siempre. A poco que afine el oído veo lo densamente tupida que es esa red: "Llamó M.S. a ver si..."; "¿viste a J.S. por aquí...?", "¿conocés a alguien de la CONADI?"... Empiezo a conocer a unos cuantos. Asisto, creo, a la institucionalización de una burocracia, a la que este edificio le proporciona materialidad. Surgen dejes típicos de los aparatos de Estado: fotos oficiales protegen las oficinas de los que hasta antesdeayer eran pétreos revolucionarios, carteles con escudo se amontonan en las mesas de combativos militantes. La retórica es de oficina: "Aguardá por favor en la sala de espera", "Todavía no nos dieron tarjetas ¡Este país es un quilombo!"...

archivero, cuando se desempeña en su oficio ejerciéndolo en el seno del propio Estado, aspira a hacer visible el andamiaje que éste puso en marcha para desarrollar la sistemática de la desaparición forzada de personas, afanándose por convertirla —a ella y a sus productos, los detenidos-desaparecidos— en objetos registrables, archivables... y haciendo ese esfuerzo desde el *nuevo* Estado.

Problema: violentar ese material por exceso de representación. Mismo problema: construir desde el Estado un objeto catalogable, el detenido-desaparecido, susceptible de generar políticas públicas específicas —"política de derechos humanos"—, burocracias apropiadas —Secretarías de Derechos Humanos, Museos de la Memoria...—, partidas presupuestarias adecuadas —reparaciones...—. Y es que el trabajador de los archivos públicos es, como decía, esencial para el engranaje moderno: da forma al patrimonio del Estado[45] y, por las inscripciones que estructura,

---

[45] De lo que es prueba este pasaje de un texto de la coordinadora del Programa Patrimonio Documental de la Fundación Memoria Abierta, de la Argentina: "Cuando el Estado asume la promoción de políticas de la memoria, los archivos (esos archivos) formarán parte de ella (...). Si bien es deseable que exista una política racional del Estado hacia estos documentos (...), que la misma forme parte de una práctica pública y general del Estado hacia el conjunto de su patrimonio documental aseguraría real y permanentemente su cuidado, y garantizaría más tarde o más temprano la democratización al acceso de los mismos, sin necesidad de dar respuestas inmediatas ante coyunturas específicas" (Karababikian, s/f).

escritura el mundo, le da asiento, soporte, a las tipificaciones desde las que se organizan las políticas. Sus diagramas y listados, sus clasificaciones y organigramas, vehiculan una representación del mundo: vivos, muertos, desaparecidos; desaparecidos con hallazgo de restos o sin hallazgo de restos; desaparecidos clasificados por CCD. Y así. Un nuevo orden. Complicado pero con sentido.

No son inocentes. Lo que no quiere decir que sean culpables, sino que su trabajo tiene efectos, como lo tiene el de todos los que somos vehículo de la filosofía de la representación (Ceruti, 1994): *ayudamos a crear la realidad de la que hablamos creyendo que hablamos de una realidad que "ya estaba allí".* Bruno Latour ha escrito sobre estas tareas hablando de ellas como de labores que *endurecen los hechos* (1985: 10): convierten realidades blandas, difusas, de límites indefinidos, a veces incluso de límites indefinibles, en ocasiones hasta irrepresentables... en hechos comprobados, en objetos duros, en materia transportable y comparable, en objetos sin-

Diario de campo: 3/10/2005, Buenos Aires. CONADEP, el registro burocrático de los desaparecidos (I)

Grupos de funcionarios, jóvenes, discuten apasionadamente. Otros revisan legajos. Algunos entrevistan familiares. Trabajan en distintos rubros: "represores", "sobrevivientes"... Alguien me pregunta si vengo por un parte de caso. La verdad es que no. Mientras espero que me atiendan las del equipo de investigación de la CONADEP, una de ellas habla con un familiar... Al rato alguien le dice: "está aquí el chico Gatti".

Al terminar la entrevista bajamos al archivo; está en la caja fuerte de lo que antes fue un banco. Lo están pintando militares de la sección de penitenciaría del Estado, el cuerpo policial que depende del Ministerio de Justicia, al que está adscrita la Secretaría de Derechos Humanos de la Nación ¡Uf! Mucho documento, legajos viejos, papeles enfermos, que han de ser curados. Están ordenados por su origen (CONADEP, SDH) y hay expedientes separados de *los otros* (judíos, uruguayos, paraguayos...). Objetivo: alcanzar una buena representación administrativa.

Residuos del Estado. Papeles sin identidad, nombres sin cuerpo, desaparecidos encerrados en esa caja fuerte. Están intentando poner orden en ese material sucio. Dentro de él están papá y Adriana. Pido que salgamos.

gulares. Excelente imagen si la trasladamos a nuestro campo pensando en lo que se hace con esta figura desde la catalogación en archivos de los detenidos-desaparecidos y de "su mundo" (causas judiciales, cuerpos del ejército, CCDs, denuncias...): por esas operaciones de clasificación el desaparecido es racionalizado, situado, pensado, catalogado, comparado.

Si sin muchos miramientos traslado la propuesta de Latour a mi terreno es porque encuentro que en él hay también una enorme distancia entre el *punto de partida* —la debilidad del detenido-desaparecido, materia blanda, flexible, evanescente, incómoda— y el *punto de llegada* —el

Diario de campo: 3/10/2005, Buenos Aires. CONADEP, el registro burocrático de los desaparecidos (II)

Concentro la entrevista en las que interpreto como contradicciones. Una, el hecho de que hablan del Estado (represor) desde el Estado (legal). Respuesta: no hay una lógica común entre la desaparición y el registro actual de los detenidos-desaparecidos. Pero algo debe haber pues una ex detenida-desaparecida, me cuentan, intuye un rasgo compartido por ambos momentos de la institución estatal: cuando le dicen su número de registro de la CONADEP se asusta pues le recuerda su número en el pozo. Saben que eso crea problemas; por eso buscan humanizar los legajos, llamarles por nombres de caso, no por número. Evitar que pasen cosas como las del recordatorio de *Página/12* de un desaparecido, Gustavo Enrique Grassi, identificado como "número CONADEP 2353"...

Contradicción parece haber también en la categoría de detenido-desaparecido, "una categoría difícil", que proponen mantener para pensar un estatuto nuevo del ser pero que su trabajo de investigación desmenuza, retirándole esa novedad. Por un lado respeto por la entidad del monstruo ("eso fue lo que se hizo, desaparecidos. No muertos. Desaparecidos"). Por otro, el empeño de regularla.

La contradicción se resuelve de manera compleja: las investigadoras de CONADEP certifican que una persona es detenida-desaparecida, producen la inscripción que indica que esa persona no es ni viva, ni muerta, ni ausente sin más, sino eso y solo eso, detenida-desaparecida. Producen documentos desde el Estado para que éste reconozca el peculiar estatuto de ciudadanía de una de sus obras.

detenido-desaparecido como objeto, algo duro, firme, sólido, con nombre, territorio e historia. Comparable y catalogable[46]— ¿Y *en medio*? Está lo que opera esa transformación en el estatuto del desaparecido, el trabajo de endurecimiento que desde la evanescente situación original hasta el firme objeto final pasa por cinco filtros, sucesivos: *movilizar* o *definir* (reducir la realidad a pocos elementos, construir una definición); *fijar las formas* (sacar al objeto de su contexto, aislarlo como forma independiente); *aplanar* (reducir las variedades del objeto a pocos rasgos, a los que quepan en una hoja de papel); *recombinar* (poder comparar el objeto definido, fijado y aplanado con otros objetos parecidos ya definidos, fijados y aplanados); e *inscribir* (traducir esa entidad definida, fijada, aplanada y recombinada a signos, archivos, documentos, trozos de papel, huellas... (Latour, 2001: 365) que materialicen esa entidad como objeto). Después de esos cinco pasos, el objeto ingresa en el espacio, homogéneo y ordenado, de la geometría (Latour, 1985: 22) y podemos definitivamente decir lo que el detenido-desaparecido es y distinguirlo de lo que no es.

Intenso ejercicio de resignificación del detenido-desaparecido: si era algo que se tapó, que no se tabuló, que no se grilló... ahora se desvela, se tabula, se clasifica. Los criterios propios de un Estado limpio y transparente organizan esta faena. El Archivo de la DIPBA se somete a limpieza, el de la CONADEP se reorganiza, en Uruguay comienzan a hacerse relevamientos profesionales de las fuentes documentales disponibles en materia de Derechos Humanos (Markarian (coord.), 2007; Rico, 2009). Los profesionales actúan y saben qué hacer:

> "*[GG]* ¿Y ahí qué lógica siguen cuando ordenan eso? ¿Lógica cronológica, centros de detención, grupos políticos?
>
> - [El archivo de la Comisión Nacional sobre la Desaparición de Personas, CONADEP] tiene orden por fuentes, CONADEP, SDH, que es la continuidad de CONADEP, otro que es Habeas Corpus, otro que es Denuncias Internacionales, otro que es Denuncias Nacionales en Organismos no Gubernamentales, Archivo Fotográfico... Por fuentes de información" (E16)

---

[46] Todo ello se multiplica con la transnacionalización de la figura del detenido-desaparecido, fenómeno al que atiendo en el último capítulo del libro.

El Estado de nuevo se aplica sobre su hermano menor, el individuo-ciudadano, pero en una dirección nueva:

"-Yo siento que el Estado tiene que tener una actitud totalmente reparatoria, y mi trabajo con relación a eso es eso...

[GG] Trabajás como Estado.

- Yo laburo desde el lugar de pensar que yo, Estado, tengo que reparar, entonces el lugar donde me ubico, cómo trato al familiar... Es desde un lugar de reparación" (E16)

2.3. Rearmando el cuerpo retaceado

Después del paso de un sujeto por la maquinaria desaparecedora quedan retazos, restos, desechos. Muy poco: algunas informaciones sobre el antes de su condición de detenido-desaparecido, tal vez testimonios (incompletos, inseguros, pocos también) de su paso por el CCD. Materialmente queda, a veces, son raras, un cuerpo sin identidad; las más, una identidad sin cuerpo, un nombre de alguien que se sabe que *es* un detenido-desaparecido pero del que nada más se sabe que ese poco. Puede que sobrevivan residuos burocráticos —extraña ventaja de haber sido la máquina civilizadora, el Estado, la que lo deglutió—. Pero lo más común es que ni esos restos queden y que sólo sea posible acceder a las informaciones que indican que hubo otros antes que uno que pidieron informaciones sobre aquellos que son hoy desaparecidos: registros de *habeas corpus* solicitados por las madres, copias de denuncias de desaparición presentadas por las parejas, imposibilitadas de acudir como sujeto jurídico ante el Estado para herencias, compras, ventas... pues el estatuto imposible de sus cónyuges lo bloquea... Extraña redundancia.

Nada más queda de esas identidades desaparecidas.

Y no es casual que así sea. O sí. Pero previsto o no es ése en todo caso el resultado de una mecánica, la de una maquinaria poderosa —el Estado—, que funcionando en *modo rutina exacerbada*, busca inmunizarse y para ello digiere a sus propios productos, los individuos-ciudadanos, es decir: *sujetos enteros, en los que cuerpo, nombre, identidad, historia, subjetividad y ciudadanía concuerdan*. Y expulsa, al rato, las partes de esa unidad que fue íntegra, sus restos: *cuerpos sin nombre o nombres sin cuerpo*.

Nada.

Con esos restos, con esa nada, trabajan los antropólogos forenses, héroes modernos en procura de retornar al sentido lo que se ha escapado de él, esforzándose en retirar a la desaparición forzada de personas su condición sublime y al desaparecido de las garras del horror absoluto: "es algo que responde a una racionalidad", dicen; "es algo que tiene lógica", afirman. No exagero al indicar que estos profesionales de la regeneración del sentido son héroes modernos; aunque lo podría decir mejor: son los *paladines de la modernidad*, unos defensores muy activos de nuestros pactos entre las cosas y las palabras, entre cuerpos y sentido, entre nombres y conciencias. Sí, estos héroes y heroínas se empeñan en que las heridas que afectan a las relaciones, presumidas universales, entre un cuerpo y un nombre, entre un sujeto y su historia, entre un individuo y su espacio comunitario, se remedien y sean, en consecuencia, menos dolorosas para quienes vivimos en su recuerdo. Se afanan, como los arqueólogos, en restablecer los viejos pactos, es decir, esos que sostienen el proceso civilizatorio y que hicieron posible su producto más acabado, el individuo. Militan en pro del sentido; no puede haber una misión más moderna que esa.

Y el trabajo es ímprobo. Pero es en vano: el agujero negro absorbe todo, también sus esfuerzos; cuanto más hacen por buscar sentido más se ve que lo que la máquina desapareció fue el sentido mismo:

"*[GG]* Resulta [la del EAAF] una forma de relatar la desaparición que está llenando ese pozo de cosas…

- No, yo creo que es al contrario: si vos pensás que hace treinta años que esa gente [la del EAAF] está haciendo eso, lo único que hace es demostrar que es un gran vacío, porque Antropólogos Forenses en veinticinco años, ¿cuántos cuerpos encontraron de los treinta mil [desaparecidos]?" (E21)

Exitoso o vano, el esfuerzo se aplica sobre *lo que queda*, el resto, el residuo de la que fue una identidad íntegra. Un material de estatuto difícil, el *resto, lo que ya no es*, una materialidad sin sentido (Gatti, 2008a). En el Occidente moderno la identidad se imagina como (1) unidad de cuerpo y nombre, (2) inserción de esa unidad en una historia familiar, que dota al sujeto de su *tiempo*, y (3) inscripción de esa unidad en la comunidad representada por el Estado, que le proporciona su *espacio*. Pues bien, el dispositivo desaparecedor imposibilita pues *destroza* esas ecuaciones y los antropólogos forenses las rehacen en los tres planos: el de la unión de nombre y cuerpo, el de unión de un sujeto con su historia, el de la unión de un sujeto con su espacio comunitario.

Así es, los antropólogos forenses operan sobre los tres planos de la identidad moderna. O mejor dicho, operan sobre los residuos de cada uno de ellos: residuos del nombre, residuos del tiempo, residuos del espacio del sujeto fragmentado por la desaparición forzada. Primer plano: los restos del nombre del individuo, tremendamente retaceado...

"Los huesos pasan de tener un número a un nombre, entonces recuperás una historia" (E12)

*

"El EAAF intenta recuperar e identificar los restos de víctimas de violaciones de derechos humanos, restituirlos a sus familiares"[47]

*

"[Trabajamos con] lo que quedó [de un sujeto], una ensalada de huesos" (E12)

...segundo plano, los restos del tiempo de esa identidad, hecho pedazos cuando ese individuo fue *robado* de eso que los psicoanalistas llaman su "novela familiar"...

"Devolver los restos a los familiares es devolverles la historia que no tenían, que les ocultaron y les negaron"[48]

*

"La técnica forense es una herramienta puesta al servicio de la reconstrucción de una historia suprimida por el terrorismo estatal" (Olmo, Rousseaux, 2005)

...tercer plano, los restos, lo que queda, del espacio del que ese sujeto fue sustraído, el de la comunidad institucionalizada como Estado...

"Fuimos rastreando *puntillosamente* [en los archivos del Estado para] buscar más vestigios. Hoy seguimos buscando restos burocráticos de esa época" (E11)

"Empezamos a trabajar la otra parte burocrática del Estado, ahí nos dimos cuenta de que podía haber vestigios" (E11)

---

[47] Tomado del sitio Web del EAAF (http://69.5.11.121/about/index-sp.php) [Acceso en mayo de 2005].

[48] Tomado de una nota de *Página/12* sobre una exhumación con identificación exitosa en la Argentina. "Ganamos una batalla chiquitita", 23 de octubre de 2003, Buenos Aires.

Y sobre esos restos intervienen los antropólogos forenses de manera sistemática, como un rodillo de racionalidad: si primero se rompió la relación cuerpo-nombre, se trabajará sobre los restos de esa relación para deducir la vieja unidad, es decir, para restituir al cuerpo su nombre o al nombre su cuerpo...

"Lo que vos querés es llegar a darle identidad a la víctima, que le fue retaceada la identidad" (E11)

Si luego se sustrajo al individuo de su historia, se trabajará sobre lo que queda de ella a través de los testimonios de amigos y familiares, de fotos y relatos, y esos restos de la historia, debidamente reinterpretados, permitirán quizá situar de nuevo al sujeto en su *verdadero* tiempo, encajar ese cuerpo que ahora es despojo, *nada*, en una historia, *algo*. En esa historia de la que la desaparición le despojó de cuajo...

"Vos buscás la reconstrucción total de la historia del desaparecido. La reconstrucción tiene un cierto objetivo, poder darle una identidad [y] ver cuál [es] del conjunto de todos los desaparecidos. Este cuerpo pertenece a determinada historia" (E11)

Y si, por último, la desaparición le retiró al individuo su condición de ciudadano —es decir, de miembro de esa comunidad que el Estado materializa—, se trabajará sobre los restos que acreditaban esa condición —legajos, huellas dactilares, anotaciones al margen de amarillos papeles...—, sobre los vestigios administrativos, las ruinas de la burocracia, para elevarse desde ellas a la época de las relaciones de esplendor entre ese sujeto ahora sin credenciales y la instancia que las otorgaba:

"[Nos volvimos] hacia aquella documentación burocrática que el propio Estado Terrorista originó y que reposaba en sus anodinos archivos" (Fondebrider, 1997)

"Toda persona que muere, sobre todo en un país como el nuestro, donde todo el mundo está clasificado de alguna o otra manera, vos tenés algún registro estatal que te permite identificarlo" (E11)

Y el orden se reintegra, y el modelo funciona: las cosas encajan y la racionalidad regresa ¿Es realmente tan racional este proceso? ¿Es tan fácil destriparlo? Si no lo es, los antropólogos forenses transmiten la impresión de que sí, de que en él no hay *misterio* ("Trato de sacarle connotaciones misteriosas, de sacarle toda connotación misteriosa a la cuestión. Justamente, ésa es la idea. La idea es mostrarlo como algo reconstruible, como algo que tiene su lógica" (E10)), ni *azar* ("No le cayó un piano en la cabeza, él militaba (…). Básicamente lo que buscaba el sistema era desarticular las organizaciones político-militares, y ésa es la racionalidad de la cuestión" (E10)); ni *fantasmas* ("Y justamente, los fantasmas dejan de ser fantasmas" (E10)), ni *monstruosidad* ("Yo te diría que entiendo todas las connotaciones monstruosas de la cuestión, pero con los familiares lo que trato es de reducir ese perfil" (E10)), ni nada *metafísico* ("La idea es no adherirle componentes metafísicos a la cuestión, no se lo merece" (E10)), ni mucho menos aún *sublime* o, en la medida que sea, hermoso:

> "Hasta este problema, que parece más allá de cualquier límite, no es más allá de cualquier límite, nada es más allá de cualquier límite, no hay nada que quede más allá de cualquier límite, por más terrible que sea en su momento. Pero no hay nada que quede más allá de cualquier límite. Eso en algún sentido se puede trasmitir al familiar, porque a mí también me interesa que la persona que viene acá con este problema, que es un flor de problema, entienda que éste es uno de los problemas que tiene pero no es toda su vida" (E10)

En un texto sobre las representaciones del cuerpo en la antropología forense Ariela Battán Horenstein (s/f) habla del de los antropólogos forenses como de un trabajo de *anamnesis* ("reconstrucción de la historia clínica, física o biológica del sujeto" (*ibídem*: 6)) del cuerpo del detenido-desaparecido. Ciertamente, los antropólogos forenses se encargan de devolver memoria a un cuerpo que a causa de este destrozo la ha perdido. Pero esa devolución no es inocente, pues vehicula —y de hecho contribuye a naturalizar— representaciones del cuerpo y de la identidad muy concretas, muy *de época*: en primer lugar la del *cuerpo de los sabios* (*ibídem*), cuerpo concebido por la ciencia moderna como una unidad física compuesta de partes indisociables, "cuerpo anónimo y asexuado (…), separado de la historia y la cultura" (*ibídem*: 3), cuerpo, en fin, modélico; y luego la del cuerpo que está tras las que Battán llama somatografías, esto es, *cuerpos narrados* como cuerpos asociados a un nombre, léase a una persona, a través de un lazo indisoluble, cuerpos, eso es, "atravesado[s] por una biografía" (*ibídem*: 5). Dos niveles —el cuerpo biológico, modélico, de los sabios, el cuerpo narrado como cuerpo asociado a una identidad—, que la desaparición forzada de personas disocia, disociación que el trabajo de *anamnesis* de la antropología forense anula reasociando lo que fue retaceado:

> "*[GG]* ¿Identificar es devolver la identidad?
>
> - Claro, yo rompo esta taza y la tengo que pegar de vuelta, ¿cómo hago con los pedacitos? ¿Qué era esto? Era una taza, entonces tengo que

volver a tener una taza, si tengo todos los pedacitos… nunca tengo todos los pedacitos, pero tiene que ser lo más parecido a una taza" (E10)

Así, la desaparición tuvo su lógica. Si tal individuo cayó y dejó de serlo fue por algo; fue sobre todo porque era individuo: porque tenía nombre, porque estaba inserto en una historia de afectos, porque estaba inscrito en un espacio de relaciones. Porque tenía nombre, territorio e historia, es decir, identidad (Gatti, 2007). Y de compensar esa enorme catástrofe se trata, es decir, de *recuperar la identidad devastada.* Compensar el horror, situar las cosas en su lugar, devolver lo que se salió de cuadro al cuadro del que salió ¡Eureka!, el modelo funciona: lo que fue difuso, vacuo, fantasmal, informe, retorna a la forma. Placer del hallazgo, goce del descubrimiento: la forma se recupera, la identidad descompuesta se recompone:

Robotín. Dibujo de un miembro del Equipo Argentino de Antropología Forense. Fotografía del autor, agosto de 2007

"Nosotros lo inmortalizamos como Robotín, es una persona. Vos marcás y a partir de eso podés ir desglosando lo que puede ser de lo que no puede ser. Digamos, si tiene esto es una mujer, si tiene esto es un hombre, primera discriminación; si tiene una herida acá, no puede ser que no tenga una herida acá, si en el documento dice que tiene algo acá nosotros tenemos que tener entre los esqueletos exhumados uno que tenga algo acá; pero no sólo algo acá, suponte que también tiene algo acá, algo acá o algo acá. Eso va definiendo la posibilidad de establecer alguna correspondencia entre uno y otro orden, que son esos órdenes de los que estamos hablando. Acá tenemos no una identidad sino una pseudoidentidad, tenemos una persona fallecida en tales circunstancias cuyo nombre no sabemos (…) a comparar con un esqueleto que decididamente no sabemos cuál es de un grupo muy grande…. Por ahí con esto no lo vamos a definir, pero vamos a definir que puede ser alguno de estos cuatro y eso es un avance de la putísima madre…" (E10)

"[El modelo de trabajo del EAAF] es lo increíble, ¡es que funciona! Creo que si hay alguna contribución es ésa, funciona, se reconstruye [la identidad]. Cómo se reconstruye es una cosa en algunos sentidos... Casi mágica... Van apareciendo las formas" (E10)

La que fue invisibilidad puede ser anulada si se aplica el procedimiento adecuado. Todo se ilumina y es posible representar el antes, y el después; incluso el durante del centro clandestino de detención y del derrumbe del individuo-ciudadano. Llegar hasta ahí mismo, hasta el operador de devastación. Ese lugar en donde hasta la representación fue anulada, que se hizo para anular la posibilidad de representación, es, también él, representable:

Diario de campo: 30/8/2005, Buenos Aires. EAAF, toma II: de investigador a deudo

Me presento, doy mi tarjeta, la que me identifica como profesor de la Universidad del País Vasco. El que iba a ser mi entrevistado, del equipo de antropólogos forenses, mira en el pizarrón ("16:00: Gabriel Gatti, amigo G.D."). Ata cabos... Piensa... "¿Gatti?"; Sí "¿Gatti Casal?", Sí "¿El hermano de Adriana? ¿El hijo de Gerardo?".

Tiene los datos.

Paso a ser el entrevistado. El entrevistador me da, por segunda vez, la mano ahora acompañada de un abrazo: devine familiar. Ahora sí empieza la conversación; el juego no se da como el guión prescribe ("yo investigo a..."). Se da de la única manera en que podía darse ("yo investigo a siendo parte de..."). Me dice: "imaginá esto sin la tarjeta", y aparta la tarjeta de la Universidad...

El entrevistado domina la lógica: entró en contacto con los efectos de la maquinaria desaparecedora y supo deducir su mecánica.

Me gusta. Me enojo. Me da la tarjeta del EAAF. Salgo turbado, mareado. Me subo al colectivo. Me bajo. Canturreo el sonido, extraño, metálico, como de un video dando vueltas sobre sí mismo cuando llegó al final de la cinta (*rrrr, rrrr, rrrr, rrrr, rrrr, rrrr, rrrr, rrrr...*)

Nunca estuve tan cerca del ombligo del monstruo, de sus tripas, de ese ruido.

Me dan ganas de volver. Estos tipos saben algo que nadie más sabe...

"[El sistema de trabajo de EAAF] te da una identidad y esa identidad te va a remitir a un momento de desaparición, ese momento de desaparición te va a dar entrada a un centro clandestino (…) y si esa está incluida en un grupo más grande podés determinar el recorrido completo (…). Claro, podés reconstruir dónde fue secuestrado, adónde fue llevado y dónde fue ejecutado" (E11)

Esta *política del equilibrio* tiene varios destinatarios: la justicia, a la que provee de pruebas; la opinión pública, a la que suministra evidencias. Y el familiar, al que quiere transmitir verdad sin ocultamientos[49]:

"Hay mucha angustia, mucha expectativa, yo me voy dando cuenta en las entrevistas [con las familias] (…). Vos le empezás a hablar a la gente de [las] cosas que te permiten decir, entonces la gente empieza a entender que esto no es como ir al dentista, o por lo menos que puede no ser como ir al dentista, que te van a explicar y nadie te va a cagar, nadie se va a aprovechar de la posición de exposición en la que vos estás, que alguien está trabajando para saber algunas cosas, cosas que te pueden ser interesantes" (E10)

Queda claro el fin: por una parte, esta que llamé política del equilibrio, que es también una política de la identidad, que es también en muchos aspectos una *política de conservación de lo que es*, pues actúa negando todo lo que deshizo al ser, incluida la misma desaparición forzada de personas ("¿Sabés por qué es hermoso? Porque eso niega la desaparición, eso sí niega la desaparición" (E10)). Y por otra parte, ayudar al deudo a serlo, sacando sus percepciones de sí mismos y de *sus* desaparecidos de los lugares de lo siniestro, de lo espeluznante, esto es, del horror sin medida, para introducirlas en territorios controlables, mensurables. Terribles pero racionales ("Puede dimensionar lo que significó. [Darle] una materialidad, y diferenciar… El miedo tiene una medida. Es frente a algo. El terror proviene de un lugar que no… Lo siniestro" (E5)).

Es buen nombre: *políticas del equilibrio*. Ocupo respecto a quienes practican esas políticas un lugar incómodo, lo que no quiere necesariamente decir que sea desagradable: soy su objeto, uno de sus destinatarios, un familiar con algo de currícula en esta materia. Y es lógico que aunque me presente de otro modo sea en esa condición de objeto de atención que

---

[49] Y para el que, si la búsqueda es eficaz y se da con el cuerpo desaparecido, el alivio es cierto. Así en el libro *Ni el flaco perdón de Dios* (Gelman, La Madrid, 1997) la hija de un desaparecido que ha dado con los restos de su padre dice: "Papá (…) murió para nosotros el año pasado (…). Encontrarlo y enterrarlo fue poner las cosas en su lugar".

soy interpelado. Constantemente. Hasta el derribo. Paradoja: buscando sacarme *de ahí* no me dejan irme *de ahí*, del lugar del familiar:

"- ¿En qué te puedo ayudar a vos?

[GG] ¿A mí me preguntás? ¿Ahora, con esto?

- No, ahora no, para la próxima, a ver si volvés. Porque vos querés saber cosas de tu viejo; no sé si querés, no viniste para eso, entonces no te lo estoy imponiendo ni te lo estoy…" (E10)

"Vení, la próxima vez llamame y vení y hacemos una entrevista de familiar, como trabajo de campo ¿No querés? Vos venís y me decís: 'Yo soy el hijo de Gerardo Gatti', y yo te voy a decir: 'Está bien, lo que vamos a ver es esto'" (E10)

2.4. Recomponiendo la psique sometida al trauma

Qué placer esta pena (Charly García)

Estas primeras narrativas, las soportadas sobre una estrategia que procura reparar, exorcizar, anular si se puede, la catástrofe, sus efectos, encuentra en abuelas, madres, hijos, hermanos, en fin, en los familiares, a uno de sus destinatarios directos. Entre ellos, entre nosotros, hay un denominador común: *son, somos, individuos susceptibles de estar afectados por un terremoto demoledor*. Componen por eso, componemos, un universo singular, el de las *víctimas*: sujetos aquejados por la incidencia de una palabra tan clave como repetida en esta historia, el *trauma*. Pero aunque ineludible, caben ante él formas distintas de contarlo y de vivirlo. Unas narrativas pasan por gozar del síntoma: elaborarlo, y, por qué no, hasta disfrutarlo. Otras por conformar relatos que se construyen sobre las imágenes de la compensación, del equilibrio, de la anulación. Es de estas últimas de las que trato ahora.

Dada la orientación disciplinar de este texto, podrá deducirse fácilmente que no interesa aquí el trauma en tanto que mal de la psique, sino en cuanto a que uno de los tópicos de presencia recurrente en el campo del detenido-desaparecido, tópico del que se habla, sobre el que se trabaja y se piensa, que genera imaginarios. Así, si me interesa aquí este término y lo que lo rodea no es para pensar en un hecho psicológico de cuya verdad no dudo —pero de la que, insisto, no hablo pues no sé[50]— sino del *hecho sociológico del trauma*,

---

[50] Pues si me intereso en el psicoanálisis no es para rebatir o confirmar sus conclusiones. No soy competente para analizar teóricamente la construcción de los analistas de la psique; menos aún para entrar y tomar partido en sus debates internos, densos, entre lacanianos y freudianos, entre éstos y los psicólogos sociales. Doctores tiene la Iglesia, y ésa tiene los suyos. No soy de ellos.

a saber: por un lado, la construcción de la convicción compartida de que el trauma existe y de que define una población, la de las víctimas, la de los afectados. La mía. Y por otro, la construcción consecuente de una experticia, la que el trauma delimita, la de los profesionales de lo Psi.

El trabajo de estos profesionales es clave en la gestión de la desaparición forzada de personas. La cosa, en realidad, viene de atrás, de cuando la idea de individuo reflexivo, moderno, autoconsciente, pudoroso, esa idea tan del gusto del análisis de Norbert Elias y de Michel Foucault, tomó carne en el sujeto casi arquetípico, por no decir tópico, de esta parte del mundo[51], un sujeto, cabe aquí la chanza, que es *carne de diván*. Ese sujeto —el individuo-ciudadano— fue (en el caso del hoy detenido-desaparecido) el objeto de la catástrofe; ese sujeto (en el caso de los hoy familiares de detenidos-desaparecidos) es también el destinatario de las políticas del equilibrio que despliega el psicoanálisis. Para él se construye, en efecto, parte de la *jerga específica* del campo del detenido-desaparecido: la referencia al "trauma", la unánime consideración de que lo que está en juego son "duelos no resueltos", la alusión a la "novela familiar", el "blanco" como forma de nombrar el lenguaje de la ausencia... Para él se elabora la solución, el *vínculo de sangre* —un material bien duro, por cierto, para construir puntales—, una de las columnas vertebrales de las explicaciones tanto de la intensidad y tipo de dolores que la desaparición provoca como de las formas de resistencia que genera. Interesante coincidencia: el destinatario de la política de devastación, el objeto de la catástrofe, su objeto dilecto, es el objeto dilecto del trabajo analítico, el Yo de un individuo moderno, racional, autoconsciente. La *carne de diván* del individuo-ciudadano civilizado fue la receptora de la agresión; también lo es de la cura. Y de esas cosas —del problema, el *trauma*; de su solución, el *vínculo familiar*— el psicoanálisis es un importante protagonista.

En cuanto *al problema*, de la mano del psicoanálisis individuos atrapados en su trauma devienen los objetos de atención: madres confinadas en un duelo perpetuo, ex detenidos-desaparecidos arrasados por la culpa, demolidos por la quiebra de su Yo, hijos enclaustrados en la imposi-

---

[51] Desconozco si está hecha o debe aún hacerse una buena genealogía de la incidencia del discurso psicoanalítico en la autopercepción de los rioplatenses. Hacerla sería interesante para entender muchos de los resortes que articulan la maquinaria de la identidad en esta parte del planeta. Puede encontrarse un antecedente en el trabajo colectivo sobre la influencia que las ciencias sociales y, más en general, la cultura experta tienen en la construcción del imaginario nacional argentino en Altamirano, 2004. En lo atinente al objetivo de este libro, remito al capítulo 1 y a las reflexiones sobre la enorme afinidad electiva entre las figuras que dan consistencia a las identidades modernas: el Estado-nación, la población, el individuo-ciudadano y, por supuesto, los profesionales de esas distintas instancias.

bilidad de encontrar identidad, hermanos asidos por la culpa. Sujetos arrasados, atrapados en sus respectivos agujeros, que "quedan pegados a eso" (E7), agarrados por "un nombre que tiene que ver con este hecho en su vida (…), como si ese hecho de su vida fuera todo lo que constituye su personalidad, su identidad, su historia, su existencia, su ser, sobre todo la consistencia de su ser" (E5): "Sólo hablaban de eso, todo lo remitían a ese lugar" (E5). El destrozo fue tremendo, sobrecogedor. El diagnóstico lo corrobora, y la textura de los sustantivos y adjetivos que lo sostienen no puede menos que producir desolación: "Arrollamientos traumáticos" (E8); "Ambigüedad psicotizante" (Kordon *et al.*, 1999); "Enquistamiento traumático y traumatizante" (*ibídem*); "Reminiscencias traumáticas" (E7).

Quizá en la secuencia de argumentos que subyace a los pequeños fragmentos de entrevista que anteceden esté la clave de lo que despierta mi interés por esta forma de armar el discurso de la que el psicoanálisis es portavoz, que cuando se aplica al entorno de la desaparición forzada de personas, coincide en lo esencial con la de las narrativas dominantes sobre esta figura, esto es, esas narrativas que la gestionan trabajando en pos de recuperar los equilibrios que la catástrofe devastó: *si lo que se desmantela es la identidad, de lo que se trata es de recuperarla*. O en otras palabras, si a lo que ha de darse respuesta es al trauma —una herida y un agujero—, esa respuesta inequívocamente ha de pasar, para ser eficaz, por recoser esa herida y llenar ese agujero en el que queda instalado el sujeto sometido a él. Es decir, por *dotar de sentido al vacío*[52]. Permítaseme la siguiente reducción de este discurso a una expresión simple, expresión

---

[52] El lector entendió bien si en esta esquematización atisba un maniqueo, casi un monigote, el del *psicoanalista remendón*. Es un efecto no deseado del desarrollo del argumento general de este capítulo, en el que ningún profesional debería verse demasiado reflejado. Pero Marcelo Viñar sí que se vio, tal y como lo hizo saber en noviembre de 2008, en la presentación de la primera versión de este libro en el Instituto Goethe de Montevideo (publicada posteriormente en 2009). Y se defendió. Tiene, faltaría más, derecho a réplica, más aún si sus réplicas aportan tanto como ésta: "Gabriel Gatti define mi oficio —exagero pero no mucho— como especialista en trauma, como reparador de agujeros o zurcidor de traumas, y yo corcoveo y me rebelo contra esa definición empobrecedora de mi oficio. La noción de Trauma se ha vuelo un comodín que abarca y confunde desde el cáncer hasta la uña encarnada (…). Hace años que combatimos el modelo del trauma, del *Post Traumatic Stress Sindrome*, de la resiliencia: porque medicalizan y psicopatologizan un problema que no es de psicopatología sino de culturas. Las teorías o instituciones que se embarcan en esta lógica caen, tarde o temprano, en el tobogán de la victimología, de la ética, de la piedad o de la compasión. Lógica a la que yo o nosotros no nos afiliamos aunque seamos una minoría. Nos creemos de vanguardia aunque nadie nos dé bolilla. La ética del psicoanálisis debe combatir la culpa del sobreviviente y su procedencia sacrificial judeo-cristiana" (Viñar, 2009).

que toma la forma de un algoritmo, el del *equilibrio de la psique ante el envión de una catástrofe*, que se traduce en un esquema de este aspecto:

Trauma
catástrofe ➜ Identidad quebrada

Superación del trauma
reconstrucción de la identidad rota ➜ restitución del sentido

Vieja secuencia, al principio de la cual están la identidad y sus metáforas (coherencia, equilibrio, orden, integridad…), al final la aspiración de recuperarlas y en el medio, tras la catástrofe, el trabajo —que el psicoanálisis capitanea— que promueve el reequilibrio y lo apoya en acciones para las que no cabe duda sobre cuál es su orientación: "integración", "construcción", "procesamiento", "rellenado", "elaboración"… Pues el vacío no constituye, no puede: es lo opuesto a la constitución. Mejor con mayúscula: es lo contrario a la Constitución del Orden. Define situaciones en las que no es posible quedar atrapado. No queda otra entonces que romper el circuito del trauma:

"Los duelos derivados de situaciones traumáticas, cuando no son resueltos por una generación, quedan pendientes de elaboración para las generaciones sucesivas" (Kordon *et al.*, 1999)

"Algo queda enterrado en los descendientes, que cargan con esta especie de… de vacío… ¿Viste? es un muerto vivo. Nosotros en la figura esa, esa figura en psicoanálisis es muy fuerte, de un duelo no terminado es un muerto vivo, es un muerto vivo en el sentido que no lo podés enterrar, no lo podés terminar" (E7)

Es trauma y requiere *equilibrio* para lidiarlo ("Desde ese vacío que ha quedado en su vida, la persona necesita reconstruir (…). En estos casos la construcción de la imagen se hace sobre un vacío" (Kordon, Edelman, 2005)). La lógica del trauma acecha al individuo devastado; sus términos —el hueco, el blanco, la borradura…— avisan de un futuro con peligro, con años de dolor y negación, con presencias/ausencias de complicada administración, con genitores desaparecidos que reaparecen como fantasmas o fantasías. Amenazas. Vacíos, que deben *llenarse*. Paradojas, que deben desanudarse. Si no, la situación torna irresoluble. No ha lugar, no, no cabe la posibilidad siquiera, no, de pensar en huecos sin llenado ni en ausencias sin colmos, aunque sean de reemplazo de los originales.

Si el trauma es el problema, el *vínculo familiar,* la *filiación,* es la solución. El primero es hueco, la segunda colmo; el primero quiebra, la segunda garantía de equilibrio. El psicoanálisis interpreta: si aquí faltan las instituciones convencionales de gestión de la muerte (duelos, lutos, ritos, tumbas), ha de ponerse fuerza para construir equivalentes funcionales, es decir, instituciones que desarrollen la misma labor. La solución no está lejos: se esconde en uno de los tres planos de la identidad que la desaparición forzada de personas destroza, el de la inscripción temporal del sujeto roto, sostenida por el linaje, por la fortaleza de las sucesiones, por la garantía de la familia. Y ésta opera. Y cómo. Pocas veces como ésta la acción política encontró en el nomenclator de la familia moderna su referencia. Vean: Abuelas de Plaza de Mayo, Madres de Plaza de Mayo, Madres y Familiares de detenidos-desaparecidos, HIJOS, Hermanos[53]... Esos colectivos suministran palabras para las cosas separadas del sentido. Representan la catástrofe y exorcizan el horror al vacío, tan nuestro. Contribuyen a orientar la psique devastada en una dirección tranquilizadora, buena por vieja, eficaz por muchas veces usada para reparar lo roto: hacia el *estado natural de las cosas,* que pasa por familia, que no puede eludir la *filiación.* Primera consecuencia: se naturalizan esas entidades, únicas, con avales suficientes, parece, para combatir el dolor con garantías; segunda consecuencia: que no ha lugar la *bastardía* como forma de identidad, que no cabe pensarse si no es como parte de una continuidad en el tiempo, que la familia, el linaje, por qué no decirlo, la sangre y su poderosa retórica, vehiculan. Una psicoanalista diagnostica:

> "La humanidad es una sucesión de padres y de hijos y la filiación es el montaje de la cadena humana (...). El sujeto no puede pensarse ni como autoengendrado ni siendo idéntico a otro"[54]

---

[53] Pues, en efecto, el vínculo familiar orienta la estructura de los movimientos pro derechos humanos construidos en el campo del detenido-desaparecido, tanto en sus nombres, como en las metáforas que los propios agentes que participan de ellos emplean para hablar de su estructura interna. Así, una miembro de la agrupación H.I.J.O.S. dice: "La relación afectiva que generamos entre nosotros es un lazo no sólo de militante a militante, de compañero a compañero, sino que tiene que ver con esa cosa que circula, que somos hermanos... Hay como una identificación con el otro que va más allá de la identificación política. Aunque muchos no sean hijos de desaparecidos, de exiliados ni nada, creo que se sigue conservando esa forma de vínculo que tiene que ver con una cosa como... de fraternidad" (E26).

[54] Tomado del texto de Alicia Lo Giúdice —Coordinadora del Equipo Psicológico de Abuelas de Plaza de Mayo— disponible en el sitio Web de Abuelas de Plaza de Mayo, http://www.abuelas.org.ar/centro.htm [Acceso en octubre de 2007].

Así, en la retórica que estructura el trabajo psicoanalítico cuando se despliega en el campo del detenido-desaparecido, lo roto se rehace reconstituyendo los viejos equilibrios. Ejemplo: si en las madres de detenidos-desaparecidos es el trabajo del duelo lo imposible, Madres de Plaza de Mayo, en sus varias corrientes, lo gestiona colectivamente, pues ofrece sentidos a la falta de sentido, colma de explicaciones la ausencia para la que no hay nombre. Otro ejemplo: si en los hijos de los desaparecidos es la imagen de los progenitores y, en consecuencia, su propia identidad lo que se tambalea, se entenderá que el grupo de iguales (H.I.J.O.S.) opera proponiendo a los individuos que lo integran un *lleno de sustitución* ("[H.I.J.O.S.] tiene una fuerza de identidad que en un sentido es necesaria para poder sostener el proceso de duelo" (E8); "[H.I.J.O.S. ha] creado condiciones sociales para la elaboración (…). Se trata de grupos de pares, como en su momento fueron el grupo de madres que buscaba a sus hijos (…). Son grupos que refuerzan la identidad por pertenencia. Funcionan como grupo primario dador de identidad, como grupo de referencia que produce representaciones sociales capaces de funcionar como soporte identificatorio para todos" (Kordon, Edelman, 2005)).

En "El duelo: lo inconsciente, lo colectivo", Darío Olmo, antropólogo forense y Fabiana Rousseaux, psicoanalista, recogen el siguiente pasaje de un texto escrito por los hijos de Lidia Massironi, desaparecida e identificada por el EAAF:

"Hilvanar muerte, huesos y un nombre en una sepultura (…), luego de haber sido amputado el culto y el llanto, hace que la carne, ya ausente, se encarne en una historia silenciada tanto como profanada (…). Hoy hay quienes trabajando en la identificación de sus cuerpos que se encuentran anónimos en fosas comunes, los extraen de la tierra que finalmente los hubiese fundido con la nada, para devolverlos a la cultura. Quizá escribiendo su nombre sea posible humanizarlos en las encrucijadas de la historia" (Olmo, Rousseaux, 2005)

Expresivo y denso, sin duda. Y revelador de una narrativa en la que la nada, el silencio, la ausencia, el blanco… son objetos a exorcizar con conjuros como cultura, familia, historia. El vacío vs. lo pleno. Las cosas de habitabilidad imposible contra la narrativa del sentido, que inscribe hasta lo imposible de significar:

"Lo imposible de significar está fuera de la capacidad humana, uno tiene que significar aún lo imposible de significar, y entonces ese vacío tiene que ser colmado de palabras. Yo creo que el horror de la tortura y de la desaparición es una extinción del lenguaje como modo de convivencia entre los hombres; la tortura es la desaparición de eso que define al ser humano que es el intercambiar vivencias y experiencias mediante el lenguaje, y en el horror, esa cosa que hace que el ser humano, que para estar vivo necesita ser parte de una comunidad y una especie, está interrumpido y sacudido, es como estar en un electroshock" (E6)

No hay más opciones. O sí.

Antropólogo Forense en su Laboratorio. San Sebastián, País Vasco.

Fotografía: Clemente Bernad, *Des-velados*, Alkibla Proyectos Culturales, Pamplona, 2011.

Capítulo 4: Familia, linaje, origen... La maquinaria productora de sentido de Abuelas de Plaza de Mayo

Las analizadas en el capítulo anterior son expresiones de prácticas que trabajan en una dirección precisa, recuperar sentido. Entre ellas hay diferencias en la parcela sobre la que se aplican, en la materia a la que procuran reasignarle el sentido que la maquinaria desaparecedora le sustrajo: los arqueólogos *restituyen la palabra a la ruina;* los archiveros *devuelven dignidad al legajo escondido en las catacumbas*; los antropólogos forenses hacen malabares para que *los cuerpos se reencuentren con los nombres*; los psicólogos sacan a un sujeto de las garras, devastadoras, del trauma, *devolviéndole la posibilidad de decirse*. Me fijaré ahora en una suerte de práctica síntesis de esta militancia en pro del sentido. Es la ejercida por el entramado de organizaciones que gravita alrededor de las Abuelas de Plaza de Mayo, representativo de la progresiva entrada en juego en estas *narrativas del sentido* de una retórica que, al hablar de identidad, lo hace alrededor de un doble eje, la familia y la genética. No es ese entramado de las Abuelas el único, pero quizá sí el que ha alcanzado mayor profundidad en la elaboración de su discurso, ha logrado un grado de consenso social enorme y llamativo y ha conseguido un nivel de estabilidad institucional ciertamente sorprendente.

1. "Identidad, familia, libertad": Las Abuelas de Plaza de Mayo y la identidad como arma de batalla

En octubre de 2009 "Chicha" Mariani lanzó a la red un correo desesperado. Muy mayor, notándose cerca de morir, escribe un mensaje y lo mete en una botella con la esperanza de que su nieta Clara Anahí, a la que dejó de ver a los tres meses de nacer, pueda leerlo. "Chicha" Mariani es una Abuela de Plaza de Mayo. Su hijo y su nuera son desde 1976 dos

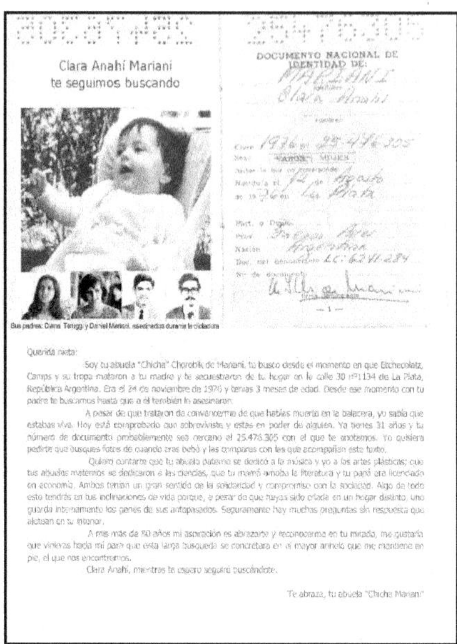

Correo de "Chicha" Mariani destinado a
su nieta Clara Anahí, desaparecida en
1976.

de los treinta mil desaparecidos de la dictadura argentina. Sabe que su
nieta fue probablemente dada en adopción a personas afines al régimen.
Clara Anahí es pues una de las aproximadamente quinientas criaturas a
las que se conoce como de *identidad apropiada*. En el mensaje, emocionan-
te, "Chicha" dice: "Quiero contarte que tu abuelo paterno se dedicó a la
música y yo a las artes plásticas; que tus abuelos maternos se dedicaron a
las ciencias, que tu mamá amaba la literatura y tu papá era licenciado en
economía (...). Algo de todo eso tendrás en tus inclinaciones de vida,
porque a pesar de que hayas sido criada en un hogar distinto, uno guarda interiormente los genes de sus antepasados".

En julio de 2005, dos años después de convertirse en uno de los cerca
de cien niños de *identidad recuperada*, es decir, después de que recobrase el
nombre que se le dio al nacer, distinto al que tuvo tras su apropiación,
Horacio Pietragalla publica en el periódico bonaerense *Página/12* un texto, "Reconstrucciones", donde cuenta la historia de su *recuperación de identidad*. El relato es el de un viaje que se inicia en el análisis de ADN, que

determina que es hijo de dos desaparecidos, y que prosigue buscando, dice, "reconstruir la identidad de mis padres para empezar a reconstruir la mía". Ese viaje encuentra en Abuelas de Plaza de Mayo el apoyo necesario para darle base a su identidad: "Hoy ando por la vida sin dudar y sólo puedo agradecer esto a mis padres biológicos, mis únicos y verdaderos padres, y a las Abuelas de Plaza de Mayo (…). Abuelas [es] hoy una asociación que no sólo busca a sus nietos, sino también educa en el derecho a la identidad".

Desde 1993 y promovido por Abuelas de Plaza de Mayo existe en la Argentina un organismo público, CONADI —Comisión Nacional por el Derecho a la Identidad— cuyo propósito es desarrollar políticas reparatorias frente a los casos en los que se vulneró desde el propio Estado la identidad de niños. CONADI coordina un pilar esencial de las prácticas de identificación de *niños apropiados,* el Banco de Datos Genéticos, que contiene los mapas genéticos de todas las familias que tienen niños desaparecidos a fin de que se pueda identificar a personas ahora apropiadas cuando se dé finalmente con ellas. Hablando de este Banco y de la lectura de la identidad que vehicula, la presidenta de CONADI me dijo, cuando la entrevisté en octubre de 2005: "La base de la identidad es la verdad, el conocimiento de la verdad, y la verdad es una. De hecho, la verdad es que uno tiene un origen biológico ineludible, con una carga genética ineludible y tiene después una historia y un desarrollo cultural y social (…). Cuando se disocia lo biológico de lo cultural se disocia y se convierte en una falsa contradicción" (E28).

Todas estas anécdotas tienen en común tres cosas: que conmueven, que en todas aparecen las Abuelas de Plaza de Mayo, que *identidad* es la palabra clave.

Abuelas de Plaza de Mayo es en su autodefinición actual una ONG que "tiene como finalidad localizar y restituir a sus legítimas familias todos los niños secuestrados desaparecidos por la represión política, y crear las condiciones para que nunca más se repita tan terrible violación de los derechos de los niños, exigiendo castigo a todos los responsables". Fue creada en 1977 y está compuesta por madres de desaparecidos cuyos hijos fueron apropiados por los represores durante el régimen militar que asoló la Argentina entre 1976 y 1983. Hasta ahora su trabajo ha tenido un importante éxito cuantitativo (han logrado identificar un centenar de niños) pero lo que realmente impresiona es su incidencia cualitativa en el debate público en Argentina, en la construcción de los límites y contenidos del campo del detenido-desaparecido y sobre todo en la exitosa construcción de un concepto socialmente legitimado de identidad. Así es, el entramado organizativo de Abuelas está presente en todo el Estado, sus dirigentes son referentes de peso para la definición de las políticas de derechos humanos, han contribuido muy directamente a que la Convención Internacional por los Derechos del Niño y del Adolescente incorpore tres artículos, los "Artículos argentinos", inspirados en su trabajo[55]… Además, junto a otros grupos de familiares —Madres de Plaza de Mayo, HIJOS…— han ayudado a situar en el debate público el tema de los desaparecidos y a desarrollarlo en el terreno en el que ahora está, el de la identidad. Así es, las Abuelas de Plaza de Mayo, buscando a sus nietos, hijos de sus hijos desaparecidos, han desarrollado una poderosa maquinaria simbólica, mediática, institucional, jurídica y hasta artística.

Y esta maquinaria tiene en la idea de *identidad* su clave: de una parte, porque se entiende que es eso lo que la desaparición forzada ataca y vulnera; de otra, porque se cree que es desde la reconstrucción de ese bien atacado y vulnerado, la identidad, que se podrán compensar parte de los efectos devastadores de esa práctica represiva. En efecto, si puede decirse que la desaparición forzada constituyó una forma de represión que devastó los soportes simbólicos y físicos de nuestro concepto, el de los occidentales modernos, de identidad, parecería que hoy, cuarenta años después, una parte importante de los esfuerzos que se orientan a compensar sus efectos se dan, también ellos, en ese mismo terreno, el de la lectura occidental y moderna de lo que significa "tener identidad".

Logotipo de Abuelas de Plaza de Mayo. "Identidad, familia, Libertad".

---

[55] Son los artículos 7, 8 y 11, los tres de máxima relevancia para concretar políticas de adopción y limitar la posibilidad del comercio internacional de niños. Los tres establecen la importancia que tienen las relaciones construidas en torno a los lazos biológicos para determinar la identidad de un niño e indican la necesidad de preservar el derecho a ser de acuerdo a esos lazos o, al menos, a saber de ellos.

No hablamos, pues, de una identidad cualquiera, sino de la que va asociada a viejos sustantivos (familia, origen, verdad, genética, biología…), algunos de ellos teñidos de tonalidades conservadoras. En otros lugares estos sustantivos difícilmente funcionarían juntos. No así aquí. Se explica por el lugar donde todo se concentra: si la desaparición forzada devastó individuos, si quebró e hizo catástrofe de la lectura local del sujeto y de la identidad, parte importante de las reacciones que procuran anular sus efectos se juegan, también ellas, en el terreno de la identidad. Abuelas de Plaza de Mayo constituye la apoteosis, el epítome, de esas reacciones. Con ellas la retórica de la sangre, la de la indisolubilidad del lazo que en torno a ella se imagina, toma el protagonismo. Y es que, lo dije más arriba, estas de las que hablo en este capítulo son narrativas de la desaparición que sostienen una política del equilibrio, que es una política de la identidad, y que es en muchos aspectos una *política de conservación de lo que es*. Frente a lo que deshace al ser, no cabe para esta narrativa más que un esfuerzo, el de rehacerlo.

2. Excurso (breve) sobre la identidad moderna: El atractivo de las cosas con nombre

La palabra identidad es sencilla de enunciar pero muy difícil de pensar: está repleta de trampas y salvaguardas, de parapetos que la preservan de la duda. Esas salvaguardas constituyen enormes lastres, de los que parecería que no nos es posible librarnos y que dificultan enormemente la reflexión sobre ella, que aún al día de hoy continúa encerrada en la mística de lo *semper idem*, en la retórica de lo idéntico, lo permanente, lo duradero, lo sólido, lo firme, lo estable, lo único, en el lugar donde guardamos las cosas que permanecen.

Si lo que digo es cierto deberíamos abandonar de una vez por todas el concepto, por peligroso y, sobre todo, por inútil, pues nada describe de un mundo, el contemporáneo, con demasiadas cosas, casi todas, que no se llevan bien con esos adjetivos. Y sin embargo la idea de identidad, tramposa o no, peligrosa o no, lastrada por enormes pesos como está, sirve: pues se usa, pues se busca, pues se dice, pues se vive. Cuidado pues con la crítica radical al término: quizá no exista, pero se desea; quizá fuese mejor un término distinto, pero éste dice mucho de cómo funciona la construcción de nuestras identificaciones. Ojo entonces con deshacerse del agua de la bañera; puede que al sacar el tapón se vaya también el niño por el desagüe: "La identidad es (…) una idea que no puede pensarse a la vieja usanza, pero sin la cual ciertas cuestiones clave no pueden pensarse en absoluto" (Hall, 2003: 14). En fin, el concepto sirve, si no como indicador de hechos —la identidad como verdad— sí como reflejo de deseos y búsquedas muy occidentales —la identidad como aspiración—.

Estas aspiraciones, cuando hablamos del Cono Sur latinoamericano, tramado desde el molde de la civilización y la modernidad, ajardinado y racional, alcanzan un tono intenso, fuerte, *esencial*: color *familia*, color *origen*, color *autenticidad*. El mismo color del verbo Ser. Es una identidad fuerte la de por aquí. Es esa identidad la que la desaparición forzada de personas devastó; es también esa la que las narrativas del sentido reconstruyen con pinceladas de Ser, de familia, de ADN, de origen, de autenticidad... Un color fuerte, en efecto, de buena resistencia. No en vano lo sostienen poderosas retóricas, que se traducen en la utilización frecuente en este campo del detenido-desaparecido de expresiones como éstas: "verdadera identidad", "identidad biológica", "recuperar identidad", "el nombre biológico", "el nombre del ADN"...

Convención Internacional por los Derechos del Niño y del Adolescente. Declaración de Derechos. *Artículos argentinos*

Artículo 7 - El niño será inscripto inmediatamente después de su nacimiento y tendrá derecho desde que nace a un nombre, a adquirir una nacionalidad y, en la medida de lo posible, a conocer a sus padres y a ser cuidado por ellos (...).

Artículo 8 - Los Estados Partes se comprometen a respetar el derecho del niño, a preservar su identidad, incluidos la nacionalidad, el nombre y las relaciones familiares de conformidad con la ley sin injerencias ilícitas.

Cuando un niño sea privado ilegalmente de algunos de los elementos de su identidad o de todos ellos, los Estados Partes deberán prestar la asistencia y protección apropiadas con miras a restablecer rápidamente su identidad.

Artículo 11 - Los Estados Partes adoptarán medidas para luchar contra los traslados ilícitos de niños al extranjero y la retención ilícita de niños en el extranjero (...).

Así es, el sustantivo, identidad, al menos en esta acepción fuerte, cuando va de la mano de la desaparición forzada de personas y de las prácticas que se resisten a sus consecuencias, ha ganado una importancia que no tiene en otros sitios. Genera *centros de atención psicológica* (Centro de Atención por el Derecho a la Identidad), *organismos oficiales* (Comisión Nacional de Identidad), *leyes y jurisprudencia* nacional e internacional (los llamados "artículos argentinos" de la declaración de derechos surgida de la Convención Internacional por los Derechos del Niño y del Adolescente), también produce *redes* (Red por la Identidad), *archivos* (Archivo de la Identidad)... Y en todas estas entidades hay dos denominadores en común: uno de orden teórico, que la identidad de la que se habla no es la flexible, móvil, cambiante, juguetona... de los tiempos que corren, sino la dura, pétrea, estable, firme... que responde bien cuando se le aplican las ecuaciones modernas que rigen el desarrollo de estas cosas; otro de orden práctico, que Abuelas de Plaza de Mayo tiene siempre algo que ver.

Diario de campo: 19/8/2005, Buenos Aires. Desaparición e identidad

Si en efecto la identidad es la superficie donde se debate el tema de la desaparición forzada y donde se dirime su gestión, cabe también interrogarse por las causas de que sea ése y no otro el terreno de juego:

- Una respuesta lineal: el dispositivo desaparecedor se diseña para devastar la identidad, es una tecnología represiva para deshacer identidad.

- Otra también lineal: aunque no fuese así, los efectos del dispositivo desaparecedor se gestionan aquí en el terreno de la identidad.

- Una algo más complicada: el dispositivo cobra un perfil especialmente vinculado a la identidad aquí por las peculiares características de la construcción de la identidad en estos países. Esta respuesta incluye las dos anteriores: la desaparición forzada de personas afecta a la identidad y es en el territorio de la identidad, de sus certezas y sus dudas, donde se gestiona.

Apuesto por esto. Pinta creíble.

Esas ecuaciones, las nuestras (*cf.* capítulo 1), remiten a figuras de contornos firmes y de contenidos fijos. A figuras duraderas, siempre iguales, siempre, a sí mismas. Déjenme revisar —serán pocas líneas— la reclusión del pensamiento moderno en un modelo de lo que es identidad que remite a esas imágenes. Me interesa hacerlo para ver que es con ese modelo en las alforjas que muchos organismos se defienden de la devastación que para la identidad, para *esa* identidad, significó la desaparición forzada. Ese modelo tiene tres rasgos: exige que para que algo (o alguien) tenga identidad posea un *nombre*, un *territorio* y una *historia* estables, es decir, exige que el nombre sea propio y único, que el territorio sea claro y cerrado, que la historia remita a un origen inequívoco. Las tres cualidades son serias, rígidas, lineales, las tres encajan bien con una arquitectura que remite, inequívocamente, a la unidad y a la estabilidad (Gatti, 2007).

Pensemos solamente en la cualidad del nombre, que es la que se somete más a riesgo de jaque mate: "Gabriel Gatti", "vasco", "uruguayo"... son fijaciones que determinan lo que es propio y exclusivo de lo que con ese nombre se nombra (Descombes, 1996: 300), que objetivan lo que nombran como *diferencia natural* y nos sitúan, sea como individuos, sea como colectivos, en el mundo. Ese nombre sujeta lo que nombra, da permanencia a lo nombrado: por él se existe, se es identificado, se es clasificado (Lévi-Strauss, 1984: cap. 2); él ayuda a construir la ficción de la imposición de lo estable sobre lo variable (el nombre, dijo Ricœur, es "una designación fija a una misma cosa en sus ocurrencias múltiples" (1990: 73)). Por eso, su ausencia, la ausencia de nombre, nos saca del mundo, nos deja sin sujeción. Sin identidad: "El que no tiene un nombre no existe como hombre, está ligado a la nada" (Lapierre, 1995: 16). Vacío. Poderes del nombre. Son muchos y grandes. Nos hacen pensar en lo substancial (Descombes, 1996: 300), en lo eterno incluso:

> "Signo de origen y de filiación, el patronímico, a través de la inscripción en un linaje, vincula a una historia, a un desarrollo temporal que sobrepasa el nacimiento y la muerte, cuya profundidad tiende, imaginariamente, hacia la perennidad (...). Marcador y clasificador a la vez, liga la identidad a la referencia vertical de las generaciones, al anclaje local de una región o de un país y, eventualmente, a un status social (...). En síntesis, el nombre dice de quién se nace y de dónde se viene, asigna un lugar, sin escapatoria posible en principio. Desde esa asignación (...) se imprime, con desigual profundidad, el devenir de cada uno" (Lapierre, 1995: 13)

Así es, en nuestra manera de imaginar la identidad poseer un nombre es indispensable para ser: o se tiene un nombre o no se es. Abuelas de Plaza de Mayo, su equipo psicológico, parece confirmar el dictamen:

> "El bebé para constituirse subjetivamente se identificará primeramente a sus padres, de ellos recibirá una marca simbólica, trazo identificatorio que le permitirá ser. Se lo marcará con un nombre, inscripción simbólica que no es sólo el nombre pues incluye la etimología del apellido y la novela familiar, pues uno se nombra como ha sido nombrado y al nombrarse nombra la relación de uno con sus progenitores, aquel que lo incluyó en el orden de las generaciones"[56]

No es poco poder, no. Tanto que aquí y ahora, también entonces en los setenta, poseer un nombre es un dato sin dispensa para poder decir de algo, entidad, cosa, colectivo o individuo, que posee identidad. Si esto es así, fácil es colegir que desde esta manera de imaginar las cosas no poseer nombre equivalga a no tener identidad. Es lo que la desaparición forzada de personas produce: sustrae un nombre a un individuo, lo convierte en desaparecido, lo saca de las cadenas que proveen de sentido, le roba de sus orígenes en el tiempo, sustrae los cuerpos de las redes que les proporcionaban significados que hacían de ellos algo más que cuerpos en el espacio comunitario. Es la catástrofe que la desaparición forzada de personas provocó: supo —no es ése, no, el verbo adecuado, pero sirve— irritar la lectura local de la identidad.

Es frente a eso que se genera una estrategia de resistencia que pasa por devolver sentido a esos cuerpos vaciados. Para ello la fórmula por la que se opta es la de reengancharlos a las cadenas de sentido gracias a las que eran más que cuerpos, es decir, por reintegrarlos a *sus* nombres, territorios e historias. Un beneficio posible: el equilibrio. Un riesgo, también posible: exceder del sentido original, ir más allá:

> "[Hoy la lucha pasa por] poder decir quiénes eran los desaparecidos, poder recuperar su identidad (…). Lograr que los desaparecidos se inscriban en la historia no como desaparecidos (…) sino como personas que hacían cosas y que tenían un proyecto, y que en función de ese proyecto tenían relaciones sociales. Y que lo que se cortó eran esas relaciones sociales que esas personas tenían con los que estaban alrededor" (E27e)

---

[56] Tomado del texto de Alicia Lo Giúdice —Coordinadora del Equipo Psicológico de Abuelas de Plaza de Mayo— disponible en el sitio Web de éstas, http://www.abuelas.org.ar/centro.htm [Acceso en octubre de 2007].

Esas cadenas del sentido, las que proveen de nombres, se pueden hacer con materiales diferentes: con lengua, con raza, con herencias, con tradiciones y costumbres, con espíritus, con colores, y hasta con carácter... En el caso del que me ocupo, los materiales con los que se forja la identidad son dos, de los más duros: el lazo biológico, la genética, y la filiación, la familia. Abuelas de Plaza de Mayo ejemplifica lo más sustancial de la estrategia que vehicula ambos materiales.

3. Los materiales que forjan los nombres de los desaparecidos, I: La genética

El debate sobre la desaparición forzada de personas en manos de las Abuelas de Plaza de Mayo ha conducido el sustantivo identidad al primer plano. Pero eso no quiere decir que sea a un plano nuevo, al contrario más bien, a un plano muy viejo, premoderno casi, el de la raíz biológica del Ser: con Abuelas, identidad equivale a naturaleza y ésta a genética.

Se buscaban desaparecidos de cuyo rastro nada quedaba: niños que fueron secuestrados sin dejar casi huellas. O sin dejar ninguna. A falta de un camino con pistas que condujesen hasta ellos sólo podían ser ubicados acudiendo a las marcas que llevasen puestas, a la huella genética y a la duda sobre la identidad que pesaba, que pesa, en la generación de niños nacida en la época de la represión. Ambas cuestiones invitaron a seguir por un camino que conducía hasta un lugar, *el origen*. *Justificación táctica*: era lo más fácil de hacer entender. *Justificación práctica*: era de lo que se disponía para ubicarlos. Pero la justificación táctica y práctica se ha convertido, con el tiempo, en una *construcción teórica con pretensiones universales* y con forma de algoritmo: IDENTIDAD ES ORIGEN → ORIGEN ES GEN → IDENTIDAD ES GEN[57]. El lazo biológico, de arma para la localización del desaparecido vivo, pasa a ser el argumento que sostiene la definición de la identidad, de toda identidad:

---

[57] Tanto que en la Argentina las pruebas de paternidad se llaman *pruebas de identidad*. Un equipo de biólogas a las que entrevisté, colaboradoras frecuentes con Abuelas de Plaza de Mayo, así lo razona: "Los estudios de ADN [acá son] los estudios de identidad..." (E9); "Acá la identidad se asocia con el estudio de ADN, y de hecho vos vendés los estudios de paternidad como estudios de identidad, lo tenemos incorporado" (E9).

Diario de Campo: 21/9/2005 y 3/10/2005, Buenos Aires. El ADN hace la identidad ¿aquí?

El de la identidad es un campo trufado de perezas. Las dos genetistas que entrevisto, colaboradoras habituales de CONADI y Abuelas, se definen como profesionales que acompañan causas de derechos humanos desde su pericia técnica. Dicen no saber de identidad. Pero… No paran de hablar de ella como evidencia que refiere siempre a lo biológico, que sirve de nexo entre uno y su origen, entre uno y su destino. Lo biológico soporta al Uno, a lo *semper idem*.

El trabajo de estas mujeres, técnico, ¿se sostendría sobre los mismos argumentos en un lugar donde no funcionase la ecuación IDENTIDAD = ADN?

"Porque el concepto de identidad (…) tiene un soporte biológico, en función del cual tenemos los ojos de un color, el pelo, determinadas propensiones, alturas, etc., por una conformación ya predeterminada genéticamente. Esto tiene que ver con dos cuestiones: una, esa determinación genética que durante años de sociologismo hemos olvidado y que no se trata obviamente de reemplazar por un determinismo genético, sino de comprender la importancia de esta cuestión genética" (Zanotti, 2005)

"La identidad como el derecho de todo ser humano de poder conocer su propia génesis, su procedencia, se asienta en lo biológico pero lo trasciende, se fundamenta en la necesidad de encontrar las raíces que den razón del presente, a la luz de un pasado que, aprehendido, permita reencontrar una historia única e irrepetible" (Sánchez, 1997)

En un universo donde lo fáctico se asocia con lo tangible si alguien tiene la necesidad de dar *prueba* de algo no encontrará tal prueba en cosas como el deseo de ser, el imaginario, el afecto o la construcción social del nombre, poco manejables para nosotros, modernos, sino en materiales más duros. Ahí, lo genético y su tótem, el ADN, es decir, eso que los profanos pensamos que sintetiza lo esencial de alguien, tiene todas las de ganar. No importa que sea así o no; de hecho, no es así, como saben confesar los propios genetistas ("Y es jorobado porque la genética en general se está transformando en algo reduccionista: un gen para el alcoholismo, un gen para la esquizofrenia… Parecería que todo estuviera desprovisto de toda la carga cultural, la carga ambiental, la carga histórica" (E9)). Pero no importa, como digo, que sea así o no. Sí importa que se crea que el *gen* resume al *Ser*. Y así se cree en este campo.

Así fue: una *necesidad táctica*, la de dar con elementos que sirviesen para establecer un vínculo entre un detenido-desaparecido y un individuo hoy adulto del que nada se sabe (ni su rostro, ni su sexo, ni su ubicación, ni su nombre), se convirtió en una *definición ontológica* que ha terminado por colonizar ya no sólo el campo del detenido-desaparecido sino incluso las definiciones más usuales sobre la identidad. Desde entonces, el gen y lo genético —superficies a las que agarrarse para saber si alguien es— terminaron por definir al ser mismo.

> Diario de campo: 12/9/2005, Buenos Aires. CONADI: Recuperando la identidad de los desaparecidos vivos
>
> Mientras entrevisto a la responsable de CONADI llaman desde el EAAF. Trabajan combinados, mucho: unos localizan niños, otros tienen la pericia técnica y los recursos para conocer su identidad genética. Se trata de una joven que duda de su identidad y CONADI la remite a EAAF. Cuelga. Me comenta: "Hacemos el mismo trabajo, ellos con muertos y nosotros con vivos. Se trata de devolver la identidad a los desaparecidos vivos".

La política de búsqueda de desaparecidos vivos que Abuelas de Plaza de Mayo protagoniza en primera línea se transformó en una política de la identidad que se articuló sobre la definición más conservadora posible de ésta: IDENTIDAD ES LA PRESERVACIÓN DE LO QUE ES. A partir de ahí, toda definición de identidad sensible a la labilidad de ésta (la del juego con los géneros, la de la flexibilidad de los nombres, la de la ambigüedad de los territorios, la de la paradoja y el cambio…) es expulsada al territorio de las ideas *equívocas* ("Si las teorías no servían para fundamentar este pedido que por derecho legítimo le correspondía a las Abuelas, había que deshacerse de esos libros" (Galiñanes, 1997); "Lo que nosotros no tenemos que hacer es perder de vista el objetivo y confundir identidad con otra cosa" (E28)), o peor, *foráneas* ("Yo que vengo siguiendo esto desde hace muchísimos años he inclusive percibido en la práctica cómo el discurso de algunos psicólogos y sociólogos europeos fue cambiando a partir de observar la experiencia de las Abuelas, del reencuentro con sus nietos y de los nietos con su identidad. Donde había una visión muy… muy… digamos… cultural y social… sociologista… de la identidad, que [lo que] tenía que ver con la biología y la genética [estaba] muy desmerecido" (E28)).

Mientras, en el territorio de las verdades confirmadas se invita a entrar a definiciones ciertamente rotundas, contundentes, de la identidad,

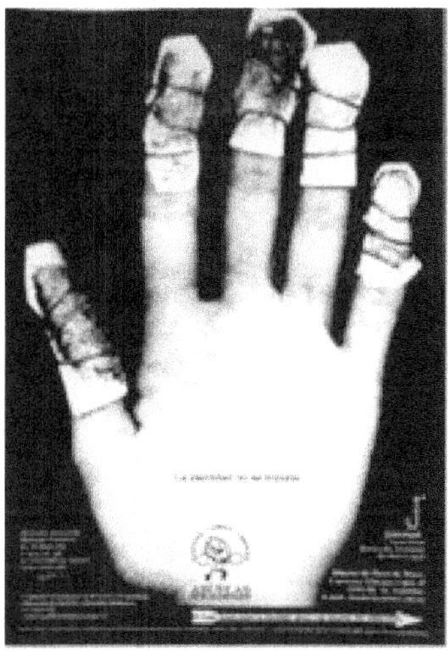

"La identidad no se impone". Cartel de Abuelas de Plaza de Mayo. La identidad genética, inscrita de manera indeleble en el cuerpo del individuo —aquí bajo la forma de la huella dactilar— no puede ser nunca tapada ni anulada pues permanecerá en el trasfondo, más allá de las transformaciones que eventualmente pueda sufrir o se le quieran imponer. Y lo indeleble, es claro, no se borra.

las que se hacen en *la carne* ("El recuerdo intrauterino, cómo esos chicos reconocen, no se sabe cómo, qué son" (E28)), en *el gen* ("[el ADN] configura [nuestras] características esenciales como personas"[58]; "El 'punto cero' de la identidad: los genes, el ADN, la identidad biológica" (Arfuch, 2004)). Somos, sí, genes convertidos en nombres ("Esta persona fue inscrita en el registro civil con el nuevo nombre, el nombre biológico" (E2)), y por eso, sí, por eso, siempre iguales a nosotros mismos ¡Qué hermosas ficciones las de la unidad y la permanencia! ¡Qué eficaces! ("La pregunta por la identidad es entonces la pregunta por 'lo que queda' (…) mientras todo cambia, por la continuidad" (Rinesi, 2004); "El concepto de identidad plantea que algo o alguien son iguales a sí mismos" (Corach, 1997); "la principal característica de la identidad biológica es que es estable e invariable en el tiempo"[59]). Llevan a pensar que identidad es lo que permanece, lo que heredo y no cambia. El detenido-desaparecido, vivo o muerto, es pues eso que fue. Nunca eso que es ahora —detenido-desaparecido—, apenas una "pseudoidentidad" (E10), una identidad falsa. Identidades

---

[58] Tomado del texto de presentación de los "aspectos genéticos de la identidad" disponible en el sitio Web de Abuelas de Plaza de Mayo, http://www.abuelas.org.ar/genética.htm [Acceso en octubre de 2005].
[59] Tomado de una nota sobre CONADI publicada en *La voz del Interior*, Córdoba, 26 de enero de 2003.

fuertes las que pueden imaginarse después de la catástrofe, de nombres firmes, de soportes sólidos, inmutables, indudables ¿serían tan fuertes las identidades sin haber mediado esta catástrofe? No.

Diario de campo: 6/10/2005, Buenos Aires. Casa de las Abuelas

Lindo lugar, hermosa casa. Al entrar me recibe una chica que detiene su tarea al verme: limarse las uñas. Veo en unos carteles la foto de Simón entre los niños apropiados y la de Adriana y Ricardo entre los padres de posibles niños desaparecidos. Le pregunto, mientras espero, si los carteles están actualizados. No parece saberlo.

Alguien llama por teléfono: "No, mirá, eso mejor llamá a derechos humanos. Acá es para gente que duda de su identidad". Otros carteles que decoran la sala rezan "¿Vos sabés quién sos?", "No te quedes con la duda"...

Entran dos adolescentes, liceales, a buscar información. Confundidas, equivocan Abuelas y Madres. El chico que se dedica a informar, un muchacho de "identidad recuperada", las saca de su confusión: "No, esto es Abuelas. Con Madres todo bien, pero acá buscamos desaparecidos vivos".

Detrás de toda la escena, dos abuelas, silenciosas, leen.

El cuerpo devastado, el nombre destrozado, la identidad quebrada que de esa catástrofe surgieron condujeron a pensar que somos a pesar de los desastres y se hizo sinónimo entre *ser* y *carga biológica que se impone sobre lo que muta*. Un ser, además, del que el ADN es la prueba. Nuestra esencia, que nada, ni la más espectacular de las catástrofes, y la desaparición forzada de personas lo es, puede modificar. Y opinan así tanto los implicados, caso de este hijo de desaparecidos ("Digamos que yo soy una persona totalmente diferente de mis viejos, de mis viejos biológicos (...) en el sentido de que cada persona es única. Pero la esencia y un montón de cosas están genéticamente tatuadas, eran cosas que me dejaban mis viejos" (E23)), como los expertos y profesionales ("no existe posibilidad alguna de cambiar, suplantar o suprimir la identidad"[60]; "[en la identidad los] lazos afectivos son establecidos sobre la base de nexos genéticos" (Corach, 1997)).

Pobre Simón. O Macarena. U Horacio: no creo que a mucha gente como a ellos les hayan dicho tantas veces como he oído que les dicen lo mucho que se parecen a sus progenitores o a alguno de sus parientes: "Tiene los ojos de Gerardo". "¿Viste? su hijo es parecidísimo al abuelo Gatti". Puede consolarse: no es el único, pues este refugio en la esencia es moneda común entre los hijos de desaparecidos, empeñados, ellos y su entorno, en agarrarse a todo lo que, vía gen, nos liga con ese origen truncado por la catástrofe:

"Hay una chica que se restituyó el año pasado (…) y ella decía que todos sus amigos la cargaban porque no sabía andar en bicicleta y se asombró cuando leyó (…) que a a su papá lo cargaban porque no sabía andar en bicicleta" (E19)

"Así también fue sorprendente empezar a comprobar cuánto queda genéticamente tatuado en nuestro cuerpo: saber que esos mariscos que volvían locos a mis viejos, también me enloquecían a mí" (Pietragalla, 2005)

"Un chico [apropiado y de identidad recuperada] (…) nos manda un mail que dice: '¡Pink Floyd, mi vieja escuchaba Pink Floyd, no lo puedo creer!'. Él vivió toda su vida con su familia pero a nadie en ningún momento se le ocurrió contarle que la vieja escuchaba Pink Floyd ¡A él también le gustaba! Era un lazo" (E19)

"A mi viejo le gustaba cocinar, a mí me gusta cocinar; el gusto por comidas que jamás comí, y sin embargo me vuelven loco, en mi infancia jamás comí porque me criaron con otra comida, y apenas la pude probar dije: 'Ésta es mi comida preferida'. Y después me entero de que la comida preferida de mi viejo era ésa" (E23)

La desaparición forzada de personas obligó a tematizar y a posicionarse de manera reflexiva ante el hecho de la identidad. Cabría pensar que ese posicionamiento podría haberse realizado haciendo uso de caminos diversos. Y de hecho así es (*cf.* capítulos 5 y 6). Pero las apuestas inscritas en las que en este capítulo y en el anterior he descrito como narrativas

---

[60] Tomado de una nota sobre CONADI publicada en *La voz del Interior*, Córdoba, 26 de enero de 2003.

Diario de Campo: 25/4/2008, Bilbao-La Jolla-Santiago de Chile. Contra la barbarie higienista… esencialismo genetista

Andrés Gómez desde La Jolla me remite esta noticia publicada en el diario *La Tercera* (http://www.latercera.cl), de Santiago de Chile, el 12 de abril de 2008. La nota dice, entre otras cosas, esto: "[Se realizará un] estudio de la población a través de muestras de ADN (…) para crear una fotografía genética (…) de los chilenos (…). El análisis servirá para saldar una deuda histórica con las víctimas de la dictadura, pues gracias al mapa genético construido se podrá identificar a los detenidos desaparecidos (…). No obstante el mapa genético no se podrá usar para casos de paternidad, porque es absolutamente anónimo (…). El inédito muestreo permitirá tener un banco genético que conserve la identidad de los chilenos".

Entro apenas en las obviedades: una, la crítica plana, que la identidad se piensa desde lo genético; dos, la crítica académica, que se confunde (y gravemente) la singularidad genética de un individuo con las eventuales características genéticas compartidas de una población; tres, la crítica política y moral, que para paliar los efectos de una política de racionalización e higienización de la población se aplican medidas de… racionalización e higienización de la población. Ojo con las consecuencias no intencionadas de eso…

del sentido son claras: si la desaparición forzada de personas destrozó identidades, a ella se le resiste reconstruyéndolas. Si quiso romper las conexiones, las *políticas de reconstrucción de la catástrofe* la combaten marcando lo que permanece. Sin ambages, sin ambigüedades, sin dejarle un lugar al sinsentido, implacables con la paradoja y la ambigüedad.

Impresionan los rostros de tez inmaculada, sin marcas, con facciones aún tan cercanas a la niñez. Impresiona la imagen en blanco y negro, parada abruptamente, quieta para siempre, extraída de quién sabe qué instante de una vida casi sin trayecto. Produce vómito pensar en la calculada espera a que un cuerpo dé por concluido el proceso de gestación, y luego de arrebatado su fruto, sea desechado. Asombra la nítida certeza de los asesinos, esos tan seguidores del principio de que la mala hierba hay que arrancarla de raíz y que se muestran, en cambio, tan poco convencidos de su principio gemelo, aquel de que de tal palo tal astilla, y que criaron a los bebés robados, con atenciones, con calor, incluso, con amor. Es de justicia, quién lo duda, bramar la crueldad de aquellos actos, perseguir a los secuestradores de aquellos bebés, desenmascararlos, marcarlos, dar a conocer el podrido origen de su progenitura, reconocer la inhumanidad que encierra todo ello, la aberración antropológica. Es de justicia en primer lugar colectiva, para todos, y también para los pasivos protagonistas, aquellos que vieron cercenado su vínculo paterno-filial —tanto los propios desaparecidos como sus padres—, aquellos a los que se amputó "el acceso al estatuto de ancestro" (Françoise Héritier). También lo es para aquellos que fueron esos bebés pero ya no lo son, aunque en este caso se hace difícil pensar dónde encajar y respecto a qué definir la justicia.

A menudo me han sorprendido los estrechos vínculos creados entre las abuelas, una suerte de parentesco vitalicio que se sostiene con fuerza sobre la presunción de la perdurabilidad de una relación, ajena al tiempo, de una joven, un joven y el hijo o hija de ambos, en ocasiones éste o ésta también sólo una presunción. Esas mujeres, ancianas, cansadas, desde la fuerza moral que les da su búsqueda, de nietos y de justicia, han ido estableciendo una continuidad entre nombre, identidad y genética, le han dado la forma de principio moral, elevándola por último a rango de ley. Y en cuanto que tal universal.

Como antropóloga social interesada en las relaciones de parentesco, las peleas por la recuperación de los niños secuestrados y los principios que para ello se apelan, no dejan de crearme contradicciones. Porque en su desarrollo se entremezclan o, más bien, se hacen sinónimos conceptos que para la antropología, necesariamente atenta a lo que es universal y es diverso en lo humano, no son ni pueden ser lo mismo: GENÉTICA = PARENTESCO = IDENTIDAD.

Son conocidas las objeciones que a uno de los que, a menudo, se denominan "artículos argentinos", el número 8, de la Convención Internacional por los Derechos del Niño y del Adolescente, se le hacen desde las ciencias sociales. Este artículo instituye el nombre único y permanente y, simultáneamente, erige a los progenitores como padres preferentes, declarando ambos como un derecho *del niño*. Es decir, el nombre se hace identidad, algo que nos define como un estado continuo y permanente, algo inmutable que deriva de vínculos genéticos y es elevado a derecho humano. Uno, o una, es en gran parte su procedencia, sin lugar a dudas. Pero la procedencia no es algo que se recibió hace mucho tiempo y que queda inalterado. No es una sustancia ni una esencia. No podemos confundir identidad con una prueba genética. Somos proceso, con nuestras idas y venidas, con nuestra historia. Por eso en tantos lugares las personas cambian de nombre a lo largo de su vida: cuando comienzan a hablar, cuando se les circuncida, en la pubertad... O cuando se casan, como ocurre tan habitualmente entre las mujeres.

También el recientemente establecido "Delito de ocultamiento de identidad", entendido en términos de escamoteo de información de la procedencia genética de una persona, presenta claras contradicciones con prácticas culturales habituales en la formación familiar, comunes en Occidente. Ejemplo de ello serían las donaciones de semen y óvulos, que crean nuevas familias precisamente mediante la anulación legalmente establecida de las obligaciones y derechos recíprocos creados por los lazos genéticos. O las adopciones, que se organizan por medio de la renuncia o la usurpación de los derechos de patria potestad derivados del nacimiento y que son transferidos por el Estado a terceros considerados aptos. O aquellos casos en los que el padre no es el progenitor (se calcula que en alrededor de un 10% de los nacimientos de mujeres casadas se atribuye la paternidad al marido aun cuando él no es el progenitor). Si concebimos el ocultamiento de identidad como delito, convertimos a miles de personas en potenciales delincuentes, miles de personas que en circunstancias vitales diversas, siguiendo estrategias acertadas o no, en función de criterios también diversos, optaron por ocultar o por no comunicar la procedencia biológica de sus hijos, de sus nietos, de sus sobrinos, de sus hermanos (¿quién no tiene un secreto de familia?).

¿Qué es identidad? ¿Qué es parentesco? La antropología demuestra que ni una ni otra pueden ser entendidas de forma única. El parentesco puede estar fundado en un mítico antepasado común, en la casa que se comparte, en la tierra que se trabaja, en la leche que amamanta, en la sangre que recorre las venas... Todas ellas son metáforas que hablan de un vínculo que ha dado forma a las sociedades y que para nosotros, hoy, es un vínculo que debe ser, sobre todas las cosas, afectivo. Y como el Orlando de Virginia Wolf, vamos forjándonos con lo que se nos transmitió, con lo que nos transitó y transitamos, nunca idénticos a nosotros mismos, nunca acabados.

La genética es un medio de llegar a la identificación de los niños capturados y de probar el vínculo existente entre determinadas personas. Y es justo que se haga. Pero no puede confundirse con la sustancia de la identidad, ni tampoco con la sustancia del parentesco ¿Hace esto los crímenes menos aberrantes? Robar criaturas, secuestrar, asesinar, negar el duelo. No se necesitan más argumentos. El monstruo no necesita pruebas de ADN, sino exclusivamente remitirse a sus actos para ser identificado.

Elixabete Imaz

4. Los materiales que forjan los nombres de los desaparecidos, II: La familia

> Podría ser una falsa memoria ¿No se implantan, a veces,
> falsas memorias en los androides? (Dick, 1980: 87)

En la vieja sede de Abuelas de Plaza de Mayo funciona uno de sus proyectos de última generación, el Archivo Biográfico Familiar. Es un proyecto singular, puesto en marcha por las Abuelas para preparar el legado que dejarán a aquellos de sus nietos que en el futuro puedan ser recuperados y que, solos, no tengan a quién acudir para rehacer la historia de los que los engendraron y de su familia, la historia de la que fueron despojados. Si tienen suerte, o si por el camino alcanzan a saber quiénes fueron, podrán gracias a ese proyecto saber quiénes son... Allí, en el archivo, en una caja encontrarán las grabaciones, las fotos, las historias que hacen *su* historia[61]. Los propósitos son nítidos; también lo son los términos con los que se articula este proyecto: *reconstruir, recuperar:*

---

[61] Con unas dimensiones más modestas, en fases aún muy primigenias, pero sin duda guiado por un impulso ético y teórico similar al que preside las intenciones de los promotores del Archivo Biográfico Familiar de las Abuelas de Plaza de Mayo, se ha puesto en marcha en Uruguay un proyecto de reconstrucción fotográfica de la historia de los desaparecidos. El proyecto, por cierto, hecho con una calidad técnica reseñable, puede consultarse en el sitio Web del archivo fotográfico de la Intendencia Municipal de Montevideo (http:/ /mtv.gub.uy) [Acceso en diciembre de 2007]; se realiza gracias a un acuerdo entre la IMM, el Centro de Estudios Interdisciplinarios Uruguayos-CEIU de la Universidad de la República y la asociación Madres y Familiares de Uruguayos Detenidos Desaparecidos.

"A través del Archivo se busca reconstruir la historia de vida de los desaparecidos integrantes de los grupos familiares de los hijos secuestrados y/o nacidos en cautiverio durante la última dictadura militar, tanto de aquellos que aún se encuentran apropiados como de los que ya han recuperado su identidad"[62]

Archivo Biográfico familiar, Abuelas de Plaza de Mayo, Argentina. A la izquierda, "caja de memoria" individual conteniendo las grabaciones y las transcripciones de las entrevistas relacionadas con un joven actualmente desaparecido. A la derecha, estantería que organiza, por orden alfabético, todas las entrevistas realizadas hasta el momento de la fotografía. Fotografías del autor, agosto de 2005

En esas cajas guardadas celosamente en el Archivo Biográfico Familiar se encierra la memoria del desaparecido vivo. Son artilugios curiosos: cada caja contiene las cintas con las grabaciones, acompañadas de sus respectivas transcripciones, de las entrevistas que el grupo de voluntarios que trabaja en el Archivo ha recogido sobre la historia de vida de los desaparecidos que tuvieron un hijo luego apropiado. La historia de vida, entonces, de ese desaparecido vivo, pues es la historia de su pasado. Entrevistas a los amigos de sus padres, a sus compañeros de escuela, a sus compañeros de militancia. Y sobre todo, entrevistas a su familia: madres, hermanos, padres, hermanas, abuelos, tías, primos... Es un hermoso tejido[63] ese que las abuelas dejan para el nieto que aún no apareció,

---

[62] Tomado del texto de presentación del Archivo Biográfico Familiar disponible en el sitio Web de Abuelas de Plaza de Mayo, http://www.abuelas.org.ar/archivo.htm [Acceso en enero de 2008].

[63] La del "tejido de las abuelas" es una imagen de las que llamo "cajas de memoria" tan hermosa como acertada. Se la debo a uno de los participantes, para mí anónimo, del seminario que impartí en diciembre de 2007 en el Instituto de Investigaciones del campo Psi-jurídico, de la Ciudad de Buenos Aires.

pues se trenza con el hilo, sólido, muy sólido, de la novela familiar, de la tenida por *verdadera* novela familiar. Un tejido que no deja dudas sobre cuál es, a ojos de quien organiza el Archivo, la verdadera identidad, la verdadera historia. Cuesta pensar, al verlo, que las cosas son hoy de otra manera para esa persona; que la identidad puede ser de otra manera ("Ahora [gracias a la información contenida en el Archivo] es ella, no es otra persona. [Antes] no era la persona que tenía que ser" (E29)).

Y es que en este esquema la verdad es una, no caben monstruos, ni ambigüedades. Si las hay, son sintomáticas de que a estos sujetos, a todos nosotros, nos acecha el peligro de la no identidad. Atiéndase si no a la angustia que se transmite en estas expresiones, a su textura, terrible: la nada, la no identidad, la excepción, la falsa identidad, el vacío que domina sobre cualquiera sin nombre, territorio o historia:

"Al no tener raíces, historia familiar o social, ni nombre que lo identifique deja de ser quién es"[64]

"Los nietos [hijos de desaparecidos apropiados] tienen una 'no identidad'"[65]

"Estos jóvenes viven un estado de excepción sin saberlo, su situación está falsificada, así como su documentación, filiación e identidad" (Lo Giúdice, 2004)

"No hay dos verdades, tres verdades, más o menos verdades. En eso se enmarca la identidad" (E28)

En *¿Sueñan los androides con ovejas eléctricas?* Philip K. Dick (1980) proponía una imagen poderosa: a los androides, inquietante y amenazadoramente parecidos a sus creadores humanos, seres de identidad completa éstos, monstruos y simulaciones aquéllos, se les instalaba en su memoria artificial, incompleta, falsa, monstruosa, recuerdos de otros. Integrados en un conjunto coherente, estos recuerdos daban consistencia a la identidad de estas entidades que tras ese implante poseían un tiempo y un espacio limpios, los de la *familia*. Gracias a esa memoria ordenada, cada andrillo ganaba consistencia, solidez, pues por su inscripción en la

---

[64] Tomado del texto de presentación de los "aspectos genéticos de la identidad" disponible en el sitio Web de Abuelas de Plaza de Mayo, http://www.abuelas.org.ar/genética.htm [Acceso en octubre de 2005].
[65] Tomado de la entrevista a Estela Carlotto, presidenta de Abuelas de Plaza de Mayo, recogida en Gelman-La Madrid, 1997.

saga familiar *era*, tenía identidad. Es que poco hay más fuerte. La propuesta de Dick, como la de Ridley Scott en *Blade Runner* (1982), turbaba, pues forzaba a hacerse preguntas incómodas: ¿Hay que tener orígenes para ser?, esos orígenes ¿requieren necesariamente de una única historia familiar? ¿Se puede ser con un origen inconsistente desde el punto de vista de la genética o de la historia familiar? ¿Se puede tener identidad sin nombre, territorio o historia? ¿Es posible hacer identidad con otros materiales o con los mismos armados de otra manera?

El grupo de trabajadoras que con tesón y una implacable convicción se dedica a recoger el material para el Archivo Biográfico Familiar no parece dudar al contestar a esas preguntas: a las dos primeras dice "sí"; a las otras tres, un rotundo "no". Son una tribu especial: nietas de las Abuelas, es decir, hijas de los desaparecidos. Guardan un patrimonio, se encargan de este templo. Son el *ejército de los hijos de Abuelas*. "Los hijos de Abuelas", sí, dije bien. Este *fallido* irrita de nuevo el campo de realidad que la desaparición forzada pone en juego: el de la identidad, la familia, el linaje... Señala también que la solución de las narrativas con las que trabajo ahora, reparadora de los que se piensan como los "lazos naturales", promueve construcciones extrañas: niños que se crían con sus abuelos o con sus tíos, huérfanos que hacen comunidades de iguales... Es una curiosa y muy interesante consecuencia no intencionada de esta retórica: allí donde situaba *conservación* del vínculo, *recuperación* del lazo, *restitución* de la familia y de la novela que la articula, nace lo nuevo, muy nuevo.

"Lo ocurrido, el desmantelamiento del derecho de las personas por desaparición y asesinato y la apropiación de niños, hoy jóvenes y aún desaparecidos condujo a una ruptura del sistema humano de filiación, es una masacre de los vínculos y una fractura de la memoria", dice Alicia lo Giúdice, Coordinadora del Equipo Psicológico de Abuelas de Plaza de Mayo[66]. Refleja bien cuál es el verbo en torno al que se conjuga la acción política de Abuelas —restituir— y qué sustantivo permite articularla —identidad—. Así es, si los afectados por la desaparición forzada de personas son sujetos devastados, la devastación puede compensarse devolviendo a ese sujeto a los tejidos que le hacen, el de la familia, el de la herencia, que se reconstruyen,

---

[66]Tomado del texto de Alicia Lo Giúdice —Coordinadora del Equipo Psicológico de Abuelas de Plaza de Mayo— disponible en el sitio Web de éstas, http://www.abuelas.org.ar/centro.htm [Acceso en octubre de 2007].

entonces, en toda su contundente unidad ("Se busca recuperar la identidad perdida al momento de la constitución de la entidad 'desaparecido', que dio lugar a un nuevo sujeto social, negando la identidad anterior"[67]). El equilibrio se impone: lo biológico se encuentra con lo cultural; la familia, el linaje, la saga, en fin, la poderosa retórica de la autenticidad, completan lo que está inscrito en cada uno de manera indeleble, la huella genética.

A mi criterio, la institucionalización y legitimación de estas políticas de la identidad ha forzado a que los debates sobre esta cuestión se instalen en un estadio profundamente esencialista, en el Cono Sur de América Latina y en los mundos de los detenidos-desaparecidos sin duda, pero también irradiando hacia el conjunto de los lugares sociales donde la identidad *es cuestión*. Allí, los temas del Ser, la identidad y el sujeto no pueden escaparse de los lugares de lo biológico, intocables, inamovibles, incuestionables, determinados. La identidad, convertida en arma para regenerar sentido cuando la catástrofe lo deshizo, tiene ciertamente consecuencias no intencionadas.

La catástrofe se conjura. El desaparecido, ¿deja realmente de serlo?

---

[67] Tomado del texto de presentación del Archivo Biográfico Familiar disponible en el sitio Web de Abuelas de Plaza de Mayo, http://www.abuelas.org.ar/archivo.htm [Acceso en enero de 2008].

Capítulo 5: Arte y ciencia bregando con la ausencia de sentido

Este capítulo y el siguiente hablan de narrativas, las *de la ausencia de sentido*, construidas en y sobre la catástrofe que provoca la desaparición forzada. Son narrativas que hacen explícito que ése y no otro —la catástrofe— es el lugar de enunciación desde el que se constituyen y que asumen que, aunque sea un lugar difícil de decir, desde él se puede hablar y en él se puede construir identidad. Hablan desde un lugar nuevo. Seré fatuo: es mi lugar. Seré modesto: me cuesta dar cuenta de él. Haré trampas: hablaré de él a través de lo que otros —muchos *sociológicamente* parecidos a mí, algunos no— dicen de él y del relato de cómo lo viven. He de confesar que hasta hace poco pensaba que ese lugar era el producto de una experiencia personal y que me encontré con que también servía como hipótesis sociológica.

En ese lugar, es mi hipótesis, toma forma un discurso que tiene que ver con una cierta *experiencia normalizada de la catástrofe*. Es seguramente resultado del paso del tiempo y de la socialización en la ausencia de una parte importante de quienes vivimos en el campo del detenido-desaparecido y del consecuente desarrollo de un sensorio atento al vacío (de lenguaje, de identidad, de palabras…). En todo caso, el resultado de la observación de experiencias vitales desplegadas en estos lugares incómodos revela que en ellos se construyó identidad y se armaron recursos narrativos. Que en ellos se hizo lo que parecía imposible observando las formas de gestionar la desaparición forzada de personas de las que he hablado en los capítulos anteriores. Así es, si las narrativas dominantes, frente a la percepción de que la desaparición forzada de personas desajustaba los equilibrios y rompía maridajes pensados incorruptibles, buscaron recomponer lo roto, rehacer lo que la catástrofe devastó, las que he llamado *narrativas de la ausencia de sentido* reconocen que la catástrofe no es ya sólo evidente, sino que ha constituido mundos, identidades, lenguajes, que *la catástrofe se institucionalizó como un lugar estable y habitable.*

Si sin demasiado miedo a errar puedo decir que han nacido espacios sociales marcados por esa convulsión, tampoco temo equivocarme si sostengo que esos espacios están llenos de sujetos, los que viven esa ausencia sobrevenida y ya institucionalizada, los que mal que bien han aprendido a gestionar ese desastre, los que han organizado lenguajes e identidades para él.

Es hablando desde ahí que respecto de las narrativas del sentido adopto aquí una posición que, si no beligerante, sí es de sospecha. Me apoyo en razones que son tanto de orden académico como vital. Las primeras pasan, de nuevo, por mis zapatos. Unos zapatos cuyo lugar está poderosamente marcado por lecturas *sobre* la identidad y *de* la identidad renuentes a creer que ésta sea algo que necesariamente se ha de pensar como permanente, estable, fijo, inmóvil y tendentes a pensar que si la verdad sobre la identidad está en algún sitio llegar a él pasa por renunciar a las lógicas prepotentes de lo unitario y de la continuidad y atender más a figuras de texturas incómodas y de tonalidades difusas. La del detenido-desaparecido, *como tal desaparecido*, es una de ellas: muy incómoda, muy difusa. Enormemente. Dejarla así es, para quien se dedica a trabajar sobre las formas contemporáneas de la identidad intelectualmente retador: equivale a concentrar en un solo sitio los rasgos que integran la caracterología de las identidades actuales (su debilidad, su liquidez, su complejidad, su carácter híbrido y radicular) y usar en ese sitio parte importante de las herramientas conceptuales de las que disponemos para pensar en ellas. No sucede a menudo.

Y en cuanto al segundo tipo de razones, las vitales, son también mis zapatos su causa, zapatos que en ese aspecto me llevan a ocupar una posición muy marcada por una sensibilidad concreta, con no poco de tinte generacional, por la figura del detenido-desaparecido. Desde esa sensibilidad, junto a la querencia por las identidades débiles, la paradoja o la parodia, está presente cierta desconfianza hacia los trabajos que apuestan por detener la catástrofe, por conservar los viejos pactos del sentido con las cosas, por no perder la conexión con nuestros colmos y evitar caer en huecos insondables, trabajos —los recogidos en los capítulos 3 y 4— algo temerosos, pues tienen, por qué no decirlo, algo de exorcismo frente a los fantasmas que esta catástrofe produjo. Me provocan desconfianza, sí, pues creo que estas apuestas por restablecer sentido tienen consecuencias, seguramente de esas que la sociología llama "no intencionadas de la acción": efectos conservadores, que han forzado y fuerzan a retroceder a los debates sobre la identidad a un estadio esencialista, que imprimen el sello de la Verdad donde se había instalado uno intelectualmente más sano, el de la pregunta, que reintroducen el tema del Ser en los lugares de lo biológico, que es intocable, que es inamovible, determinista.

En cualquier caso, creo no estar solo en esos lugares tan marcados, pues hay pistas que indican que está tomando forma una suerte de paradigma con algo de académico y mucho de generacional que hace del *detenido-desaparecido* una metáfora en la que instalarse para hacer el mundo legible y un lugar para habitar. Hablo de algo aún fresco, en *statu nascens*, aunque parece que cuaja; por eso de ello solo tengo pistas. Las presentaré ordenadas de acuerdo a esta secuencia:

1) En este capítulo aparecen las primeras, las que encuentro en la reflexión practicada en el trabajo del arte, en cómo éste piensa la representación cuando se ve obligado a afrontar lo no representable.

2) También en este capítulo doy cuenta de las huellas sobre el nacimiento de narrativas que están surgiendo en el ejercicio profesional de expertos que para desempeñarse en el mundo del detenido-desaparecido y no herirse con sus puntiagudas aristas saben que han de acudir a recursos menos figurativos y más indirectos, dar con lenguajes que se acomoden a la incómoda lógica de esa entidad.

3) Finalmente, y ya en el capítulo siguiente, el 6, mostraré las pistas si no más relevantes sí más encarnadas, las que se aprecian entre un grupo singular, sin duda nuevo, de afectados por la catástrofe, los hijos de detenidos-desaparecidos, algunos hijos. Los llamaré "post-huerfanitos"; arman sus identidades acudiendo a una gramática cuando menos peculiar, hecha, entre otros ingredientes, con bastante parodia, algo de distanciamiento y un poquito de tragedia.

1. La desaparición forzada de personas y el arte ante lo irrepresentable

En contextos de transición el mundo del arte se inclina a desenvolverse invitando a las cosas que representa a reingresar al estatuto de las cosas-con-sentido, ese mismo del que fueron despojadas en tiempos de oprobio: el desaparecido simbólicamente aparece, el oprimido regresa al centro, el exiliado retorna, el insiliado sale de nuevo al espacio público… (Gatti, 2006b). El riesgo que conlleva el despliegue de esta estrategia, ya lo he dicho, viene del precio a pagar por superar la incomodidad de estas figuras: hacer que pierdan el estatuto que alcanzaron. Es decir, convertirlas en *otra cosa*.

Otra opción es afrontar la representación de esas cosas y figuras, incluida la del detenido-desaparecido, asumiendo *la imposibilidad misma de representar* y la necesidad consecuente de dar con resortes y lenguajes para trabajar con esa imposibilidad. En sociología es difícil afrontar una paradoja de esta intensidad. Algo menos en lo que genéricamente puede nombrarse como "ejercicio artístico", que a menudo se permite jugar —puede hacerlo— con esta paradoja. Ahí, cuando lo que está en juego es lo que rompe el sentido y la posibilidad de contarlo, el trabajo del arte es eficaz y aunque quizá no siempre alcanza la profundidad que exige un científico social sí que al menos es capaz de insinuar vías de reflexión a las que, por causa de *rigorismo*, no siempre puede sumarse un sociólogo. Tómese lo que sigue como tal cosa: insinuaciones de novedades en el campo del detenido-desaparecido, sugerencias de vías, de lenguajes, de inquietudes nuevas, sostenidas por ideas como *resto, quiebre, ausencia, herida, llaga, deslenguaje*. No soy especialista en esto del arte; ni de lejos. Por eso, el objetivo de este epígrafe es tanto informativo[68] como retórico: pretende teñir al texto, a este texto, de una tonalidad, la que van adquiriendo en estos últimos años los discursos sobre los detenidos-desaparecidos y el campo que se ha creado a su alrededor.

La basura, el resto, o más ampliamente, las cosas que son porque ya no son, es el primero de los conceptos que dan apoyo a las estrategias que buscan pensar la vida social cuando está en estado de catástrofe[69]. En efecto, la basura, la ruina, el excremento, el vómito... esas materias que ya no son lo que fueron, esas cosas que según Fernando Castro Flórez *producen disgusto* (2003: 233), han dado soporte a expresiones de "un

---

[68] Quien quiera ir más allá encontrará más ejemplos y mejores interpretaciones de este tipo de trabajo de representación en libros como Jelin y Langland (comps.) (2003), Lorenzano y Buchenshorst (eds.) (2007) o Richard (2007). De ambiciones más generales es el lúcido análisis que se lee en Robin (s/f), texto en el que se estudia con una claridad muy poco usual obras como el Museo Judío de Berlín, de Daniel Libeskind, o el contramonumento al fascismo, de Grez y Shalev, trabajos que se las tienen con lo irrepresentable y que resuelven esa batalla haciendo "surgir en lo visible lo que falta (...), inscribi[endo] la falta en el corazón absoluto de la obra; mostra[ndo] el vacío, la ausencia; mostra[ndo] el hueco" (*ibídem*). Verdaderas escrituras de lo no inscribible.

[69] He trabajado sobre la imagen de la basura en dos textos (Gatti, 2008a y Gatti, 2009). De ellos tomo estos párrafos.

especial reino del arte [que] fermenta en lo que se rompe, lo inservible, lo que infecta" (Moreira, 1998: 132). En referencia a otros contextos, Peter Weibel recoge diversas manifestaciones de lo que él llama "no-arte", que en el residuo y el resto encuentran su coartada material: cuerpos que se manifiestan a través de sus restos, cuerpos que rompen las fronteras entre lo público y lo privado, cuerpos sometidos a situaciones que diluyen y problematizan la relación entre naturaleza y sociedad... No son expresiones *en negativo*, manifestaciones de la destrucción, sino muestra de cosas cuyo estatuto positivo es *ser porque ya no son*.

Estas cosas ya no son lo que fueron pero tampoco son algo nuevo y entero, son algo que *ya fue y que en tanto que* ya fue *intervienen en nuestro presente*. Esto que acabo de escribir, ¿les recuerda algo? Al grupo argentino de artistas *Escombros, artistas de lo que queda* sí: "[Para pensar en los desaparecidos] el Grupo *Escombros, artistas de lo que queda*, utiliza desde sus comienzos tanto los desechos —materiales y simbólicos de la sociedad—, como los medios, géneros y manifestaciones contemporáneas. Las ruinas, la desolación y la basura se cruzan con los cuerpos-huellas, el graffiti o la pintada, el registro fotográfico, la digitalización, en los últimos años la Web y el evento" (Grupo Escombros, 2007: 199). El material roto, quebrado, violado, despedazado... sirve de soporte para expresar, dicen, en "el mundo de aquí y ahora" (*ibídem*: 198), a la memoria vulnerada, a los cuerpos desaparecidos... Son entidades que ajustan bien con esas texturas, las del resto y la basura. Al chileno Gonzalo Díaz el concepto de resto también le sirve, pues le resulta útil para pensar en los desaparecidos y en su no-muerte, propia, parece indicarnos, de catástrofes y ruinas, de lugares y momentos, fuera del estatuto *habitual* de las cosas. Invitado a reflexionar sobre el lema "¿Dónde están los restos? ¿En qué zona los desperdicios?"[70], Díaz propone una imagen inquietante: una foto de familia se superpone a un pasaje del artículo 79 del *Código Civil* chileno, el que señala el estatuto de los cuerpos desaparecidos en una catástrofe: "Si por haber perecido dos o más personas en un mismo acontecimiento, como en un naufragio, incendio, ruina o batalla, o por otra causa cualquiera no pudiese saberse el orden en que han ocurrido sus fallecimientos, se procederá en todos casos [sic] como si dichas per-

---

[70] Se trató de una invitación a un grupo de artistas chilenos —Juan Domingo Dávila, Gonzalo Díaz, Paz Errázuriz, Lotty Rosenfeld, Carlos Altamirano y Arturo Duclós— para acompañar el lanzamiento en 1995 de la revista *Crítica cultural*.

sonas hubiesen perecido en un mismo momento y ninguna de ellas hubiese sobrevivido a las otras". Indiferenciación de los restos, textura de los detenidos-desaparecidos.

Junto a la basura y el resto la serie quebrada ha servido para dar forma a lo informe del detenido-desaparecido y de sus mundos. En la muestra *Retratos,* que el artista chileno Carlos Altamirano compuso en 1996, se muestra una serie continua de fotos, actuales, tranquilas, que se rompe abruptamente intercalando fotocopias, viejas, oscuras, inquietas... con los rostros de detenidos-desaparecidos. Estos comparecen como huecos en la serie, vacíos que no la rompen sino que *la integran en tanto que vacíos.* Nelly Richard interpreta: "En una continuidad fragmentada (...) la serie es interrumpida regularmente por los retratos en blanco y negro de detenidos-desaparecidos" (2000: 30). Los ausentes se hacen presentes pero sin que su condición más marcada —la ausencia— sea anulada por su presencia en la serie; al contrario, si están, están como *no siendo parte de ella,* como ausentes. Hasta la textura, oscura y gris, de la imagen que los vuelve a traer a la presencia —que los re-presenta— es un indicio de su particular naturaleza: "ambigüedad temporal de lo que todavía es y de lo que ya no es (...), algo suspendido entre la vida y la muerte (...), entre pérdida y resto" (*ibídem*: 31). La serie quebrada de Altamirano emplaza al detenido-desaparecido en su lugar, entre lo que es y lo que no, entre el todavía no y el ya no. E indica además que el recuerdo de estas personas desaparecidas sólo se puede trabajar a través de un medio que destituya la presencia literal.

La ausencia que rompe la normalidad —la de la identidad, la de la representación...— es también el lugar problematizado por el fotógrafo argentino Marcelo Brodsky (2006). En la serie *Buena memoria* reflexiona sobre los destinos de su generación mostrando las unidades de sentido que la desaparición, la muerte o el exilio quebraron. El origen es una foto tomada en 1967 —completa, rotunda, roqueña, *normal*— de una promoción del Colegio Nacional de Buenos Aires: un grupo de niños sobre fondo sepia, una promoción de estudiantes de primaria, la del propio Brodsky. Desde ese origen se trazan los recorridos vitales de algunos sujetos entonces niños, hoy adultos, contados por el o la protagonista, que Brodsky fotografía delante de la foto del grupo. Pero otros recorridos no pueden ser narrados, pues no queda de ellos más que la ausencia: noventa y ocho alumnos de la escuela hoy *son* detenidos-desaparecidos. Para hablar de la biografía de esos sujetos sólo cabe acudir al hueco, a su falta, a su *ausencia* de la generación que como tales ausentes les contiene.

Gustavo Germano, Ausencias. Imágenes tomadas de
http://www.gustavogermano.com [Acceso en julio de 2008]

La ausencia marca, de un modo aún mucho más perturbador la muestra
fotográfica homónima —*Ausencias*—, de Gustavo Germano. El concepto
que la sostiene es la comparación entre dos momentos: de una parte, una
larga serie de imágenes de los años setenta en las que jóvenes generalmente en sepia posan, solos o en general con otros; de otra, una foto
actual y con más píxeles, que contiene lo que queda de aquella primera
fotografía: solo el lugar; o el lugar, pero con menos presencias. Todas las
fotos contienen una falta, y es tremendamente contundente. Hay algo ahí
que no se ve pero que llena. Y que oprime y sobrecoge: mirar una foto es
soportable, y dos, y tres... Pero la serie completa produce un efecto terriblemente turbador, el de descubrir que el vacío, perdón, que *ese* vacío,
está lleno.

Para ilustrar esa identidad construida en ausencia puede servir también el trabajo de 1999 de Julio Pantoja, *Los Hijos, Tucumán veinte años
después*, que recojo de la reseña que hace de él Diana Taylor (2003: 183 y
ss)[71]. Pantoja, enfrentado a la pregunta de "en qué se diferenciaban, desde lo visual, un grupo de adolescentes que tuvieran sus padres desapare-

---

[71] Muchas de las fotografías de esta exposición aparecen recogidas en el sitio Web de Julio
Pantoja, en http://juliopantoja.com.ar/Reportajes/HijosTodos.htm [Acceso en mayo de 2006]

153

cidos de otros que no los tuviesen", busca la respuesta recurriendo a varios hijos a los que pide que elijan cómo retratarse. Casi todos ellos escogen hacerlo acompañados de marcas de la ausencia, de las fotografías que señalan la permanente y ambigua presencia de sus progenitores desaparecidos ("Mi viejo —dice una de ellas— es color sepia; ¿Y el tuyo?")[72].

Exponer el propio cuerpo y mostrar las llagas que este hecho aberrante deja sobre él se ha convertido en uno de los recursos a los que más se acude últimamente en el *arte de la desaparición forzada*. Ocurre esto, en primer lugar, en muchos sujetos directamente concernidos por el fenómeno, generalmente hijos de detenidos desaparecidos, que, acudiendo a una extraña y metodológicamente muy interesante pirueta reflexiva, muestran su historia y su cuerpo llagados al tiempo que analizan tanto lo que los llaga como su propio cuerpo herido: las películas de Albertina Carri (*Los Rubios*, 2003) o de Nicolás Prividera (*M*, 2007), la novela de Félix Bruzzone (*Los Topos*, 2008) o este trabajo de investigación social (Gatti, 2008b) son manifestaciones de esta estrategia; en ellos se trata de dar con un lenguaje que muestre, al tiempo, el propio desgarro y la mirada (distanciada) que se le aplica; esto es, se trata de mostrar que uno ocupa, al tiempo, una posición precaria y una posición gozosa (Mandolessi, 2011). El cuerpo llagado es también superficie de trabajo en aquellos artistas que exponen el suyo y reemplazan el de la víctima ausente. Felipe Martínez Quintero (2011) ha trabajado sobre varios ejemplos, todos ellos de más arriba del Cono Sur: el de Regina Jose Galindo, que "camina desde la Corte de Constitucionalidad hasta el Palacio de Justicia en Guatemala, dejando tras de sí un sinnúmero de huellas hechas con sangre"; el del colectivo teatral peruano Yuyachkani, que a través del cuerpo del actor Augusto Casafranca representa, en 2001, al detenido-desaparecido Agusto Cánepa. Martínez Quintero interpreta que "Casafranca, 'encarna', es decir, presta su cuerpo para que Augusto Cánepa haga presencia al lado de las organizaciones de víctimas (…). Su acción, más performativa que teatral, buscaba cumplir con la debida llegada de una carta de Cánepa al presidente del gobierno de transición. Un fragmento de la carta decía lo siguiente: 'El 15 de julio fui apresado por la guardia civil de mi pueblo, incomunicado, torturado, quemado, mutilado, muerto. Me declararon desaparecido. Usted habrá visto la protesta nacional que

---

[72] Con recursos parecidos trabajó el uruguayo Juan Ángel Urruzola en su muestra fotográfica, fechada en 2000, *Miradas ausentes* (disponible parcialmente en http://www.urruzola.net/ [Acceso en agosto de 2008]).

se ha levantado en mi nombre, a la que añado ahora la mía propia pidiéndole a usted que me devuelva la parte de mis huesos que se llevaron a Lima (…). El cadáver es, como si dijéramos, la unidad mínima de la muerte y dividirlo como se hace hoy en el Perú es quebrar la ley natural y la ley social". En todos estos casos, concluye Martínez Quintero, "el artista, en tanto cuerpo ex –puesto se sitúa entre lo dicho y lo no dicho (…) en lo que la palabra no alcanza. Su gestualidad se coloca en lo que cualquier relato objetivo establecerá como silencio e indeterminación (…). No busca sólo recrear o ficcionar lo sucedido, sino más bien ex-poner una presencia, materializar el recuerdo".

Serie quebrada, identidad construida en ausencia. Heridas en fin. Pero heridas abiertas, que no cierran. Heridas para las que no hay lenguaje que funcione cómodo: no cabe literalidad para dar cuenta de ese dolor sordo y permanente. La construcción del *Parque de la Memoria* en Buenos Aires, que se está debatiendo desde 1997, y, más concretamente, el proyecto de *Monumento a las víctimas del terrorismo de Estado*, apuesta por llevar a piedra las rupturas. Así lo describe Graciela Silvestri:

> "Se optó por materializar [el monumento] a través de un quiebre profundo y duro, como si la tierra hubiera sufrido un terremoto; los autores sabían que la herida geológica que configuraban con los nombres de cada detenido-desaparecido (…) escuetamente dispuestos, hablaba claramente a una vasta franja de la sociedad, y así (…) la piedra fundamental atravesada por una profunda falla alude a esta decisión. El quiebre utilizado antes en estos monumentos y obras de arte constituye un símbolo ya probado no de reunión, sino de desgarro nunca saldado (…). No pretende cerrar heridas que no pueden cerrarse, ni suplantar en la conclusión a la verdad y la justicia" (2000: 21)

"Quiebra", "ruptura", "falla", "herida"… Terrible vocabulario el de este idioma que el trabajo del arte propone para la ausencia de sentido. Con parecidos referentes obra el memorial a los detenidos-desaparecidos de Montevideo —diseñado por R. Otero y M. Kohen—. Los nombres de los detenidos-desaparecidos se sitúan desordenados en paneles de metacrilato transparentes que parecen crecer de una piedra herida, que brotan directamente del dolor. No es del todo fácil llegar hasta el memorial; tampoco lo es estar allí. No dice nada; muestra que es difícil decir. No parece hacer una interpretación; muestra la dificultad de hacerla. No cierra la representación; la deja abierta, permite que nunca se cierre, que siempre se reinicie. Habla desde el blanco; representa lo irrepresentable sin clausurarlo.

De entre las analistas de estas prácticas Nelly Richard ha sido, a mi conocer, quien ha identificado con más claridad, si no el mecanismo que activan, sí las estrategias que evitan: la de la literalidad del informe sociológico, la de la discursividad tecnocrática del politológico. Estas que ella llama "poéticas de la crisis" (2007) trabajan en bordes peligrosos, en los que, comenta Richard, "en lugar de suturar las brechas dejadas por tantos vacíos de representación con una discursividad reunificadora de sentido (…) reutiliza[n] cortes y fisuras, discontinuidades y estallidos" (*ibídem*: 150). Es el fenómeno a representar el que obliga a moverse así, demasiado precario para un lenguaje íntegro, demasiado desecho para alejarse de la ruina. Porque, en efecto, la pregunta es "¿Qué palabra para eso? ¿Qué palabra para lo que no es?" ¿Lamento, grito, desencaje? Edmundo Gómez Mango, analizando la obra de Juan Gelman y su apuesta por conformar un lenguaje para la desaparición forzada se interroga sobre qué palabra usar ahí, cuando la palabra se separa de la cosa y no se reencuentra con ella: "¿Cómo el verbo poético se apropia del lamento y lo lleva hasta el canto? ¿Cómo la tristeza del duelo, de la separación, del exilio, inspiran el verbo y se hacen palabra poética?" (2004: 40). Responde que con lenguaje deslenguado, con palabra pero rota: "La desgracia suele volvernos mudos y a veces el dolor sólo se expresa por el grito o el lamento. Pero la experiencia del dolor ¿podría hacerse verdaderamente fuera del lenguaje?" (*ibídem*: 54). Con la "solución Gelman" el dolor se hace lenguaje: "hablarte o deshablarte / dolor mío / manera de tenerte / destenerte", escribe el poeta (*ibídem*: 60). Lenguaje de la desidentidad:

> "La lengua misma es dolor: la palabra atormentada se retuerce, se deforma; trata no sólo de decir el padecer del alma sino que ella misma se vuelve tormento, tortura, lengua desgarrada, descuartizada. El poema debe a la vez 'hablar deshablar' el dolor, 'tenerlo' y al mismo tiempo 'destenerlo'. La lengua hiere las palabras, las desfigura, las hace 'regresar' hacia el balbuceo, muy cercanas al sollozo o al grito, las 'deshabla'" (*ibídem*: 61)

El desaparecido aparece *como tal*, como *no identidad* y *deslenguaje*. El lenguaje disponible no sirve; pero la palabra puede expandirse, superar sus límites para alcanzar los "espacios sin nombrar" y "nombrar lo que no tiene nombre todavía" (Gelman, 2008). Palabra enlutada (Gómez Mango, 2004: 70), disociada. Pero *palabra*: nuestros marcos interpretativos han alcanzado el límite de lo decible; pero no por eso es necesario sumergirse en la pereza o el desencanto ni renunciar a decir.

2. La desaparición forzada como espacio de trabajo: expertos bregando con la paradoja

> Para que se pueda entender [no hay que] depurar, no [hay que] convertir en algo limpio lo que es sucio (E17)

En el capítulo anterior, analizando el trabajo de los expertos, indicaba que debe verse en éstos a verdaderos *profesionales del sentido*, a sujetos que, más allá de intenciones políticas o de vocaciones militantes, que aquí no se evalúan, dan continuidad a la labor de los viejos ilustrados: higienizan y reglamentan la realidad, interpretan el mundo, asignan, sí, a cada cosa su palabra. Es su tarea y así la despliegan, sobre todo en situaciones de desorden y crisis. Es el caso del universo de realidades que derivan de la irritación que sobre el orden de las cosas provoca la desaparición forzada de personas: expertos en la psique, expertos en la intervención humana sobre el espacio, expertos en el cuerpo y la identidad, expertos en el Estado y sus instituciones... afrontan la responsabilidad de equilibrar estas entidades cuando han sido sometidas a destrozo. Y hemos visto —buena parte de los dos capítulos anteriores se dedicó a esto— que hacen su trabajo con eficacia. Y con efectos.

Ahora bien, ¿qué ocurre cuando estos *profesionales del sentido*, sin abandonar su condición de tales, diagnostican que el sentido de las cosas en cuya regulación son competentes es, precisamente, su falta, que la ausencia de lo que da cuerpo a sus objetos es la cualidad más marcada de esos objetos? ¿Cómo dan forma a su trabajo ante estas situaciones? No estoy haciendo ni juegos de palabras ni proponiendo un ejercicio de análisis perverso. Son preguntas que surgen de la propia práctica de estos profesionales, obligados a gestionar cuerpos desarticulados, identidades sin soportes materiales, muertes sin túmulo y sin duelo, archivos ausentes, edificios en ruinas, identidades colectivas informes... Las páginas siguientes esbozan algunas de las estrategias que siguen cuando se enfrentan a la disolución de sus objetos de trabajo (los psicoanalistas al *trauma*, los arqueólogos a las *ruinas*, los archiveros a la *ausencia de dato*, los juristas a la *ajuricidad* de la desaparición forzada de personas...) y deben proponer salidas, teóricas y prácticas, para pensarlos y actuar sobre ellos sin desnaturalizarlos.

2.1. El psicoanálisis y lo abyecto

El trabajo del psicoanalista busca, lo hemos visto, restituir el equilibrio perdido en un sujeto devastado por la catástrofe: lucha contra el trauma y lo que éste rompe afrontando un paciente que imagina, dice una de ellas, como un "doliente andante" (E5). Encarado así, el esfuerzo se encamina en una dirección: sacar al sujeto *de ahí,* esto es, rescatarlo de ese territorio en el que, para hacerse bien, es imposible estar ("Hay que tratar de despegarse del agujero, porque ésa es la tentación: meterte e instalarte en el agujero" (E5)). Esta es la narrativa dominante entre los profesionales de la Psi y no es tarea fácil abandonarla, pues depende no de coyunturas, tampoco de exigencias exclusivamente disciplinares, sino de algo de mayor alcance: convicciones profundas —las modernas, las nuestras— sobre la noción de identidad, esas que la muestran necesariamente esférica, rotunda, y si rota, tendencialmente orientada a la integridad.

Esas convicciones, las más arraigadas de ellas, chocan, y duramente, con cómo se pone la identidad en escena en torno al detenido-desaparecido, escenificación que interpela al profesional, que en ocasiones incluso se ve llevado al escándalo: "[Al ver a unos hijos de desaparecidos haciendo humor negro sobre sus progenitores] mi propio aparato perceptual rechazaba lo que estaba conectando pero para ellos eso era una situación totalmente normal, la jerga de los pibes digamos. Al de afuera [se] le hace muy difícil poder entender eso..." (E8). No obstante, se aprecian indicios de algunos cambios en las maneras de imaginar la identidad. No es que hayan dejado de concebir esos lugares como agujeros, huecos de los que huir, pero sí que parece que, ante la evidencia de que en ellos se construye identidad, ya no solo traten de rescatar de esos agujeros al sujeto afectado, sino también de contribuir a que sepa, primero, digerir la peculiaridad de su identidad y, segundo, habitar en estas cavidades. Ignoro cómo se tramita esto en lo terapéutico; en lo que sé calibrar, revela la conciencia de la necesidad de nuevas lecturas del ser, del sujeto y de la identidad.

Así es, en el campo de trabajo de los profesionales de la Psi parecería que la idea de identidad, y con ella las imágenes que se manejan para pensar sus espacios y sus tiempos, se está resignificando; es imprescindible para poder trabajar con la de gente que conforma la suya en zonas que no casan bien con su arquitectura moderna, en terrenos creídos constitutivamente incómodos para el equilibrio de la Psi y en los que, sin embargo, se arma identidad. Ahora, dice una profesional "[no se trata de] despojarse de esa historia [traumática]. El punto es *hacer con* esa historia, justamente, *hacer con* el agujero. Bordear el agujero, estar allí" (E5), contribuir, añade, a que el paciente "haga hogar" (E5) en ese hueco. Ahora, presionados por estas nuevas preocupaciones, se recuperan de las bibliotecas los viejos libros sobre identidad y términos como *forclusión, siniestro, abyección* o *identidad paródica* cobran nuevos bríos.

Poderosa resignificación. Mucho, tanto que en el zurrón del psicoanalista que trabaja en el campo del detenido-desaparecido es difícil ya dar con una idea de identidad asociada al *deber ser*, ese que marca la identidad previa a la catástrofe, esa que se perdió. Lo que queda y lo que se hace con ello es el lugar de trabajo ("Lo que está perdido como identidad no se puede restituir, no se puede recuperar (...). No hay una [identidad] que tendría que haber sido" (E5)). Es ésa su normalidad: "Nacieron como tomados por la situación traumática" (E8), "El trauma no tiene nada de raro" (E7). Ese lugar desregulado, puede que patológico, comparece no obstante como un lugar de existencia posible.

2.2. Los arqueólogos y la ruina en tanto tal

En la Psi la catástrofe provoca traumas. En algunos espacios de la vida social también produjo pliegues profundos que comparecen hoy, con suerte, bajo la forma, sórdida, sucia, de ruinas o de archivos polvorientos. Ante esas ruinas, como quise analizar en los capítulos precedentes, la estrategia convencional pasa por *limpiar, recuperar y explicar*: mostrar de dónde vienen, situarlas en su contexto, rehacer su integridad pérdida... Es decir, devolverlas al sentido. No obstante, sea por convicción estética, inquietud teórica o rigor profesional, frente a ellas cabe otra opción: mostrarlas en tanto tales ruinas, considerando, por extraño o incómodo que sea, la ruina como un estado posible de las cosas y entendiendo entonces que tiene sentido mantener su actual condición oscura, sucia, pues objetos sucios es lo que ahora son y devolverlos al estado anterior a la catástrofe sería falsearlos.

El dilema es poderoso. estos trabajadores del sentido, portadores bienintencionados de los resortes modernos de la higienización del mundo, procuradores de una lógica, la de la representación moderna, que no se las puede ver con la falta de sentido, han de dar cuenta de cosas quebradas, traumadas. Sacar esas cosas de esos lugares es la primera posibilidad, aquella a la que acudimos con más frecuencia, por cierto. Dejarlas en ellos la otra. Pero hacer esto último les... nos obliga a pensar en algo radicalmente disruptor para un científico moderno: *que en el sinsentido está el sentido de estos fenómenos.* Si es así, ¿qué mejor que dar cuenta de ellos en términos de una cierta *estética de lo inacabado*? No se trata, o no se trata *solo*, de proponer para esos fenómenos estilos de escritura y representación que apuesten por lo que Jean Griffet llama la "potencia sugerente de las imágenes indecisas" (Griffet, 1991: 360). En parte es eso, es cierto: dar con narrativas cuya textura se acomode bien con la de entidades y situaciones de naturaleza tan extraña.

Pero más allá de esa apuesta estética, hay otra que es analítica: ser rigurosos con el que podría llamarse el *mandato de la representación*, a saber, la adecuación entre la cosa y la palabra que habla de ella. Siendo así, si de cosas como "trauma", "ruina", "basura" o "ausencia" se trata, ¿no cabe pensar que, en nombre incluso de algo tan frío como el "rigor profesional", lo más adecuado sea conformar estrategias y palabras que se amolden bien a ellas? Un sociólogo y economista francés, Yves Barel, analista agudo de los momentos en los que la vida social se queda sin sentido, así lo sugirió: "Necesitamos palabras fluidas para esos fenómenos versátiles" (1984b: 31). Algunos arqueólogos que desarrollan su trabajo (y su militancia) en CCDs parecerían pensar lo mismo: "No vamos a reconstruir la casa, no es la postura hacer la casa [donde estaba el CCD] de nuevo porque en este estado también cuenta parte de la historia. Todo eso que ven ahí como derrumbes, efectivamente son derrumbes (...). Va a quedar ahí ese derrumbe" (E13).

2.3. Los archiveros y la falta de dato como dato

Algunos archiveros también lo han hecho proponiendo algo que debería ser atendido: considerar que la ausencia de dato ha de ser tratada, a todos los efectos, como un dato.

Sin embargo, la ausencia de datos desespera al archivero y le hace pensar, invariablemente, que algo falla en su búsqueda ("Hay algo que uno sabe que existió y no está (...) porque está tapado, no vemos todas las partes, vemos sólo algunas (...). Pero yo creo que estaba totalmente organizado, planificado" (E16)). Si algo ocurrió, razona, en algún lugar —archivo oculto, microfilm, muro doble, tabique falso...— debe de estar la prueba que lo certifique.

Diario de campo: 3/10/2005, Buenos Aires. Archivo de la Secretaría de Derechos Humanos de la Nación. El Gran Archivo Invisible

Esta mujer, A.A., me da buenas pistas. Me explica cómo trabajan en los archivos, cuál es su aspiración, qué quieren reconstruir. No cuentan con encontrar nada donde estén concentrados esos datos que den prueba definitiva de lo que sucedió, el *Gran Archivo*. La intención, si entendí bien, es otra: ese Gran Archivo es una especie de enorme agujero negro en donde se pierden las cadenas de datos burocráticos. De lo que se trata es de reconstruirlo siguiendo las cadenas de legajos hasta llegar a donde abruptamente se cortan. Ahí está la maquinaria desaparecedora; ésa es su prueba: un *núcleo duro invisible*. Existe, pero como vacío.

Pero no toda escritura es igual y es posible pensar que para algún tipo de fenómenos el registro que dé prueba de su existencia sea, justamente, la no escritura. Es en parte el caso de la producción de detenidos-desaparecidos: de eso no debía quedar registro, y no quedó; es ésa en buena medida la característica más atroz de la desaparición forzada de personas, su enormidad y su inexistencia. Sucedió, se sabe; están muertos, se sabe; lo hicieron éstos y aquéllos, se sabe. Pero no hay ni datos, ni pruebas… o si las hay no casan bien con la lógica del dato y de la prueba. Es parte del *dato*, este sí, de esta catástrofe: que no hay dato. Lo he comentado ya: las dimensiones de este exterminio fueron tales que además de lo evidente —cuerpos y vidas— aquí también se aniquiló a la representación misma, a su posibilidad. Vale reformular entonces aquella pregunta de Jean-Luc Nancy ("cómo dar presencia a lo que no es del orden de la representación" (2006: 32-33)), pero ahora en forma de respuesta: *el único dato es la ausencia de dato*.

A priori se diría que esa respuesta hace imposible toda elucidación de lo que sucedió en los campos, que es una respuesta trampa, pues impide toda otra respuesta. Pero solo a priori: si se toma al pie de la letra, al afirmar que "el único dato es la ausencia de dato" se está proponiendo lo contrario a la inmovilidad o al silencio, se está sugiriendo una estrategia para articular la representación de lo sucedido de manera precisa. Es una estrategia bien práctica, propia de un profesional inquieto por representar bien. Enfrentado a *esto*, ha de proponer que asumamos que "el dato tiene una naturaleza distinta ahí" (E17) y que aceptemos que, en consecuencia, es necesario pensarlo de otra manera. Lo hacen los profesionales de los archivos, sujetos,ténganlo en cuenta, eminentemente pragmáticos: "Nosotros cuando hacemos las anotaciones en general ponemos, cuando pasa esto, que encontramos la ficha pero no encontramos los legajos, dejamos asentado justamente eso: que no hay datos" (E18).

Así, aunque de forma extraña, es bien cierto, hecho y representación se reencuentran: si la maquinaria desaparecedora buscó producir ese vacío ("Tenían claro que había cosas que eran ilegales y no las dejaron asentadas" (E17); "Esto, que estaba pensado desde la institucionalidad, no iba a tener registro" (E17)), el archivo da cuenta de ese hecho con un registro acorde a su condición: a dato vacío, registro ausente. Contundente ausencia ésa, bien presente por cierto.

2.4. Los juristas ante lo ajurídico. La excepción (o sobre la naturaleza negativa de la desaparición forzada de personas)

Si los archiveros intentan pensar cómo hacer del no dato un dato, la paradoja se redobla entre los juristas, algunos de ellos, los que se proponen reflexionar sobre cómo tipificar jurídicamente un hecho, la desaparición forzada de personas, que describen por su resistencia a la lógica de lo jurídico, es decir, por su ajuridicidad. Explicar esto no es fácil para un lego en la materia; por eso no aspiraré a hacerlo en términos jurídicos, sino en otros que me sean profesionalmente más cercanos y, en todo caso, trabajando en procura de dar en el texto de los juristas con elementos útiles para reflexionar sobre las estrategias a seguir para hacer pensable, representable, objetivable incluso, aquello que se fuga de las lógicas que sostienen estos términos. Un concepto, el de *excepción*, que afrontaré situándome a medio camino entre el lenguaje culto de las filosofías jurídicas y política ("Un vacío de derecho y una interrupción del derecho" (Agamben, 2004: 95)), y el llano del sentido común ("La excepción es lo que confirma la regla"), me servirá de remate y resumen a este epígrafe sobre la desaparición forzada de personas como espacio de trabajo.

En lo que entiendo, ante esa anomalía jurídica, la de la figura del detenido-desaparecido, la primera opción pasa por trabajar con ella de acuerdo a una lógica que busca *parecidos de familia* con delitos ya conocidos y tipificados. Esta estrategia entiende que la desaparición forzada de personas se parece a esos delitos, pero que les agrega algo: es más *duradero* ("Es un delito permanente. Mientras el individuo está privado de su libertad, el delito se consuma día a día, minuto a minuto..." (E3)), es más *intenso* ("privación de libertad especialmente agravada porque intervienen agentes del Estado" (E3)). En cualquier caso, razonar la desaparición forzada por parecidos de familia es una opción eficaz, pues la hace

> Diario de campo: 6/9/2005, Montevideo. El derecho es un colonizador del sentido
>
> Parecería que, en ocasiones, en derecho, se tiende a pensar en el detenido-desaparecido con arreglo a la serie en la que se integra, por sus parecidos de familia: se le encaja entre figuras similares a él para que le *contagien* de lo que él carece: prueba, hecho, materia, recorte... Pero ninguna de esas figuras lo aprehende completamente.
>
> Aun así, el derecho sigue: es una práctica colonizadora del sentido, aun a costa de agredir la naturaleza de las cosas: "El artículo 1083 del código civil establece la obligación de 'reponer las cosas al estado anterior al delito'; en el caso de la desaparición forzada de personas eso es la vida, de donde la justicia jurídica del reclamo 'aparición con vida': 'si es injusto que desaparezca, lo justo es tratar de que aparezca con vida'" (Giovanonni, 1987: 154).

visible y perceptible en términos que resultan comprensibles y la hace además manejable jurídicamente[73]. Le da un sentido: si es como el secuestro habrán de buscarse pruebas y condenas similares a las del secuestro; si es como el genocidio habrán de buscarse pruebas y condenas similares a las del genocidio... Así es, por comparación se conoce mejor. Pero para poder comparar es necesario contar con dos unidades de naturaleza similar, y ¿es el caso? No lo parece. La desaparición forzada de personas es, ciertamente, singular.

---

[73] Además de que apostar por una estrategia conceptualmente más atrevida hubiese frenado, en algún contexto, toda posibilidad de condena. En todo caso, los trabajadores del derecho saben que la suya es, de momento, una tarea difícil cuando se las ven con la desaparición forzada de personas y el Estado y que requiere, por eso, de mucha astucia ("Vamos peleando con las herramientas que tenemos" (E1)), de mucha intuición ("Sí, se trata de abrir brechas trabajosamente (...) tratar de conmover el lento mecanismo, y el cerrado mecanismo judicial por un lado, y por otro lado dar el abordaje más avanzado en materia política" (E3)), y de mucha imaginación judicial para convertir, por ejemplo, la falta de prueba en prueba ("Nosotros trabajamos con una teoría que se llama el codominio funcional del hecho. El dominio del hecho es la base para acusar a cualquier autor de un delito penal (...). Hay una serie de características que hacen que vos tengas dominio del hecho, tanto para ejecutarlo como para impedirlo. Nosotros sostenemos que los que estaban en ese momento en un centro clandestino de detención tenían codominio, es decir, dominio con el que lo ejecutó" (E1)).

Es cierto, dicen los juristas, que en derecho penal la tendencia es no criminalizar nuevas conductas, no crear nuevos tipos penales. Pero lo es también que este delito es *especial*: *no lo colma ningún tipo penal existente*. Por eso David Baigún, jurista argentino, se preguntaba, ya en 1987: "¿Debe ser tipificada la desaparición forzada de personas como delito especial?" (1987: 67) y respondía tajante que era recomendable crear un tipo penal nuevo, "autónomo e independiente", pues la desaparición forzada de personas, aunque se parece, excede el marco de los delitos con los que se la compara. Ahora, varios abogados acostumbrados a la pelea diaria de los tribunales parecen estar de acuerdo con aquel aserto de Baigún:

> "Fue un fallo plantear desde el derecho penal común hechos que no fueron comunes..." (E4c)

> "No se trata de una detención común, no es posible las garantías... Se suele decir que éste es un delito que afecta a varios bienes jurídicos, no sólo el de la víctima... el de los familiares, el de la sociedad entera. No es sólo el tema de la libertad. Por eso la insuficiencia de hablar de privación de libertad, no es suficiente, y homicidio tampoco. No es eso, es una cosa mucho más grave y afecta a más bienes jurídicos que los de la sola libertad personal o de la integridad física" (E3)

De esta manera, frente a las insuficiencias del razonamiento por parecidos de familia, una segunda opción se impone: tipificar la desaparición forzada como un tipo delictivo nuevo y autónomo. Ahora bien, ¿sobre la base de qué argumentar la especificidad jurídica de la figura del detenido-desaparecido? Parecería que ajustando el razonamiento a la *naturaleza* negativa que se le supone a este delito; esto es, *definiéndolo por lo que no tiene*: no tiene pruebas, ni identidad de los autores materiales directos, ni cuerpo... (Moreno Ocampo, 1987). Pues en efecto, en el detenido-desaparecido no hay *pruebas* ("Otra especificidad de la desaparición forzada de personas es la falta de prueba, lo que agrega dificultades para incluirla como tipo penal específico" (Baigún 1987); "no existe prueba judicial de eso" (E4d)), no hay *cuerpos* ("Creo que es diferente la desaparición del asesinato. Es distinto cuando está el cuerpo, lo podés enterrar con nombre y apellido en un lugar y podés ir a llorar por él" (E1); "Decía [al juez] una compañera que había estado secuestrada en la ESMA 'escúcheme, nosotros no le podemos traer acá a los compañeros muertos porque los tiraban al mar" (E1)), no hay *lugares* ("Están y son en un limbo" (E1)), no hay tampoco *información* ("Lo clave es la desinformación, la ausencia de información, en esa ausencia de información se niega la existencia misma del delito" (E3)), no hay ni siquiera *hechos* ("La víctima no aparece y con eso se pretende que el delito mismo no exista, en ese sentido, que no ocurra en el mundo de lo fáctico" (E3)). Y por todo eso, *no hay juridicidad*, como con fina inteligencia expresa Mónica Pinto ("Es un delito que está en un estado ajurídico duradero" (1987)), idea que uno de los entrevistados para este trabajo, abogado uruguayo, traduce a términos de manejo algo más concreto:

> "Digamos que con la desaparición forzada lo que se busca es evitar todo juzgamiento presente o futuro (...). Ese es el horror que todo esto plantea" (E3)

Diario de campo: 23/9/2005, Buenos Aires. Tribunales. Los juristas nombran el vacío

Gente práctica. Quedamos para la entrevista en el barrio porteño de Tribunales, rodeado del instrumental de gestión del Estado: abogadas, procuradores, escribanas… No debe haber muchos lugares como éste donde se vea tan clara la materia con la que se hacen el Estado y la sociedad en esta parte del mundo: derecho, letra, ley, planning… Bauman y Foucault gozarían aquí. Este al que entrevisto es un abogado de brega en el campo de los derechos humanos ("yo soy penalista, no jurista, tipo de juicio, de pelea; sé qué citar, pero no me he dedicado a pensar en la figura del detenido-desaparecido"). Construye la definición del desaparecido con el manual en la mano: privación de libertad, responsabilidad del Estado, desinformación… Son gente sorprendente estos trabajadores de la ley: se mueven entre el pragmatismo algo plano del resultadismo, la astucia táctica y la brutalidad de definiciones sustantivas de enorme complejidad.

Su discurso es apasionante, pues están obligados a sostener lo que afirmen con argumentaciones sin fisuras, incluso cuando éstas refieran a cosas que rozan lo inefable. Es cierto, de todos los grupos profesionales que entrevisté son los que más se acercan a la construcción de un nombre preciso para el vacío.

Quizá por todo ello no ha sido hasta hace muy poco que la figura de la desaparición forzada fue definida en las normas de referencia del derecho internacional. Pues aunque ha habido muchos intentos de construir jurídicamente la figura, es apenas en diciembre de 2006 que el Consejo de Derechos Humanos de las Naciones Unidas se atrevió a nombrar la figura aprobando un proyecto, el de la Convención sobre Desaparición Forzada de Personas. Allí se define así a este delito:

> "Se considera desaparición forzada el arresto, la detención, el secuestro o cualquier otra forma de privación de libertad, cometida por agentes del Estado o por personas o grupos de personas que actúan con la autorización, el apoyo o la aquiescencia del Estado, seguida de la negativa a reconocer dicha privación de libertad o del ocultamiento de la suerte o el paradero de la persona desaparecida, sustrayéndola a la protección de la ley"[74].

En efecto, como bien dijo Ernesto Sábato (1987), en todas las construcciones jurídicas ensayadas, se intuye la dificultad de tipificar esta categoría "tétrica y fantasmal" del detenido-desaparecido. Pues más que por ser algo *en* positivo, de la desaparición forzada de personas destaca *lo que niega*. Véase si no la definición anterior: hay *ausencia* (de cuerpo, de datos), hay *clandestinidad* (del procedimiento y del lugar), hay *ocultamiento* (del hecho y del destino), hay *privación* (del espacio de la legalidad). El delito es complejo: lo borra todo. El hecho es precario, tanto que obliga a redactar una definición que también lo sea. Es de nuevo pertinente recordar la llamada de Yves Barel a la que hacía alusión unas pocas líneas más arriba, que para esta ocasión podría reformularse de este modo: a hechos extraños, conceptos complejos.

Interpretando aquella máxima de Adorno —"No es posible la poesía después de Auschwitz"— escribía capítulos antes que lo que propone no es ni callar ni evitar, por imposible, el trabajo de representar sino asumir que en estos casos se está ante el límite de nuestra forma de decir y que, en consecuencia, hay que pensar qué lenguaje construir para poder decir eso que no se puede decir. La máxima de Adorno y esta interpretación son también aplicables en esta materia, la jurídica: si la desaparición forzada de personas somete al derecho a enormes tensiones, toda vez que se ha descartado la alternativa de no hacer nada y que no satisfacen, por insuficientes, los razonamientos por parecidos de familia, queda sólo

---

[74] Antes de eso, el Anteproyecto de Convención Internacional para la Protección de Todas las Personas contra las Desapariciones Forzadas, de 17 de agosto de 1998, proponía el siguiente enunciado: "Se considera desaparición forzada la privación de la libertad de una persona, cualquiera que fuere su forma o motivación, cometida por agentes del Estado o por personas o grupos de personas que actúen con la autorización, el apoyo o la aquiescencia del Estado, seguida de la falta de información o de la negativa a reconocer dicha privación o de la denegación de información o del ocultamiento del destino o del paradero de la persona desaparecida".

abierta la opción de definir este delito con arreglo a las paradojas que lo definen; a hecho paradójico, lenguaje paradójico.

Ante la desaparición forzada las nociones clásicas de delito están inhabilitadas, son sometidas, también ellas, a catástrofe: es un hecho producido contra el derecho, producido para existir en un territorio vacío de derecho, excluido del derecho, sostenido por una red de lugares pensados por el Estado para que en ellos no funcione la ley del Estado. "Cuando se trata de desaparición forzada de personas, la represión no es conforme a derecho ni contraria a derecho; es un manejo prescindente del derecho. En este manejo del derecho lo 'normal' deja de ser tal" (Pinto, 1987: 196). Esa es su lógica. Se llama *excepción*. Siguiendo en lo estrictamente que soy capaz el trabajo de Giorgio Agamben (2002, 2004), para concretar una definición de la excepción diría que la excepción es la *regla* que se configura donde la regla se suspende. Surge del acto por el que el Estado anula su propia legalidad y produce un universo paralegal —no ilegal— en donde el orden existe como ausencia y en el que el lenguaje del orden no funciona[75]. Esto en términos jurídicos, que son los que me ocupan ahora, produce un enunciado paradójico: "[La excepción es] la forma legal de lo que no puede tener forma legal" (Agamben, 2004: 24). Y ante estas situaciones que se producen en *lógica de excepción* y ante los personajes que allí se gestan, ¿cómo trabajar jurídicamente? ¿Cómo calibrar el significado jurídico de esta "esfera de acción en sí misma extrajurídica" (*ibídem*, 39)? ¿Cómo actuar jurídicamente ante este "vacío de derecho" (*ibídem*: 30)? La que se plantea es una paradoja de

---

[75] Puede pensarse en estos términos tanto en los *lager* alemanes como en los CCDs del Cono Sur latinoamericano en los setenta, incluso en el mundo social de las zonas francas, en el de los "centros de detención indefinida" como Guantánamo, o también en los campos de retención de emigrantes ilegales difuminados por toda la geografía europea... Aparte de Agamben (2004), son muy pertinentes las reflexiones que aparecen en *Vida precaria*, de Judith Butler en particular el capítulo 2 (2006: 79-132), dedicado a analizar la fundamentación que la administración Bush hizo, en diciembre de 2001, de la llamada *detención indefinida*, también nombrada "Tratamiento de algunos no-ciudadanos en la guerra contra el terrorismo". Es significativo cómo en ese pequeño enunciado se combinan todos los ingredientes de la lógica de la excepción: el Estado decreta, es decir, separa, segrega, un espacio —un espacio de excepción— en el que todo aquel que ahí sea incluso será de inmediato considerado como sujeto a la no-Regla del Estado (no ciudadano) y a sus leyes particulares. Más allá de la calidad jurídica del texto, en Uruguay hay un interesante antecedente de este tipo de actos que llevan a construir un espacio de no regla en la Ley de caducidad de la pretensión punitiva del Estado, por la que éste, el Estado, poseedor de la Regla, determina un espacio y un tiempo donde no rige la Regla que él vigila y posee.

dimensiones formidables, que *a priori* impide toda regulación jurídica
—no puede "regular[se] jurídicamente algo que por su naturaleza se
[sustrae] al ámbito del derecho positivo" (*ibídem*: 38)—, que tampoco
puede afrontarse desde el ejercicio normal del derecho penal o desde un
trabajo por analogías. La respuesta de algunos juristas es clara: ante lo
que se produjo en situación de excepción, procédase en términos de
excepción ("yo creo que tiene que haber jueces especiales, un tribunal ad
hoc" (E4b)) e incídase, además, sobre el lugar desde el que se constituye
la paradoja, el Estado ("El Estado tiene que asumir como Estado los crímenes que cometió como Estado (…). No hay ninguna norma dentro del
Estado que pueda autorizar eso" (E4b)).

***

La desaparición forzada de personas, sus efectos, no quedaron sin
respuestas; las dominantes —por cantidad e intensidad— se articularon
y articulan en torno a narrativas que procuran la compensación de la
catástrofe, que buscan conjurar la paradoja del desaparecido con paladas
de sentido. Otras narrativas, menos activas aún pero, sin embargo, presentes y pujantes, juegan en el terreno que perfila esa paradoja y asumen
que ésta describe la *naturaleza* (sociológica, psicológica, también estética)
que caracteriza el campo del detenido-desaparecido y el universo en el
que viven los personajes que lo pueblan. Proponer el *resto* y la *basura*
como las materialidades propias de la desaparición forzada y del detenido-desaparecido, pensar que la *ausencia* o la *herida* proporcionan reglas a
su lenguaje, encarar el *trauma* como un espacio también habitable, entender que las *ruinas* de los CCD no deben ser anuladas por un sentido
que les devuelva a lo que fueron sino dejadas tales pues en la ausencia de
sentido está su identidad, pensar en mecanismos de representación en
los que la *ausencia de dato* sea un dato archivable, y hacer, en fin, de la
ajuricidad la prueba de la existencia de un delito aberrante y de la *excepción* a la norma la norma… son otras tantas apuestas por narrativas com-
plejas para, por difícil que sea, hacer pensable, representable, decible, la
desaparición forzada de personas y los mundos que la circundan en *sus
propios términos*, los de una catástrofe del sentido.

Queda por ver si esos mundos son habitables, cómo y por quién.

Capítulo 6: Construir identidad en la catástrofe: "Hijos de" habitando (más o menos gozosamente) la ausencia

Felices los normales, esos seres extraños
(Roberto Fernández Retamar)

El tipo normal es el grado cero de la monstruosidad
(Gabriel Tarde[76])

Ausencia, quiebre, ruptura o excepción son conceptos posibles para dibujar la lógica, si se quiere incluso la *sociológica*, de los universos sociales que se constituyen a partir de la catástrofe que supone la desaparición de un sujeto. Pero una sociológica no es del todo una sociología: le falta carne, calor, olor; deja entrar a muy poca gente. Es cierto que lo ya dicho sobre las distintas maneras de entender el trabajo profesional cuando se las tiene que ver como un fenómeno *sinsentidioso* como este de la desaparición forzada es un modo de acceder a parte de los mundos sociales de la desaparición, y es claro, ni qué decir tiene, que antropólogos, psicólogos, arqueólogos, archiveros, artistas o juristas son actores sociales, bien vivos, bien complicados. Pero aunque sea cierto que estos *militantes de la recuperación del sentido* sean agentes extraordinariamente activos en este campo —su trabajo, también su vocación, es a fin de cuentas intervenir sobre él—, también lo es que no lo son a tiempo completo y que no son los únicos pobladores del campo del detenido-desaparecido.

Por eso no puede ocurrir que en este libro sobre los mundos sociales que se han ido conformando en los entornos del detenido-desaparecido no se aborden las estrategias que algunos de los actores más directamente

---

[76] Gabriel Tarde, *L'opposition universelle*, París, 1887, p. 25. Citado por Canguilhem, 1962: 31.

169

afectados por esta catástrofe despliegan para gestionarla, dentro de sus (mis) zapatos y su (mi) estómago. Lo haré trabajando de nuevo con dos *tipos ideales*, los que se ajustan a las dos narrativas que han servido en este libro de matriz de análisis, la *del sentido* y la de su *ausencia*. Es en la segunda que sitúo a un grupo con voz nueva, algo irreverente a veces, los *hijos de*.

Se impone en este punto hacer dos precisiones. Una pasa por recuperar una advertencia metodológica, que ya hice en el arranque, acerca de cómo leer esos tipos ideales. Los tipos ideales son herramientas de disección de la realidad muy útiles para la ciencia social: contribuyen a establecer recortes interna y externamente coherentes y fundamentados sobre una realidad que se presenta como un continuo heterogéneo, múltiple. Pero señalan nada más que horizontes de acción de los agentes, tendencias, *no agentes ni personas*. Son eso, tipos *ideales*, modelos: construcciones elaboradas por medio de la selección y exageración de algunos de los aspectos de la realidad; construcciones cuya función es crear representaciones de contextos de sentido que ayuden a construir contextos causales. No existen más que como orientaciones de la acción. No son acción.

La segunda precisión va un poco más allá de estas consideraciones procedimentales sobre el uso y alcance de los tipos ideales, y se introduce de nuevo en el terreno de lo adjetivo. Diría incluso, se me perdonará, espero, que se contradice con la precisión anterior. Pues no soy ajeno al campo, no, ni neutro; por eso no puedo menos que calificar estas narrativas: para la primera —la del sentido— me sale "vieja", para la segunda —la de su ausencia— "nueva". Para la primera "desdichado", para la segunda "esperanzadora"; para la del sentido "previsible", para la de su ausencia "reflexiva". La última narrativa condice con lecturas más versátiles del detenido-desaparecido y de las identidades que se construyen en su entorno, propias de formas de entender la vida en este universo articuladas sobre el *acostumbramiento a la ausencia*. Nacimos ahí, diría, o en el castizo castellano del pícaro, que más que resignado es práctico: "Esto es lo que hay". La catástrofe vino para quedarse, no se supera, no se reemplaza. Se gestiona:

> "- Esa ausencia, en la que se convierten tus padres, va como variando muchísimo, ¿entendés?, va cambiando, vas cambiando todo el tiempo tu sensación con respecto a esa ausencia (...). Es como una especie de lamparita que va cambiando de intensidad, más fuerte, más bajo, se apaga, se prende, está siempre ahí pero va variando…

[*GG*] …y que a veces se gestiona de una manera y a veces se gestiona de otra, por ejemplo en ocasiones buscando rellenarla y otras veces buscando rodearla. Es mi experiencia.

- Sí" (E21)

Haré primero un acercamiento, breve, a las manifestaciones de la narrativa del sentido entre los afectados más directos y luego otro con algo más de alcance a la segunda narrativa, la de la ausencia de sentido. Sobre los discursos y las prácticas del primer tipo, los ordenados en torno a la búsqueda del sentido tras la catástrofe, ya hay mucho dicho[77], e incluso parte de lo que ya he escrito aquí se le refiere (capítulos 3 y 4). Ahora añadiré algún apunte con la sola intención de dibujar un paisaje que sirva de *prueba de contraste* para identificar más claramente el contenido de la narrativa más novedosa, la de la *ausencia de sentido*, a la que dedicaré lo esencial de este capítulo.

1. El paisaje de fondo de la familia rota

La familia rota es el lugar central de la narrativa del sentido cuando se hace carne entre los afectados. Ludmila da Silva la ha analizado con enorme rigor sabiendo transmitir la extrañeza que para una familia suponía la irrupción de una presencia incómoda, ingestionable ("los hogares eran invadidos, las personas desaparecían, los hermanos eran separados, las abuelas se tornaban madres y los primos hermanos") y las consecuencias que ello implicaba ("las familias se dividían, las personas cambiaban de domicilio, de ciudad, de país. El piso formado por el mundo sentimental de referencias comenzaba a resquebrajarse. La vida cotidiana se partía, marcando un antes y un después, cuya divisoria fue el secuestro de familiares" (2001: 75)). Así era, lo *normal*, ese lugar geométrico hacia el que todo converge, se truncó. Quebró el mundo, sí, para una generación que ya había constituido el suelo que sujetaba sus convenciones; se rompieron las genealogías ("los gurises (…) tienen que reconstruir una imagen [de sus padres desaparecidos hecha] de anécdotas, no tienen sus propias anécdotas para contar, y a su vez el rol paterno fue ocupado por sus abuelos, paterno o materno, y a su vez hubo también… los abuelos,

---

[77] Por sólo mencionar dos monografías, una para cada lado del Río de la Plata, citaré dos trabajos ya referenciados: para el caso argentino, la investigación de la antropóloga Ludmila da Silva Catela (2001); para el uruguayo, el trabajo, más descriptivo, sobre el mundo de los familiares de detenidos-desaparecidos de Demasi y Yaffé (coords.), 2005.

por mucho cariño que sean, son otra generación, falta una generación" (E25)); quebró la posibilidad de los "no-sé-qués" y los "qué-sé-yos", es decir, de todas esas cosas *dadas por supuestas*, necesarias pero invisibles: los materiales gracias a los que representamos, ordenamos y administramos el mundo, sus felicidades y sus tragedias, los usos y costumbres heredados o inventados, las rutinas, en fin, con las que colmamos el tiempo, el cotidiano y el que no lo es, de sentido. A partir de aquello, de esta catástrofe sin nombre, todo eso se imposibilita. Queda sin base.

Diario de campo: 11-19/8/2005, Buenos Aires. Las madres

Una madre de dos desaparecidos me cuenta: a los veintipocos años alguien le leyó las cartas y le dijo: "Viajarás y tendrás dos hijos… Y luego… Luego nada". E interpreta: "Ella lo vio. Estaba ahí, oscuro. Vio un agujero. Vio que mis hijos desaparecían". Cataclismo: irrupción del no sentido en forma de un oscuro agujero que marcará la vida hasta el final. Ahí, en ese instante, el del terremoto, paró la vida. Antes las cosas eran normales, después… ¡uf!

De antes quedan las fotos de los chicos cuando eran jóvenes, muchas fotos. Un álbum de la época del orden. Casi un tótem. Después el vacío, que es imposible de asumir, pero que sin embargo se busca, pues esos que no están, están sin embargo ahí. En ese agujero de la desaparición, viven las madres con sus hijos.

Una madre dice: "No me lo imaginé muerto… como no me lo imagino aún ahora, no lo veo muerto a mi hijo… Quizá sea lo que uno tenga, ¿no?… Uno lo que sigue viendo… No te lo podés imaginar muerto…". Habitar un imposible sabiendo que es tal. Hay mucha belleza en este aguante.

Y es que, prosigue da Silva, "en el rompecabezas que cada familia necesitó armar después del secuestro faltaban piezas fundamentales" (*ibídem*: 113). No había normalidad, no, ni siquiera la requerida para una convencional administración de la muerte: "en los procesos 'normales' de muerte, donde existe un cuerpo para dar sepultura, el cementerio es el espacio que divide el mundo de los vivos del mundo de los 'muertos'" (*ibídem*: 114). Pero aquí no hay cuerpos. Ni restos. Ni tumbas. Nada ¿En qué lugares plantar la muerte? ¿Cómo hacer duelo sin la materialidad del cuerpo presente?

> Diario de campo: 10/10/2005, Montevideo-Solymar. Los soportes que dieron consistencia a la resistencia a *la cosa*
>
> Murió Jaime Machado. En el entierro Pablo, su hijo, dice que Jaime sabía que tuvo la fortuna de zafar, de estar vivo, de no estar desaparecido. Que él conocía su suerte, la de poder enterrar dignamente a su padre. Y que por eso quería compartir ese momento con nosotros, conmigo, Daniel, mamá… Nos regaló el cuerpo de su padre, hizo de ese duelo nuestro duelo y nos invitó a llevar con él el cuerpo de Jaime. No sé, no, si llena el hueco, pero materializa redes de afectos que sin esto no hubiesen sido tan intensas.
>
> La desaparición rompió las ecuaciones: hizo que los padres enterrasen a sus hijos (o soñasen con hacerlo), que los hijos no enterrasen a sus padres, que los nietos creyesen que otros, sus abuelos, eran sus padres. Destrozó las sucesiones, hizo trizas las evidencias, y desbarató la terrible pero tranquilizadora contundencia de los *así es la vida*…
>
> Pero habilitó también la entrada en juego de prodigiosas invenciones sociales: familias de reemplazo, lealtades irrompibles, redes de afectos que multiplican las que la familia, esa unidad rota, proporcionó antaño y que ya no garantizaba… Con esta catástrofe descubrimos la arbitrariedad de las cosas y de las identidades; también la necesidad de reinventarlas. Hay mucha belleza también en este aguante.

"Al no estar el cuerpo es imposible hacer el duelo. Nos queda la incógnita de ese cuerpo que nos niegan. Sin él, no podemos elaborar la muerte y darle la sepultura que se merece. Es el ser y no ser. La angustia se transforma en letanía. Las preguntas no cierran y la tragedia tampoco cierra. Una se interroga permanentemente. Nuestros hijos no están muertos. Están desaparecidos"[78]

¿Cómo hacer —¡uf! cuesta hasta preguntarlo— para vivir en un lugar que no existe con alguien, no, con algo, tampoco… qué sé yo, con una entidad que no tiene nombre? Intentando recomponer el sentido roto, aun sabiendo que eso es imposible:

---

[78] Entrevista a Nora Cortiñas, presidenta de Madres de Plaza de Mayo (línea fundadora), disponible en un video sobre la historia de la Mansión Seré (disponible en http://agendadelasmujeres.com.ar/paginas/cortinas.html) [Acceso en septiembre de 2005].

"El ser que perdimos, que nos robaron... (...). Pienso que él nos ayuda (...), está con nosotros... Siempre lo nombramos. Como si estuviera presente (...). Nos lo sacaron, pero nos lo pusieron en otro lugar, no lo vemos, pero él está con nosotros. En esta casa, él está con nosotros (...). Algún día nos veremos" (E43b)

Da Silva interpreta que la categoría "detenido-desaparecido" descompuso el ritmo atonal de la normalidad hasta tal punto que "propulsó un sistema de clasificaciones diferente" (2001: 116), el propio de un mundo donde una muerte que no lo es organiza una vida cotidiana que no puede sostenerse: no hay *cómo* hacerlo, pues no hay en *qué* apoyarla. Creo que la cosa va incluso más allá: en algunos sujetos, más que provocar la entrada en juego de clasificaciones de reemplazo, la desaparición forzada de personas desclasificó las existentes sin permitir que se armase ninguna otra que reequilibrase lo desajustado; dejó a los que sufrieron tal hecatombe en un brutal descoloque, en un universo en el que, aunque estaban disponibles las viejas categorías, ya no funcionaban. "Todo siguió como si nada hubiese pasado... pero había pasado de todo" (E43d).

Diario de campo: 5/9/2005, Montevideo. El álbum fotográfico de las familias monstruo

Esta pareja —afectados por esta mierda, militantes de la recuperación del sentido, perseverantes— viven entre archivos, memoria, datos, detalles, testimonios... Entre los archivos, un álbum familiar. Incluye a un niño desaparecido, hoy adulto recuperado. La historia de este joven, X, se representa así: parte de una foto en la que aparece siendo bebé; a esa foto originaria le sigue una larga serie que corresponde al período de su ausencia, también larga, que a falta de otra cosa, se cubre con los *cómo debería haber sido* basándose en las fotos de su padre, que son las que están en el álbum a los 4, 7, 9, 13, 16, 20 años... Luego aparece tal cual es ahora, una vez recuperado, ya adulto, el *verdadero* X.

Extraño artilugio: el "cómo son las cosas" convive con el "cómo debían de haber sido las cosas" y aunque sea realmente imposible representar la vida de esta persona ordenada *comme il faut* el álbum hace visible su *identidad correcta,* que brota, como por magia, de esa sucesión de fotos hecha de presunciones, parecidos, inferencias...

Es algo común entre *los familiares*: álbumes, referencia a las genealogías, alusión a los parecidos de carácter, a los rasgos compartidos... Son armas que conjuran el sentido perdido, que construyen series donde

> hay rupturas, que proyectan continuidad allí donde hay catástrofe...
> aun al precio de inventar parecidos donde no los hay, parentescos don-
> de no los hubo. Yo también siempre incluyo en mi foto de familia a
> Ricardo, que fue novio de mi hermana, a Amalia, su madre y a Pablo, su
> hermano, también desaparecido. De hecho, en esa foto siguen, y bien
> está que sigan. Pero Adriana y Ricardo, que tenían cuando desaparecie-
> ron 17 años, ¿estarían juntos ahora? Qué sé yo. Pero siguen juntos,
> quedaron clavados en ese pasado-presente pluscuamperfecto.
>
> El exiliado idealiza el lugar que abandonó, el emigrante radicaliza su
> uruguayidad cuando regresa, cualquiera que extraña al novio perdi-
> do... dice "¿y si me hubiese casado con éste?" Esfericidad salvífica del
> mundo en el que vivirían *de no haber pasado.*

¿Duelo o normalidad? ¿Espera o luto? ¿Viudos? ¿Huérfanos? ¿Muertos
o vivos? "El desaparecido, ese muerto-vivo, ese muerto robado a la muerte" (Gómez Mango, 2006: 17) complica las cosas. Nada tiene sentido: "El
niño robado en cautiverio, el cadáver del desaparecido robado a los familiares, constituyen, en efecto, graves ataques a los sistemas que regulan
el funcionamiento social y cultural de las sociedades humanas (...).
[D]esgarran no sólo la carne de las víctimas sino también las tramas simbólicas del parentesco y la filiación" (Gómez Mango, 2004: 23). Privados
de muerte, los familiares no tienen dónde anclar la ausencia: carecen de
cuerpo, no pueden hacer duelo, no saben dónde está la sepultura (da
Silva Catela, 2001: 121). Herida abierta, siempre abierta: "siempre supu-
rando"[79]. Mala muerte; muerte sin final ("La muerte que sea debe tener su
final" (E43a)), en la que el deudo que nunca lo es se instala. Duelo
perpetuo. Diferentes madres dicen:

> "Yo sé, y es cierto, que no voy a tener un día más de felicidad a partir de
> la desaparición de mi hija" (E43b)
>
> "Porque es mentira que los años mitigan el dolor. Uno se acostumbra a
> vivir con el dolor, que es distinto" (E43a)
>
> "El dolor está acomodado. Porque hay un antes y un después. Ni el sol es
> el mismo de antes, ni el verde es el mismo de antes. Es todo distinto. Pero

---

[79] Según entrevista a esposa de detenido-desaparecido recogida por Da Silva Catela, 2001:
122.

vos lo acomodás (…). La vida te atrapó ya, ya estás en ese cuadradito del que no podés salir. Tu vida es ese cuadradito" (E43d)

"Me encuentro en un dolor que no lo puedo superar de ninguna manera" (E43a)

Algo, como me dijo alguien muy cercano, que no tiene fin: "Eso no termina, no puede terminar nunca eso. Es una cosa que le queda a uno por el resto de su vida. No hay nada que lo pueda conformar. Todavía queda acá [señalándose el pecho] ese vacío". Dolor sin fin. Tanto dolor que es imposible pensar que la identidad, eso que nosotros, modernos, definimos como algo equilibrado, esférico, rotundo, coherente y redondo, la identidad digo, pueda realizarse en esas condiciones, que la contravienen tanto que la imposibilitan...

2. Monstruos renegados y post-huerfanitos paródicos. Apuntes sobre las identidades inquietas de algunos "hijos de"

...¿O no? ¿O si es posible hacer identidad en esas condiciones? Voy a trabajar con la convicción de que sí, de que a partir de aquello, de esa catástrofe sin nombre que todo lo imposibilita, se puede vivir y que efectivamente se hace por contraintuitivo que parezca. Unas pocas viñetas servirán para arrancar. Verán que no son solamente eso.

En 2008 Félix Bruzzone publicó su primera novela, *Los topos* (Bruzzone, 2008). El libro es políticamente incorrecto y sociológicamente sugerente, dos cosas que suelen ir juntas: el narrador, que al igual que el propio autor es hijo de padres desaparecidos, se enamora de un travesti, Maira, también hijo de desaparecidos, que tiene un proyecto: matar represores. Maira termina por desaparecer, lo que lleva al narrador de la novela a travestirse para dar continuidad al proyecto de su amado. Identidades en posiciones límite, travestismo y parodia de género, juegos con los nombres y con los cuerpos, prótesis corporales, distanciamiento reflexivo... Parodia, en efecto, no aplicada solo a la figura de los desaparecidos sino a sí mismos, a aquellos cuya identidad se conformó en ese mundo social, extraño, surgido de la desaparición forzada, los "hijos de". Bruzzone da así letra a una cuestión nueva, *la desaparición de después de la desaparición*:

"Pensé en contarles las últimas novedades a los de H.I.J.O.S.. Quizá ellos pudieran armar una campaña de reivindicación de Maira, alzarla como estandarte de una nueva generación de desaparecidos y fogonear así la lucha antiimperialista. Ya [los] imaginaba (...) hablando sobre los neodesaparecidos o los postdesaparecidos, es decir los desaparecidos que venían después de los que habían desaparecido durante la dictadura" (*ibídem*: 80)

Unos años antes, en 2004, y en un lugar peculiar, Las Vegas, Nevada, tuve la suerte de que un festival de cine latinoamericano proyectase *Los rubios* (Carri, 2003), una película que refleja las inquietudes características del colectivo que reúne a las *personas entre treinta y cuarenta años con padres desaparecidos*. La película constituye casi un paradigma. Para resumirla baste con dos fragmentos, tomados del libro que su directora, Albertina Carri, redactó cuatro años después de terminar el film. El primero nos habla de una fuerte disposición reflexiva respecto a la propia identidad y al lugar en que se hace; mejor, respecto al hecho de que la identidad *se hace*. Dice así: "Yo, Albertina Carri, estoy en un llano (...). Todo es un gran vahído, una mezcla de ficción y realidad. Por eso sé que a esta altura *yo misma soy una marca en relación a mí, las heridas ya no son identificables, son parte de un todo constituido en identidad. No tengo salida por lo tanto... La única opción es hacerme cargo de mi desventura e ir incorporándola a mi existencia diaria* (Carri, 2007: 16. El énfasis es mío). El segundo habla de cómo hablar de *eso* —la desaparición forzada de personas—, una vez que nos hacemos cargo de que somos *eso*, de que existimos en el territorio social y personal que se construye en sus consecuencias y de que *eso* exige hablar *de otra manera*: "Rescatar la fantasía es la forma de franquear ciertas fronteras, trasladarse a un territorio (y dejarlo en evidencia) en el que la razón falla y en el que *las palabras se traducen ahuecadas* (*ibídem*: 24. El énfasis es mío).

De algo parecido a esto último recibí noticia en marzo de 2007, cuando un amigo me habló de un documental que vi meses después, *M*, de Nicolás Prividera (2007), también hijo de desaparecida. En una entrevista en el diario bonaerense *Página/12* Prividera habla así sobre el lenguaje con el que tuvo que construir su documental: "Es un tema del que se ha dicho todo (...). Lo que se venía diciendo había terminado por convertirse en un discurso fosilizado". A lo que después añade: "[me interesaba] *armar una historia de la dificultad de armar una historia*" (Kairuz, 2007. El énfasis es mío).

> Diario de campo: 12/9/2005, Buenos Aires. Fundación Memoria Abierta, los "hijos de" o de los problemas del origen transformados en belleza
>
> La revisión de las entrevistas a los hijos de desaparecidos que pude consultar en la Fundación Memoria Abierta me percute los oídos: son familiares las sensaciones de los entrevistados, son comunes las inquietudes… La ausencia, la reivindicación de una memoria propia, la conciencia de que la que se posee es heredada, de tener memorias portátiles, como las de los replicantes de *Blade Runner*… La experiencia normalizada del vacío; la socialización en él, la reivindicación de él como lugar de construcción de identidad, la posición paródica respecto de la generación anterior, de la propia identidad. Sí, está todo lo que suponía. No era solo una experiencia, servía también como hipótesis.
>
> El dibujante Miguel Rep (2004) dice, hablando de la identidad, algo que hago mío:
>
> "En relación con [el tema de la identidad] quiero decir que tengo problemas con los personajes que no tienen carnadura. Creo que estos personajes no tienen identidad, pero como también tengo problemas con la palabra identidad, sospecho que esos personajes tienen un problema de origen (…). En la historieta hay personajes hermosos. El Corto Maltés, por ejemplo, que posee serios problemas de origen, pero que los transformó en belleza"

Valeria Sobel, hija de desaparecido, remata esta serie de viñetas explicando así lo que es ser hijo/a de desaparecido: "No querer silencios mortíferos pero no encontrar las palabras adecuadas, las palabras que no aplasten, que no sean grandilocuentes ni reduzcan todo a héroes y víctimas, que dejen lugar para otras cosas" (Sobel, 2007).

Hacer identidad desde un lugar agreste, incómodo, sabiendo que la identidad que se construye ahí no puede renunciar a esas marcas, que el trauma que *acuñó acuña*, pero que, por raro que sea, es un lugar vivible, pensable, creativo incluso. Que el vacío que la catástrofe de la desaparición forzada de personas produce es habitable y narrable. Y a veces agradable. Y que además puede ser contado, aunque deba hacerse de manera distinta a como se cuentan las cosas en lugares con identidades de consistencias más previsibles. Diría pues que *ausencia*, conciencia del *carácter construido de toda identidad*, una posición reflexiva respecto a lo *ficticio del*

mecanismo que las sostiene, las ideas de *paradoja* o la más cáustica y elaborada de *parodia* son los elementos característicos de estas posiciones. También una importante rebeldía respecto a las estrategias de las generaciones precedentes para contar y vivir la desaparición forzada de personas,
que no les incluyen, que son otras y de otros ("Sí, estaba [entonces] en el
jardín [de infantes], pero ahí algo pasa, la mía es una memoria posible y
no tengo por qué hacer reverencias literales a los que fueron mis padres
o a su generación (Carri, 2007: 114)). Y, en fin, el esfuerzo por contar eso
que lleva años contándose con llanto, épica y gloria de un modo más
encarnado y con *otros* lenguajes. Si entre los setenta y los noventa dominó
la poderosa retórica, trágica, dura, militante, de las Madres de Plaza de
Mayo, ahora el tono es otro. Los protagonistas cambiaron:

> "Quiero desmistificar la figura de los desaparecidos como estatuas de
> mármol intocables y grandes héroes. Correrlos de lugar, sacarles
> protagonismo. Y decir: 'bueno, okay, está bien, esto pasó, ellos fueron
> protagonistas de una época. Ahora me toca a mí'" (E21)

Estamos pues ante un colectivo, el de los hijos de desaparecidos,
compuesto por sujetos que han elaborado una cierta *experiencia normalizada de la catástrofe*, la de los casi cuarenta años pasados desde la desaparición de sus padres. Dije "colectivo" y dije mal, pues ni puede afirmarse
que esta forma de experimentar la desaparición forzada sea la de *todos* los
"hijos de" ni que sean solo ellos los que la vehiculan. Por un lado porque
estos no hacen grupo, aunque sí hagan a veces grupos, y es seguro que no
conforman en conjunto una memoria única, sino memorias diversas,
todas ellas cortadas por diferentes marcas de origen, de clase, hasta de
edad y género. La ensayista argentina Beatriz Sarlo lo dice bien: "[hay]
formas de memoria que no pueden ser atribuidas directamente a una
división sencilla entre memoria de quienes vivieron los hechos y memoria de quienes son sus hijos" (2005: 157). En suma, no todos los hijos de
desaparecidos se instalan en el vacío para construir identidad.

No obstante, sí puede decirse que de ese lugar, el vacío, brotan muchas de las estrategias desde las que actualmente se encara este fenómeno. En el arte, ya lo vimos, donde se buscan formas de expresión construidas sobre cierta retórica del resto y de la herida; o entre algunos
profesionales —arqueólogos, archiveros o psicólogos, por ejemplo—, que
trabajan para dar con registros que les permitan desempeñarse con rigor
en un universo social que demanda sensibilidad por la ausencia de sentido; o incluso entre sujetos atrapados por las obligaciones de la severi-
dad lingüística, como los juristas, en cuyos textos comparece la inquie-

tud por dar con fórmulas que, amén de rigurosas, dejen a la desaparición forzada, al detenido-desaparecido y a los mundos sociales que se constituyen a partir de ellos en el que es *su sitio*, uno rudamente reñido con la presunción de coherencia y equilibrio de las *viejas identidades modernas*, esas que hicieron y hacen de las-cosas-con-sentido su bandera.

Estas estrategias reconocen que la catástrofe no solo es evidente, sino que ha constituido sus mundos, identidades y lenguajes, que *la catástrofe se institucionalizó para ellos como un lugar estable y habitable*. Si sin demasiado miedo a errar puedo decir que, pasados cuarenta años de políticas de desaparición masiva de personas en el Cono Sur de América Latina, han nacido espacios sociales marcados por esa convulsión, tampoco creo equivocarme si sostengo que esos espacios están llenos de sujetos que viven esa ausencia sobrevenida y ya institucionalizada trabajando en ella para hacer identidad. De hecho, las anécdotas con las que inicié este epígrafe son bastante más que eso; son trozos de discurso que reflejan formas de conformar sentido, desarrollar acción y elaborar identidad de sujetos que construyen esas tres cosas —sentido, acción e identidad— en lugares señalados por un desastre y que, lejos de huir de los retos que éste les plantea, los enfrentan interpretando que sentido, acción e identidad no vienen dados sino que son para ellos una prueba (Martuccelli, 2006) desde la que hacerse, el indicador de la necesidad de desplegar un trabajo (Dubet, 1994) para construir sentido.

3. Excurso sobre las nuevas identidades y la pertinencia del (viejo) concepto de anomia para entender la vida social en ausencia de sentido. Durkheim *meets* Butler

En el mundo social de los detenidos-desaparecidos, las que intento analizar son narrativas aún muy nuevas, aún muy jóvenes. Pero no están sin embargo solas en el universo: son parte de un movimiento general de cuestionamiento de las formas clásicas de hacer y de pensar el sentido, la acción y la identidad. Así es, estos sujetos están más acompañados que lo que su condición de huérfanos parecería indicarnos, sobre todo si los miramos con la mirada que con frecuencia se aplica a aquellos que están en posición precaria, marginal o subalterna, una mirada clínica (Leblanc, 2007), reparadora, piadosa. En efecto, los refugiados, los banidos, las exiliadas, las jóvenes, los desplazados, las parias, las precarias, las fugadas, los transexuales, las desocupadas, las iniciandas, los perdidos, los aprendientes... en fin, los monstruos, muchos, de la identidad y de la vida social, de la contemporánea y de la que no tanto, les acompañan, forman parte del mismo colectivo, el de las *figuras de identidad límite*.

Son figuras que siempre nos ha costado pensar, al menos desde el corto "siempre" de la historia de la sociología, ese que llevó a Durkheim a acotar nuestro territorio de trabajo, el de lo normal —lo que tiene definición y consistencia—, separándolo del de lo mórbido, espacio indefinido, inconsistente, patológico, un lugar extraño, excepcional, sin ley que lo contenga: "Llamaremos normales a los hechos que presentan las formas más generales y daremos a los otros el nombre de mórbidos o patológicos" (Durkheim, 1988: 111). Estos últimos son ciertamente una "excepción tanto en el tiempo como en el espacio" (*ibídem*) y aunque refieren a cosas que son sociales, están sin embargo sujetos a leyes que no son las de la sociología, sino las de la teratología, la ciencia de los monstruos. En su apuesta por instituir una disciplina, Durkheim hizo del tipo medio, normal, nuestro objeto de estudio y en ese mismo gesto expulsó de la condición de objeto a lo patológico, innecesario ("lo único necesario es lo normal porque es normativo" (Ramos, 1999b: 49)), contingente ("lo patológico es una existencia carente de esencia, producto de una combinación accidental de circunstancias" (*ibídem*)).

No quiere esto decir, en absoluto, que ese territorio mórbido carezca de existencia; sí significa que no tiene la consistencia necesaria para superar la nota mínima en cualquiera de los tests de *firmeza objetual* que pueda establecer la mirada sociológica que Durkheim comenzó a instituir. Así es, aunque existe, la suya es una existencia difusa, que cuando se concreta en situaciones puntuales, invita a salir a escena a un término de larga raigambre, la *anomia,* que lejos de dar carta de objeto a lo que nombra recuerda que no la alcanzará nunca pues no tiene *lo que hay que tener* para ser: estructura normativa (*ibídem*: 222). Esos mundos que surgen en situaciones de crisis de los marcos normativos de la acción, de crisis de vacío (*ibídem*: 42), son poderosos, pero son sociológicamente irrelevantes: o son lo contrario de lo que existe o son un aviso de lo que existirá; esto es, o resultan de la negación de lo que *ya es* —lo normal que ya está—, o, cuando puntualmente actúan como catalizadores de lo que el propio Durkheim llamó "el mal del infinito" (1973: 53), apuntan a lo que nos interesará y *será* —lo normal que vendrá—, de lo cual constituyen un adelanto. En estos casos, embriagan (pues exhiben con enorme fuerza "evidencias existenciales que todavía no se han manifestado y que, como tales, constituyen, de manera impensada para su soporte momentáneo, el eventual elemento creador de relaciones sociales e interhumanas todavía desconocidas, la parte incontrolada o no dominada de la experiencia colectiva" (Duvignaud, 1974: 22-23)). Pero esa embriaguez le dura poco al sociólogo sensible a lo instituido: finalizada la magia concluirá que en esos mundos no hay, en verdad, vida social.

Pues en efecto, esos mundos no duran ("toda patología ha de concebirse como transicional. Bastará con la construcción de los nichos regulador-integradores correspondientes para que haya instituciones sociales adecuadas" (Ramos, 1999b: 235)), y si es que sí, habremos de preocuparnos, pues asistiremos a la "neutralización moral de esferas relevantes de la acción" (Ramos, 1998: 26). En la estela de esta caracterización de la anomia, despiadada casi, se han movido las ciencias sociales desde Durkheim en sus muchos acercamientos a la amplia gama de *outsiders*, de raros, que visita cada tanto la literatura sociológica: si duran, carecen de dimensión colectiva (como en los trabajos de Jean Duvignaud sobre la anomia generalizada (1974, 1990)), o si la tienen, no tienen ni la posibilidad misma de durar (como la comunitas en los trabajos clásicos de Victor Turner sobre el estadio liminal (1980, por ejemplo)).

No obstante, desde hace poco —probablemente porque la realidad manda— comienzan a poder leerse textos que se acercan a los espacios de "vida social sin sociedad" buscando en lo social patológico aquello que Durkheim no vio, duración, por tanto, identidad[80]. Michel Agier por ejemplo, en un texto muy efectista acerca de la figura del refugiado y de la vida social en el campo de refugiados, acude a la categoría de anomia para hablar de ambas cosas, refugiados y vida del campo, en términos de "espacios situados fuera del *nomos*" (2002: 55), y observa que estas realidades de liminalidad maldita (*ibídem*) terminan "por convertirse (…) en lo común de la existencia de miles de personas" (*ibídem*: 85). En la misma línea el siempre intuitivo Zygmunt Bauman se aproxima a los "vertederos de la modernidad social" (2005, 2008, por ejemplo) para encontrar en esas poblaciones de desecho que son los refugiados, vida social que se construye en "un espacio sin ley" (2008: 32) y sin las referencias que sostienen "normalmente" la identidad: "sin un Estado, sin un lugar, sin una función y sin papeles" (*ibídem*: 36). Vida que es a la vez *normal* y *anómica*, sí, pero sin embargo —y contra la orientación de Dur-

---

[80] Este comentario es corroborado en parte por el análisis ya clásico de Jean François Chazel (1967). Para él, en Durkheim la anomia fue analizada en referencia a la sociedad como un todo, y no en relación a las consecuencias que tenía sobre los individuos que la sufrían, como sí hizo Merton. Vista así, la anomia, como "deficiencia de reglas" e "impotencia de la reglamentación normativa" (1967: 155), es el reflejo de un "profundo desorden del cuerpo social" (*ibídem*): no es solo signo de debilidad del orden, es signo de su ruina. En fin, la anomia es un estado de sociedad en el que la posibilidad de solidaridad se debilita, el orden se disloca y la sociedad misma se desvanece.

kheim— armada, esférica, con sentido: "Vida total de la que no hay escapatoria" (*ibídem*: 48).

Pero es a mi juicio Judith Butler quien mejor ha sabido ver que en el afuera de las identidades constituidas como referencia normativa existe una región de vida social. Así es, Butler ha armado una propuesta de enorme solidez para pensar en los que han sido marcados con el signo de los ocupantes de las "zonas 'invivibles', 'inhabitables' de la vida social" (Butler, 2002: 20), esto es, aquellos y aquellas que cargan con el estigma de lo abyecto: no son solamente piezas parte del imaginario que da forma al "exterior constitutivo del campo de los sujetos" (*ibídem*: 19), son también sujetos. El giro es importante: ahora[81] el territorio invivible se habita de manera efectiva, las posiciones de identidad que contiene se transforman en estrategias reales para ser, la trama de lo anómico se institucionaliza y el territorio que define se habita[82]. Así vista, la abyección no es un

---

[81] Ese "ahora" ha de relativizarse, pues hay que reconocer que en el propio Durkheim existen insinuaciones que señalan hacia caminos de reflexión desde los que es posible pensar que los espacios de lo patológico están, pese a la inconsistencia que les atribuyó, habitados. Al menos así interpreto pasajes como éste de *Las reglas del método sociológico*, en donde, hablando de la diferencia entre enfermedad y monstruosidad, dice de ésta que, en efecto, "es una excepción", que "no se encuentra en el término medio de la especie" pero que, sin embargo, "dura tanto como dura la vida de los individuos en quienes se da (…). Estos órdenes de hecho sólo difieren en cuanto al grado, y son, en el fondo, de la misma naturaleza; los límites que los separan son muy imprecisos, pues ni la enfermedad es incapaz de fijeza, ni la monstruosidad de devenir" (1988: 111, nota). En lo monstruoso, parece decirnos, hay sentido; en la anomia, entonces, consistencia, aunque sea inconsistente. En todo caso, más allá de que, a mi juicio, cualquier ejercicio de recuperación del "verdadero sentido" de un *término de autor* sea teóricamente irrelevante, también debe destacarse que, en el caso del término anomia en manos de su autor, Durkheim, nos topamos con dos problemas que hacen de la elucidación de la verdad del concepto un ejercicio que, además de inútil, es vano: que "la noción de anomia está, sorprendentemente, mal elaborada en su trabajo" y que "no es más que un tema menor, tratado de pasada en la obra de Durkheim; más aún, un tema apenas elaborado" (Besnard, 1998: 42).

[82] El trabajo de Butler sobre lo abyecto parte de la revisión de un viejo concepto freudiano, el de *forclusión*, que apuntaba al acto de despojo que funda al sujeto, esto es, a un acto de discurso que produce una consistencia desde la designación de una inconsistencia. Lo forcluido indica, digámoslo así, un territorio más funcional que efectivo, el de la amenaza y el peligro, el afuera constitutivo del sujeto mismo ("lo forcluido (…) es lo que no puede volver a entrar dentro del campo de lo social sin provocar la amenaza de psicosis, es decir, la disolución del sujeto mismo" (2002: 20)). En la misma gama de este concepto está el de *abyección*, que en términos *lógicos* opera igual al de forclusión (la imposición de una diferencia que crea un adentro y un afuera), pero que no lo hace ni en términos *sociológicos* (la abyección designa la operación de excluir y apunta a que eso que se excluye es habitable en tanto tal excluido) ni *sociales* (si en lo forcluido no ha lugar la existencia —aunque posibilita la existencia—, sí que la tiene en lo abyecto —aunque esa existencia sea paradójica—). Para este tema de lo abyecto, véase también Kristeva (2006), especialmente el capítulo "Sobre la abyección".

espacio meramente lógico —un mero residuo, necesario pero vacío—, es también un lugar sociológico, un espacio habitado ("Lo abyecto designa aquí precisamente aquellas zonas 'invisibles', 'inhabitables' de la vida social que, sin embargo, están densamente pobladas por quienes no gozan de la jerarquía de los sujetos, pero cuya condición de vivir bajo el signo de lo 'invisible' es necesaria para circunscribir la esfera de los sujetos" (*ibídem*)). Como tal espacio habitado, su mera existencia comporta una urgencia, la de resolver una pregunta que es, en muchos aspectos, la misma que me planteo en el fondo de esta sección de este libro: *¿qué vida tienen los que, a nivel de discurso, tienen vidas "que no son consideradas como vidas"* (Butler, 2006: 60)?

Los apuntes anteriores acerca de las propuestas de Butler son doblemente pertinentes para un trabajo que tiene por objeto la identidad en los mundos sociales construidos alrededor de la figura del desaparecido: de un lado porque, como ya he dicho, superan algunas limitaciones que lastraban tanto al Durkheim de la anomia como a otras muchas propuestas que las ciencias sociales han elaborado para pensar en los espacios sociales marcados por el vacío normativo; y por otro porque los objetos sociales sobre los que sostiene Butler su reflexión se emparentan en no pocos aspectos a los que quisiera atender aquí: la pérdida marca su pasado, la vulnerabilidad que le es consecuente, su presente. Así es, en su trabajo Butler se concentra en observar a colectivos que podríamos subsumir dentro del amplio concepto de "víctima", es decir, colectivos señalados por "la vulnerabilidad tras la pérdida", y piensa cómo es posible para ellos "reconstruir comunidad" (2006: 45): transexuales expulsados del círculo de la normoidentidad, grupos de familiares de afectadas por el atentado a las Torres Gemelas en septiembre de 2001... Son colectivos que se piensan, como todos los que transitan por los espacios de vacío normativo, como estando dotados de una temporalidad corta ("cuando perdemos a ciertas personas o cuando hemos sido despojados de un lugar o de una comunidad podemos simplemente sentir que estamos pasando por algo temporario [*sic*], que el duelo va a terminar y que vamos a recuperar cierto equilibrio" (*ibídem*: 48)), pero para los que sin embargo la larga duración se ha convertido en un hecho.

Con ellas, con *las víctimas,* se hace posible un enunciado que tiene forma de oxímoron: "reimaginar la posibilidad de una comunidad" (*ibídem*: 45) anclada en la vulnerabilidad compartida de sus miembros. No es fácil plantearse teóricamente la posibilidad de vida en lo invisible, pues a poco que nos alejemos de la "versión liberal de la ontología" (*ibídem*) y tratemos de decir las cosas en el movimiento de su desgarro, en el movimiento mismo por el que se hacen vulnerables, ahuyentamos la opción misma de razonar en términos que estén sociológicamente legitimados. Para pensar lo vulnerable no hay que hacer demasiado caso a lo que sigue íntegro, de igual modo que no debe atenderse a los cantos de sirena de las narrativas del sentido para entender las de su ausencia. A los monstruos hay que tomarlos más en serio y hacerles caso por lo que son, no por lo que los diferencia de lo que deberían ser: "quizá cometemos un error si entendemos la definición legal de quiénes somos como descripciones adecuadas de lo que somos" (*ibídem*: 51). Esa altura alcanzan las dificultades para pensar lo anómico, que no son solo teóricas y metodológicas, sino también legales. Por eso, para darse cuenta de que en el desgarro hay sentido y de que en lo invivible se habita, de que la víctima es algo más que un déficit, es necesario, de arranque, acometer una *insurrección ontológica* y dejar de aplicar, ante cosas como el duelo, la desaparición forzada de personas, y algún otro de sus equivalentes funcionales, la *lógica del obituario*, esa que regula la existencia de acuerdo al régimen, tranquilizador pero tramposo, con arreglo al que solo existen posibilidades enfrentadas (para *mi* caso, vida y muerte; para el de Butler, mujer y varón), regímenes de sentido "donde una vida es rápidamente ordenada y sumarizada" (*ibídem*: 58).

4. Vidas precarias haciéndose en el vacío

En *mi* caso, ante la desaparición forzada de personas las víctimas no solo son sujetos que buscan superar la catástrofe y reequilibrar la vida para dejar de ser víctimas; habiendo pasado ya cuatro décadas, se instalan en ese lugar, gestionan la catástrofe y la habitan convirtiéndola en el punto sobre el que anclan su identidad.

4.1. La normalidad de la ausencia

Intentaré encontrar alguna pista de estas identidades en el campo del detenido-desaparecido rebuscando en el trabajo de hacer identidad de los "hijos de", de algunos de ellos, interpretándolo como *avanzadilla* de narrativas y estrategias que se hacen cada vez más visibles en este campo. De estas narrativas y estrategias observaré cómo los sujetos que las vehiculan manifiestan una disposición a objetivar la propia identidad, a marcarla con los signos de *lo especial*, a construir una narrativa generacionalmente muy sesgada, que bordea lo irreverente, que, a veces, roza lo paródico no hacia la generación que les precede, sino hacia sí mismos, hacia la propia historia y, sobre todo, hacia los mecanismos que les y nos hacen.

El punto de partida de estas narrativas es la *normalidad de la ausencia*. Es una ausencia que las acuna, un lugar de vida para los sujetos que las portan ("uno está en el lugar de esa ausencia" (Kairuz, 2007)), algo con lo que conviven y en lo que viven ("mis años de convivencia con esta ausencia" (Carri, 2007: 16)). Es una ausencia sobrevenida en la que se es. Macarena Gelman, hija, lo explica de manera contundente: "No tengo otra", "esto ya forma parte de mí" (Contreras, Pérez García, 2008). No hay otra, en efecto, que hacerse con/en el vacío. Pero puede ser que la cosa no sea tan terrible: al fin y al cabo, tras treinta años transcurridos desde *aquello*, puede, si no trivializarse la catástrofe, sí acostumbrarse al espacio que perfila, a sus rutinas, a sus circunstancias ("A 30 años de ausencia tenés una convivencia con la historia" (E21)), a las paradojas que lo sacuden ("Hacerlos ausentes… hacer de esa ausencia una presencia cons-

Diario de campo: 21/12/2007, Tucumán. Los Cuatro Orígenes de H.I.J.O.S.

P.V., ex integrante de H.I.J.O.S. Tucumán (Argentina) me cuenta de la época de la fundación de la agrupación, cuando para ser miembro se debía ser portador de uno de los llamados Cuatro Orígenes: hijo de desaparecido, hijo de asesinado, hijo de preso, hijo de exiliado.

Me vienen a la cabeza algunas cosas: las distinciones que H.I.J.O.S. La Plata, también de Argentina, hacían entre "hijos puros" (hijos de desaparecidos) y otros; también H.P., niño apropiado de identidad recuperada, que diferenciaba entre los "hijos con padres" y ellos, "hijos sin padres"; o H.I.J.O.S. La Plata, que citaban con orgullo su lema, no sé si familista es el adjetivo, pero sí sin duda propio de un cierto derecho de sangre: "Nacimos en su lucha, viven en la nuestra" ¡Uf! Denso.

Pero me viene a la cabeza sobre todo alguna novela de género fantástico en la que en algún planeta los sobrevivientes de una enorme hecatombe organizaban colectivamente sus identidades de acuerdo a sus marcas de bastardía y orfandad. Los padres no eran necesarios (ya no había…); sólo eran la coartada para nuevas estructuras y narrativas de la vida social. Recuerdo ahora aquello de Donna Haraway sobre los bastardos ("los bastardos son a menudo infieles a sus orígenes. Sus padres, después de todo, no son esenciales" (Haraway, 1995: 256)) ¿Sirve para pensar en esto? Sí, sí.

tante" (E21)), al hecho mismo de saberse construido ahí, en el lugar que la catástrofe produjo, en la Zona Cero ("Nos tuvimos que criar con esta ausencia [y] terminamos siendo a partir de esta historia" (E21)).

Para estos sujetos, la ausencia es, en efecto, el territorio de la existencia, y funda una marca indeleble ("[*Hija de*] es un título que voy a tener siempre, por más que agregue títulos, quite otros, siempre va a estar" (E21)). No hay, no, dónde huir: "Nadie puede resetearte para volver de [sic] cero" (Contreras, Pérez García, 2008). Tampoco hay por qué hacerlo:

> "Recuerdo una infancia absolutamente común, normal… (…) Sin ningún rasgo demasiado característico salvo el saber que la familia, el núcleo más grande, digo, se había modificado todo por esa situación" (E27i)

Por ello, en su lectura de sí mismos, estos habitantes de la catástrofe no pueden evitar caer en el *síndrome del especial*, el estigma del marcado por una carencia, del *no normal* ("Uno es especial por ser víctima de algo tan trágico, y lamentablemente uno a veces es… distinto y hasta a uno lo tratan distinto y a veces es complicado no tratar… no chapear con que uno es hijo" (E22)). Así es, respecto del grado cero de las cosas, de ese lugar tan real, como intelectualmente rechazable, como socialmente eficaz y operativo que llamamos "lo normal", estos sujetos están en falta: en falta de padres, en falta de nombres, en falta de continuidad, con los linajes y las filiaciones rotas y las rutinas y los *no-sé-qués* de la vida cotidiana en precario. Son *especiales*, algo absurdo ("Son circunstancias [las de mi vida] que podrían ser surrealistas, o barrocas, o grotescas. Y se dan con vidas reales… ¿Entendés? Eso es lo fuerte, ¿me entendés?" (E27a)).

Normalmente a quienes viven en la ausencia de algún dato entendido como fundamental para ser se les llama *precarios*: les falta duración, estabilidad, medios, títulos. Están faltos de nombre, de historia, de territorio o también de trabajo, casa o patria, faltos, en fin, de "al menos una de las capacidades fundamentales, sin las que no hay vida humana" (Leblanc, 2007: 102). Por eso, solemos decir que los precarios bordean la muerte social (*ibídem*: 88-89). Ante estas "vida[s] mal sujetada[s]" (*ibídem*: 103), adoptamos habitualmente posiciones clínicas, pietistas casi: se trata de devolver al que no tiene aquello de lo que carece (patria, historia, legitimidad, visibilidad, trabajo, identidad, protección, familia…). Es ése, de hecho, uno de los pilares morales de las narrativas del sentido: *reparar para estar bien*. Pero no hay por qué: puede también pensarse que en lo precario, en la ausencia, se habita, que la ausencia de centro y de identidad constituye normalidad, aunque sea anómica.

De: Daniel Feierstein
Enviado el: viernes, 30 de julio de 2010 19:15
Para: Gabriel Gatti
Asunto: Sentido

Si retomamos tu idea de que el detenido-desaparecido produce una catástrofe del sentido (lo que me parece más que bien planteado), la búsqueda de un sentido implica modos de reparación y elaboración. En tanto el sinsentido funcione como cuestionador y crítico de los sentidos dados, creo que resulta potente, pero siempre como parte de una búsqueda. Mis problemas radican: a) en la apología del sinsentido, en tanto negadora de la propia búsqueda como reparatoria y elaboradora, b) en su costado irónico y burlón hacia sentidos reparadores construidos por diversos sujetos y grupos, c) en la equiparación entre sentido y ausencia de sentido (esto criticaba yo de tu libro), como si se tratara de mecanismos equivalentes y que contaran con algún grado de simetría, cuando uno es aquello que se busca y otro, en todo caso, una herramienta en dicha búsqueda, pero jamás un fin en sí mismo (por lo menos desde mi punto de vista).

Abrazo,

Daniel

From: Gabriel Gatti
To: Daniel Feierstein
Sent: Saturday, July 31, 2010 6:31 AM
Subject: RE: sentido

Comparto la inquietud; lo que pasa… No sé, no creo que las dos opciones (sentido o sinsentido, militancia o no, reparación o no…) sean tales, y menos que funcionen juntas (el sentido-va-con-la-reparación-y-la-seriedad; el sinsentido con la…). Mirado así, los cruces posibles se multiplican y da lugar a opciones interesantes: sentidos construidos en el sinsentido, políticas reparatorias armadas sobre estrategias paródicas (que no burlonas)…

Abrazo grande

G

From: Daniel Feierstein
To: Gabriel Gatti
Sent: Tuesday, August 03, 2010 9:42 AM
Subject: siguiéndola

Bueno, es muy interesante Gabriel, porque nuestro desacuerdo no es tan severo. Pensándolo bien, creo que el problema principal radica en tu modo de clasificar y nominar, que creo que es contradictorio con el desarrollo que haces después. En modo alguno las narrativas de "ausencia de sentido" tratan de dicha ausencia ni de su apología. Todo lo contrario. Tampoco las narrativas previas son las que hegemonizan el sentido. Creo que tu distinción es muy rica y da cuenta de sentidos que tienen un profundo componente generacional, pero que no se dividen en modo alguno en su existencia vs. su falta. Creo que en un caso, el de los padres, madres, incluso a veces hermanos, se trata de intentar restituir el sentido presente en la población desaparecida, como modo de conectarse con una experiencia que, muchas veces, los familiares vivieron de costado. Tratar de recuperar dicha historia y reconectarse con ese sentido creo que es profundamente reparador, claro que cuando permite reprocesar la propia historia, no cuando la borra y reemplaza por la del familiar desaparecido.

Para los hijos, por el contrario, la cuestión es muy distinta. Las estrategias que analizás son sumamente enriquecedoras para destacar por qué resulta necesario construir un sentido acorde a la propia experiencia (que es la de los 90 o el siglo XXI, no la de los 70), en una vida que transcurre en otro plano histórico y generacional. La capacidad de reflexionar críticamente (o paródicamente o incluso irónicamente) sobre el sentido paterno creo que contiene una potencialidad enorme.

A mi modo de ver, lo que confunde las cosas es tu lógica binaria "sentido-ausencia de sentido", porque ni el único sentido es el que desarrollás en el primer grupo ni el segundo se caracteriza por su ausencia.

Creo que la verdadera parálisis se da cuando precisamente la catástrofe psíquica sumerge a una generación (y esto es más común en los contemporáneos que en los hijos) en una imposibilidad de reconstrucción de sentido e incluso en su apología, claramente relativista y posmoderna. La capacidad crítica con respecto a los sentidos heredados es, por el contrario, el modo más potente de la construcción de sentido, claro que cuando se ve como proceso y no se estanca y paraliza. De allí mi recuperación (pero también crítica) de Albertina [Carri], cuando te decía que sus modos de irrumpir en los sentidos existentes es brillante (incluso la propia idea de "los rubios"). La cuestión es que si se trata de un "lugar para quedarse", mi duda es que no hay reconstrucción posterior de nada, en tanto que si la irrupción es el modo de intentar avanzar para crear lo nuevo, bueno ahí es donde puede cobrar su potencia.

En fin, la seguimos, la seguimos…

Abrazo fuerte,

Daniel

From: Gabriel Gatti
To: Daniel Feierstein
Sent: Saturday, August 08, 2010 18:55
Subject: siguiéndola

Saldrán cosas de los desacuerdos que no lo son pero sin embargo sí. Así es, por más vueltas que le doy sigo sin poder dejar de ver la existencia de esos dos tipos de narrativas. Tal como quiero mostrarlos son tipos ideales, orientaciones de la acción, no acción en sí misma: nadie responde a uno u otro de manera pura; es más, la mayor parte de los que "deberían hacer" las cosas que uno u otro dictan ("deberían" en ese sentido tan imperioso que tenemos a veces los sociólogos de decirle a los actores que su acción para ser justa se ha de ajustar al tipo de acción que le explica), la mayor parte de quienes deberían ajustarse a uno u otro de esos tipos, decía, no se ajusta. Primera aclaración pues: son tipos ideales, no acciones concretas, ya que por suerte, la cosa es más compleja, y Carri echa de menos a sus padres, y Bruzzone desea justicia y propone pelea, y Bonafini se reirá de su imagen trágica.

Creo que la discusión en ese punto, y ahí creo que más que discrepancia hay diferentes bibliotecas, pasa por si es o no política el tipo de acción colectiva que va asociada al tipo discursivo del sinsentido. Tema difícil. No porque la empiria impida pensar que es así (es más: es evidente que es política una Carri, un Bruzzone, y en muchos productos de quienes más claramente se ajustan a ese tipo discursivo) sino porque la teoría heredada pone trabas para asociar comunidad - acción política - parodia. Piensa la política como búsqueda explícita, racional, visible, seria y finalista de un sentido. Hagamos caso a los actores, no al manual: ellos dicen, no todos pero muchos sí, que viven en un territorio sin sentido. Pero viven, con lo que sentido hay. Pero raro; y eso es interesante. Y hay que pensarlo.

Abrazo grande y lo dicho, la seguimos.

G

From: Daniel Feierstein
To: Gabriel Gatti
Sent: Wednesday, August 11, 2010 5:21 PM
Subject: Re: siguiéndola

Muy interesante, Gabriel, pareciera que nuestros acuerdos son mayores de los esperados inicialmente. Sí, claro, el gran desacuerdo reside en la nominación, pero me animaría a decir que ahora que lo vas desbrozando, poco queda del "sinsentido" más que su nombre. Hay una expresión utilizada en distintos contextos tanto por Marx como por Piaget que se me ocurría que venía muy al caso, a partir de tus comentarios sobre la "auto-denominación" de quienes se encontrarían en el lugar de la "ausencia de sentido". Lo que ambos (Marx y Piaget) sostenían era la expresión "no lo sabe, pero lo hace". Piaget refería a distintos momentos de la toma de conciencia. Marx al modo en que el fetichismo de la mercancía opera sin necesariamente hacer conscientes las lógicas de valor que se ponen en juego en el intercambio. La idea es la misma y totalmente pertinente a tu argumentación (aunque, claro, con este agregado la traigo a mi campo y la hago mía). "No lo saben, pero lo hacen"… ¿qué? Pues precisamente construir sentido, no su ausencia.

¿Qué ocurre, a mi modo de ver, en estos casos que tan bien elaborás, y de cuya relevancia y profundidad bastante me has convencido? Pues que al no poder hacer propio el sentido de otra generación, irrumpen contra él construyendo otro, complejo, provocador, abierto, pero que pueden sentir como propio, que pueden hacer carne. Ponerse y ponerlos en el lugar del "sinsentido" es otra de las maldades de la generación contemporánea al genocidio, esa que sostiene que nunca hubo militantes como ellos, que vanguardia alguna será como sus vanguardias (políticas, estéticas, académicas), que son y siempre serán eternamente la "juventud maravillosa" (aun con sus pelos largos blancos) y que todo lo que los "chicos" hacen (que nunca saldrán del rol de niños porque ellos no quieren abandonar el de jóvenes) "carece de sentido". Esta falta de sentido desafiaría en verdad simultáneamente a la biología, a las neurociencias y al propio psicoanálisis, todos los cuales sostienen que el cerebro se estructura a partir de la búsqueda permanente de sentido y coherencia.

En todo caso, tendré que seguir pensando las críticas que te comentaba hacia algunos efectos de un trabajo como el de Albertina (aunque, claro, los efectos en mí, no sé en quienes tienen 10 años menos). Pero pese a todo ello cada vez me gusta menos (y entenderás que mi crítica actual es bastante distinta a la que te hice en su momento en Buenos Aires, también porque he podido pensarla y elaborarla más) calificar su trabajo y el de otros dentro de un paradigma de "ausencia de sentido". No. La ausencia de sentido es la parálisis, el olvido, la imposibilidad de hacer nada con eso. Por el contrario, los trabajos que tratás de analizar cuestionan un sentido generacional e intentan (y aquí está la cuestión, quién sería capaz de dictaminar si lo logran o no, creo que a todos nos quedaría grande ese rol de juez) construir otro tipo de sentido, uno del que puedan apropiarse, que pueda resultar coherente y potente para su presente, no para el de los amigos de sus padres, ni siquiera quizá para el mío o el nuestro, aun cuando por varios motivos vos estarías allí, al lado, pese a que tengamos la misma edad.

Abrazo,

Daniel

4.2. El bastardo inapropiado

Pero los "hijos de" no son ni mucho menos los primeros precarios de la historia. Para ellos, como para los integrantes de la larga lista de quimeras a las que a lo largo del tiempo las ciencias sociales han sido sensibles, se lleva tiempo proponiendo un concepto, el de algo así como el *síndrome del marcado por una falta,* uno de los más poderosos mecanismos activadores de identidad para aquellos que están en la posición del *outsider*, del *raro*, del que se balancea en el borde de las categorías, del que "no puede situarse inmediatamente en un mapa" (Joseph, 1988: 72). Prisionero de la indefinición, el *outsider* debe definir una estrategia para gestionar esa debilidad: camuflarse y ocultar su estigma es una opción. La otra es hacerse visible y gozar del síntoma.

La primera opción del especial es buscar la normalidad que no tiene, aquella respecto a la que es especial. Esta opción, en el campo del desaparecido, remarca los legados morales y los linajes políticos, la obligación de reproducir cuerpos e ideas, la disposición positiva hacia la salvaguarda de una herencia. Sobre todo eso construye continuidad y sobre ésta, conforma identidad. En esta posición de discurso, estos sujetos reclaman la supervivencia de los marcos normativos que sostienen la normalidad de las cosas: *lo que fueron, nosotros somos.* Y así se destaca la continuidad con los padres, con sus luchas ("Nosotros somos hijos de luchadores populares, venimos de una lucha, nuestro [lema] se llama 'nacimos en su lucha, viven en la nuestra'" (E26)[83]; "[La identidad] es lo que fueron y son nuestros viejos. Es lo que hay de ellos en nosotros"[84]), con sus cuerpos ("[queremos en H.I.J.O.S.] hacer de esa figura del desaparecido alguien aparecido a partir de un pedazo, sí, que puede ser su hijo, que puede ser también la lucha" (E26)), y sobre todo con sus grupos de referencia y sus retóricas:

"No sólo somos hijos de las víctimas de la represión, somos hijos de militantes, somos hijos de una historia de lucha y ahora nosotros también queremos hacer nuestra lucha, queremos continuar esa lucha (…). Nosotros somos testimonio de que hubo una represión, pero también de que hubo otra historia de lucha, de que las luchas de hoy no salieron de la nada, salen de esas otras luchas" (E26).

Así planteado, los "hijos de" son, entonces, no especiales sino lo contrario, la apoteosis de lo que la normalidad de la *lógica filiatoria* prescribe: la reproducción del vínculo, la garantía de la continuidad. No son vástagos bastardos, sino hijos pródigos. Pero para los *especiales* hay una segunda opción, pues el *outsider* puede instalarse en su particularidad, distanciarse de su origen, hasta llegar a pensar que lo traiciona ("No me quería hacer cargo de esa demanda [de continuar en la militancia de mis padres desaparecidos], pero no hacerlo me parecía una traición" (E22)), y, por qué no, llegar a cuestionar algunos elementos propios del modelo que define las identidades, incluida la suya ("creo que hay mucha idealización, y creo que es inevitable que la haya (…). No me gustaría que ganara la imagen de guerrillero romántico, héroe… a mí no me interesa que haya remeras con la cara de mi viejo" (E27e)) y negar las narrativas que les emplazan en un lugar que les incomoda. Bastardía, sí, si es que por eso se entiende la posibilidad de un vástago de *ser infiel al origen* — "todo bastardo a veces es infiel a sus orígenes" (Haraway, 1999: 256)—, o lo que

---

[83] Se refiere al lema de la agrupación H.I.J.O.S. La Plata, en la Argentina.
[84] Extracto del texto "H.I.J.O.S. de la misma historia", tomado del sitio Web de HIJOS-capital, (http://www.hijos-capital.org.ar) [Acceso en abril de 2007].

es lo mismo, la posibilidad de pensar ese origen hasta descubrir que es arbitrario y contingente.

Recreándose en su *especialidad*, estos sujetos inventan mecanismos singulares, nada *nostalgiosos*, algo inapropiados, muchas veces sujetos a sanción. Forzando la metáfora, podría decirse que estos "vástagos bastardos" actúan como algunos autómatas que ha dibujado la literatura y el cine de ciencia ficción, renegando de su creador y autonomizándose de su origen sin poder, no obstante, evitar la marca que en ellos deja ese origen: "Escapan a sus creadores (…). El androide no es más la suma de sus partes; tiene un alma, no es más un autómata" (Grange, 1982: 25). El estigma indeleble de su *especialidad* se hace positivo; la categoría que hacía de la suya una identidad *impropia* o *inapropiada* deviene *propiedad*, sostén de la propia identidad. Definitivamente, la marca que los define opera como activador del mecanismo desde el que construyen la definición de sí. Positivizan su estigma: "me hago (sujeto) en eso que me niega (como sujeto)":

"- Creo que es como una relajación de esa historia, sacarle la parte solemne. O sea [con voz solemne]: 'Sí, bueno, mis padres fueron asesinados…'. Correrse de ahí y decir: 'Sí, bueno, ya, somos los huerfanitos y vamos a serlo por el resto de la vida', pero…

[*GG*] ¿Asumir lúdicamente un lugar monstruoso?

- Sí, yo creo que sí, sí" (E21)

Dos fotogramas de *Los rubios* (Carri, 2003). A la izquierda, la resolución negativa a la solicitud de subsidio para la película: "El proyecto es valioso (…) y debe ser revisado con un mayor rigor documental (…). Requiere una búsqueda más exigente de testimonios propios, que se concretaría con la participación de los compañeros de sus padres, con afinidades y discrepancias" (reproducida en Carri, 2007: 5). A la derecha, Albertina Carri comenta con su equipo la resolución: "En realidad ellos me pidieron la película que ellos como generación necesitan. Y yo lo entiendo. Pero lo que pasa es que es una película que la tienen que hacer otros, no yo. Ellos necesitan hacer esa película y yo entiendo que la necesiten. Pero no es mi lugar hacerla".

Alentadores estos sujetos, al menos de la reflexión teórica, pues habilitan la entrada en juego de posibilidades analíticas poderosas, las que nos encaminan a pensar en identidades no dependientes de los orígenes, es decir, lo contrario de lo que prescribe el *viejo modelo moderno*. Son los que la vietnamita Trinh T. Minh-ha ha llamado "otros inapropiados/bles"[85]: "Ser 'otro inapropiado/ble' (…) es no encajar en la *taxón*, estar desubicado en los mapas disponibles que especifican tipos de actores y de narrativas (…). Son seres personales y colectivos a los que la historia les ha prohibido la ilusión estratégica de la auto-identidad" (citada en Haraway, 1999: 125 126). Sea así o no, lo que sí creo que se puede afirmar sin gran temor a errar es que estamos asistiendo al nacimiento de una enorme novedad en este contexto, la de la construcción de una narrativa que es (1) netamente generacional ("Mi padre, mi abuela y mi tía hicieron sus investigaciones e hicieron su cierre. Nosotros [su hermano menor y él] sentimos que también teníamos que retomar (…) por nuestra cuenta" (Kairuz, 2007); "Mi intención era construir la figura de mi viejo con mayor autonomía, despegarme de la versión de mi madre" (E27c)), y que, quizá por su juventud, (2) tiene un carácter fuertemente disruptivo, hasta paródico. Acaso por eso sufre, es frecuente, la sanción de quienes les preceden, que desaprueban lo que juzgan desorientado y erróneo.

I'm hiji, I'm proud

este libro, lo que me pasa con él, es en sí mismo un argumento en favor de la hipótesis de Gabriel de que es posible habitar el campo del detenido-desaparecido y hasta gozarlo. Como entrego este texto contra reloj, anuncio desde el vamos que soy hija de desaparecidos y me instalo en la comodidad de la narrativa testimonial para no tener que argumentar (¡hola, Sarlo!), que siempre da trabajo.

Durante muchos años, casi toda mi vida adulta, habité (¡y claro que habitar es la palabra!) ese mundo que Gabriel llama el campo del detenido desaparecido. Por herencia, por deber de memoria, por inercia, por cobardía. Luego hubo un período en el que me alejé y me dediqué de lleno a la escritura y al teatro. Escribí mayormente sobre este temita de los desaparecidos, pero también sobre otras cuestiones más triviales. Y con una obrita trivial, una comedia, gané un premio de dramaturgia.

---

[85] En *She, The Inappropriated Other*, en *Discourse*, n. 8, 1986/1987 y en *Woman, Native, Other: Writing Post-coloniality and Feminism*, Bloomington, Indiana University Press, 1989.

Esto sólo podía significar una cosa: mi escritura tenía algún valor artístico, no sólo testimonial; era dramaturga, no una huérfana-que-escribe-su-testimonio. Sé que suena ingenuo, pero es sabido que las huérfanas somos ingenuas por definición.

Desde esa libertad recién adquirida, pude volver al "campo" (¿no te inquieta llamarlo así, Gabriel?) del detenido-desaparecido, dejar de sentirlo como una condena ante la cual sólo cabía doblegarse o escapar, y explorarlo, buscarle las zonas más confortables y las más desafiantes o directamente, crearlas. Como escritora, escribir(me) un relato biográfico más fácil y hasta más agradable de habitar (porque otra vez, habitar es la palabra; yo creía haber inventado una genialidad y ya lo había dicho Heidegger: el lenguaje es la casa del ser). Ésta fue una búsqueda deliberada. En cambio, volver a militar con otros hijis fue una sorpresa. Algunos compañeros que conocía de los comienzos de H.I.J.O.S. habían comenzado a juntarse a partir de la perplejidad frente a una "ley de hijos" que los excluía. Esa ley define de un modo confuso cuáles niños fueron víctimas directas del terror de Estado (y por ende cuáles no), establece así diferencias y jerarquías entre los hijos y reproduce la ilusión neoliberal de que es posible reparar con dinero lo que Gabriel llama "la catástrofe". Con estos compañeros y otros que se acercaban por primera vez, empezamos a juntarnos a leer leyes y convenciones internacionales, y a comer picada y tomar cerveza, y nos dimos cuenta de que se estaba muy bien juntos. Que lo que en otros ámbitos cuesta explicar (los vínculos dislocados, los terrores) circula entre nosotros como algo natural, como punto de partida en el cual nos reconocemos. Eso tan al borde de la secta fue lo que en otra época me apartó de H.I.J.O.S. Hoy lo disfruto, porque además me pasa con compañeros que son investigadores y/o artistas, cuyos trabajos admiro. Porque así como entró el discurso de las ciencias sociales para abrir interrogantes ahí donde una ley, justo la "ley de hijos", parecía clausurarlos, también entró el lenguaje del arte para desarmar y armar sentidos, para lidiar con lo indecible (massklo, matisklo). Antes de poder darnos un nombre y un programa, ya funcionábamos regularmente no sólo como grupo de estudio sino también como club de collage.

En esta nueva fase militonta de mi vida me encontraba cuando la edición uruguaya de este libro llegó a mis manos. Ya desde las primeras páginas sentí que hablaba por mí, o por lo menos de mí, que resolvía por mí esa contradicción aparente de ser hiji y cientista social y hablar al mismo tiempo desde los dos lugares. Pero cuando llegué a la parte donde Gabriel postula que es posible construir una identidad habitable en medio de la catástrofe institucionalizada, no sólo habitable sino incluso bella de habitar, ahí quise salir corriendo a abrazarlos a todos, también a Gabriel sin conocerlo, porque eso era lo que me estaba pasando a mí y me estaba cambiando la vida.

Revertir el signo del estigma, no pretender más borrar esa marca indeleble sino convertirla en marca de otra cosa. De supervivencia, de resistencia, de potencia creativa frente al horror. Dejar de sentir que si me presento como hiji, lo que diga, lo que escriba, teoría, novela o teatro, va a empobrecerse para volverse mero testimonio. Hacerme cargo de que tengo ciertas habilidades o cualidades que tienen que ver con mi condición de hiji. Aclaro: esto es así para un reducido grupo que cuenta con los recursos materiales y simbólicos para efectuar esta operación de cambio de signo. Tengo la suerte de pertenecer a este selecto club. *I'm black, I'm proud,* canta James Brown. *I'm hiji, I'm proud,* canto yo, y me abrazo con todos. Con mis compañeros del Colectivo de Hijos, como finalmente lo llamamos, con Gabriel, a quien ahora sí conozco, con Albertina aunque no la conozca, porque en *Los rubios* habló de todos nosotros aunque no haya sido su intención o justamente por eso, porque no fue su intención, con Carla Crespo y Mariano Speratti, que pusieron su historia y la nuestra en escena en *Mi vida después* y con tantos otros. A veces me dejo llevar por el entusiasmo y digo, medio en serio, medio en broma, que somos lo mejor de nuestra generación. Un libro sesudo como éste no parece el mejor lugar para enunciarlo. Tómenlo como un testimonio y déjenme decirlo, porque hoy estoy contenta y me la creo.

Mariana Eva Pérez

Mannheim, 28 de abril de 2011

4.3. El huérfano paródico

Hablando de su novela *Los topos*, Félix Bruzzone escribe sobre cómo construye identidad el personaje principal de su libro, lo recuerdo, hijo de desaparecidos, como el propio autor:

"El personaje tiene una marca originaria que es la orfandad con características políticas porque es una orfandad producto del terrorismo de Estado porque es hijo de desaparecidos y en cierta forma hay ciertos recorridos [a los] que está predestinado, que tiene que hacer por la historia que tiene; pero también está la cuestión de la errancia y hasta dónde esa predestinación se puede burlar o hasta dónde se puede alterar (...). Es un poco el tema de la novela: cómo alguien con una marca tan fuerte —no sólo por este origen de orfandad política sino por la cuestión de los discursos que a lo largo de su formación van completando su conciencia... había como una predestinación en eso—... y en la novela es cómo lo altera" (Méndez, 2009).

Fuerte tensión, pues, entre, de una parte, "el destino" —la marca originaria que dejan en un sujeto la desaparición forzada de sus padres, primero, y los pesados discursos sobre verdad, justicia, derechos humanos... después—, y, de otra, la posibilidad de incidir y modificar ese destino. En el plano teórico, esa tensión convoca a participar de este juego al concepto de parodia. Es un concepto con el que resulta difícil familiarizarse; para explicarlo hay que partir de dos afirmaciones. La primera se enuncia así, con forma de universal antropológico: *cualquier identidad se hace con arreglo a un marco de referencia (familiar, generacional, nacional, de género...) que la contiene.* Ese marco de referencia tanto limita como habilita: me interpela, luego existo. En el caso del marco que nos contiene aquí, ahora, la ley de la identidad en Occidente, ésta prescribe que la identidad está hecha de materiales de consistencia pétrea: autenticidad, origen, reproducción, continuidad, estabilidad, seriedad... Esa ley dispone, además, que sus indicaciones se escenifiquen con convicción, esto es, con la certeza de que ese origen, de que la pureza, de que la verdad y la autenticidad del Ser existen.

La segunda afirmación tiene esta forma, también general: *la ley de la identidad se pone en marcha a través de la pura repetición.* O sea, que mi género no es un mandato irresistible de las hormonas, sino escenificación estereotipada de presunciones sobre lo que creo que hace mi género (me rasco de una manera, abro la boca de otra, cruzo las piernas así...); que mi nacionalidad no responde a un llamado de la profundidad de la tierra, sino a la puesta en acción ritualizada de las presunciones sobre lo que entiendo que me hace propio de un lugar (gritar los goles, cantar los himnos, usar banderas...); que mi cuerpo no es la simple manifestación de una estructura genética, sino la construcción de mi diferencia en la convicción de que ésta lo es porque está genéticamente fundamentada. Y así. En otras palabras, la identidad es una puesta en escena de la convicción... de que tengo identidad y de que ésta responde a la ley; es una "actuación repetida [que] consiste en volver a realizar y a experimentar un conjunto de significados ya establecidos socialmente" (Butler, 2001: 171).

En suma: para ser he de acatar ese marco de referencia, esa ley, que me produce y me permite, esto es, escenificar adecuadamente sus prescripciones. Pero, ¿lo he de hacer siempre igual?, ¿he de escenificar siempre del mismo modo los mandatos de la ley? No. Hay una enorme gama posible de *desobediencias* (Butler, 2002), desde la subversión de la ley (proponer otra), hasta la conversión radical (repetir la existente), pasando por formas más o menos depuradas del *sí pero no*. Una de esas formas es el trabajo de reinterpretación, apropiación y transformación de la ley que me interesa ahora, esa a la que que Judith Butler (2001, 2002) llama *acatamiento paródico*.

La parodia, dice Butler, "cuestiona sutilmente la legitimidad del mandato" de la ley (2002) y provoca enormes consecuencias, que la exceden y la confunden... aunque no la reemplazan. Me interesa pensar que, en muchos aspectos, en el campo del detenido-desaparecido, en concreto entre las posiciones asociadas a las narrativas de la ausencia de sentido, interviene esta estrategia. Se trata de un *acatamiento distanciado*, de la obediencia respetuosa pero con dudas de esas ficciones magníficas, eficaces, llamadas *mis orígenes, mi identidad, mi historia, mi herencia, mi sangre, mis deberes filiales, mis lealtades*: "Me hacen, sí, pero...". La parodia no es burla; es un mecanismo sobre el que se conforman narrativas reflexivas sobre "Uno" y "Unos", sobre "Nosotros" y "Otros", sobre el "quién soy yo" y el "quiénes somos", que sin renunciar a esos poderosos soportes de las *viejas identidades modernas* que son las ideas del ser, de unidad, de coherencia, de duración, de estabilidad —no me disgustará nunca escuchar los muchas veces oídos "¡Qué parecido sos a tu padre!", "¡Qué increíble! ¡La misma voz!", "¡Pa, lo que se perdió Gerardo", "Hablás como todos los Gatti"...—, que sin renunciar a ellas, decía, las muestran como tales ficciones —pero...—. La identidad paródica pone de manifiesto esta fragilidad del mecanismo: no hay, no, una realidad *original*, ni un vasco *puro*, ni un hombre *verdadero*, ni un uruguayo *auténtico*, ni una mujer *perfecta*. Tampoco un "hijo de" *ejemplar*. Toda identidad es ficción, toda identidad es un trabajo de desplazamiento y modificación de los significados. Desde estas nuevas narrativas la narrativa dominante en este campo, que es solemne, familista y heroica, se asume, pero con una cierta distracción, indicando que los tópicos que derivan de esa normoidentidad son imprescindibles, sí, pero también parcialmente eludibles. Al fin y al cabo "héroes", "superviviente", "lucha", "Nunca más", "las Viejas", "justicia", "dónde están", "familiares", "Orletti", "testigo"... conforman nuestros paisajes de infancia y de adolescencia, a veces mucho más que eso... Un hijo de padre desaparecido, explica así cómo procesa su propia identidad a partir de la recogida de información sobre la historia de su progenitor:

> "[Esos datos sobre mi padre] lo construyen de la manera que pueden, pero [tengo] la permanente sensación de que es una construcción (...). Si se quiere, todas esas cosas son como eso: hilitos de alambre que arman una estructura para que sea coincidente con lo que realmente era (...). Para mí fue una suerte el poder armar algo que yo tengo la sensación de que no me deja en esa situación de indefensión o de fragilidad. Porque uno hace esa construcción para formar una identidad de uno" (E27e)

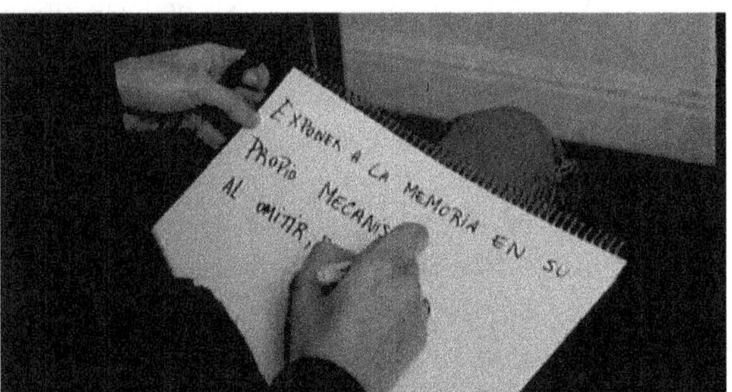

Fotograma de *Los rubios* (Carri, 2003). Tras observar varios videos con testimonios sobre la vida y personalidad de sus padres, la protagonista escribe y nos muestra una nota con una frase contundente: "Exponer la memoria en su propio mecanismo. Al omitir, recuerda".

Los rubios, la película de Albertina Carri (2003), es, a mí conocer, una de las expresiones más depuradas de este acatamiento paródico. La película muestra cómo el sujeto se hace con resortes, con mecanismos que sabe contingentes y construidos: ("Este film trata de lo imposible de la memoria, de los fraudes que se cometen en su nombre" (Carri, 2007: 24), "La película se funda en esa imposibilidad de la reconstrucción documental en términos de verdad" (*ibídem:* 112)). "Soy construcción, pero eso soy. Y sin escape", parece decir Carri y al proponer esa escenificación reflexiva de lo que la hace muestra el carácter construido, frágil, precario, de su identidad y se apropia de los relatos dominantes en el campo del detenido-desaparecido —serios, políticos, trascendentes...— desde eso que Albert Piette llama "acción distraída" (1993), esto es, de manera tal que pone en evidencia que los tópicos que derivan de las lecturas más normativas de la identidad son imprescindibles, sí, pero también parcialmente eludibles.

El humor negro es una de las estrategias para indicar esta *asunción distante*. Opera como una suerte de código interno entre los "hijos de" cuando se constituyen en *comunitas* (Turner, 1980, 1988), un código que discurre en la tensión entre, de un lado, la obediencia a los *mandatos del centro*, la normoidentidad definida por sangre, continuidad o lucha heroica, y una cierta *insumisión* para con esas reglas manifestada con ironía, a veces muy penetrante:

> "Cuando encontré los restos de mi viejo, me decían: 'Che, bueno, vení para casa, vamos a hacer una parrillita', y yo decía: 'No, nada de asado, basta de huesos' (…). O el Día del Padre: 'Y bueno, ¿mañana qué hacemos?' (…). O se abre la puerta, vamos todo un grupo, se abre la puerta y digo: 'Ahí viene mi viejo', y se abrió la puerta sola. 'Papá, pasá', cosas así (…). Cuando encontré los restos de mi vieja, todos: '¿Y?, ¿tu vieja cómo está?, Y bien, estoy contento, mañana la voy a llevar a casa, voy a poner la urna en la mesa y voy a comer con ella. Después la llevo a la cama, duermo con ella" (…). ¿Viste?, reparanoico, reloco, psicópata con la urna de la madre a todos lados (…). Pero es siempre con gente *del ámbito*" (E23)

> "Cobré mucho por la indemnización de desaparecidos. Por como está mi familia, soy la única heredera" (E27a)

> "- Hace poco que en una cena de huerfanitos, que éramos varios (…) y empezamos a competir, a ponernos… quién tenía más puntos, porque… qué sé yo, yo por ejemplo tengo dos, dos padres, o sea que yo tenía un puntaje alto
> [GG] Eso da caché ¡Qué suerte!
> - Claro. Yo venía ganando porque había otra que sólo había desaparecido su madre, pero después hay otra que había desaparecido su padre, su madre y las parejas de su madre y su padre, ésa nos cagó a todas [Se ríen]" (E21)

Es cierto, lo que antecede llama la atención. Pero fíjense en quiénes lo dicen: son los mismos sujetos que afirman continuidades biológicas indelebles entre progenitores y progenie, los que se construyen a sí mismos tanto desde la *convicción de la firmeza de esa continuidad* ("A mi viejo le gustaba cocinar, a mí me gusta cocinar; el gusto por comidas que jamás comí, y sin embargo me vuelven loco, en mi infancia jamás comí porque me criaron con otra comida, y apenas la pude probar dije: 'Ésta es mi comida preferida'. Y después me entero de que la comida preferida de mi viejo era ésa" (E23)) como desde la *certeza de su arbitrariedad* y, por tanto, de la posibilidad del desacato: "Ya está claro que mis padres son para mí una ficción" (Carri, 2007: 27).

Fotograma final de *Los rubios* (Carri, 2003). Mientras, cantada por Charly García, suena de fondo *Influencia* (*"Yo no voy a correr ni a escapar de mi destino…"*), Albertina Carri y su equipo avanzan calzados con una peluca rubia, travestidos en la familia Carri, que el recuerdo deformando de algunos transformó en *Los rubios* que dan título a la cinta. La familia *auténtica* es reemplazada por la nueva, el *original* por su simulacro, la verdad por su *parodia*. Travestidos en *Los rubios*, estos jóvenes resignifican la familia, esa referencia parodiada, sí, no anulada, ni superada. Dijo Butler del travestismo de género: "No es una imitación vana o inútil, sino la construcción discursiva y social de una comunidad, una comunidad que une, cuida y enseña, que protege y habilita" (2001: 199). Pues eso.

Así es, el bastardo comete desacato pero no se escapa de los mandatos que le impone su pertenencia a algunos linajes y su dependencia de algunas leyes. Tampoco eso impide, ni mucho menos, que constituya grupos estructurados por una cierta *bastardía compartida*. Pero es cierto, son extraños esos agrupamientos: grupos de "huerfanitos" (E20, E21, E23, E27c, E27f, E27h), grupos de "bastardos contentos" (E21), "hijos sin padres" (E23), "hijos que no tenemos padres" (E27a), "hijos de abuelas" (E23). Y post-huerfanitos[86]. Son todos nombres, por inapropiados, llamativamente apropiados para estos *especiales,* nombres fuertemente paródicos en cualquier caso. En todo caso, a través del acatamiento paródico, el *núcleo duro* de la identidad no es en absoluto destruido; pero sí se le marca como arbitrario, como una convención ("Lo normal, lo original, resulta ser una copia" (Butler, 2001: 170)) y queda señalado como algo de lo que cabe, sí, incluso reírse. En este caso, los productos propios de lo que he llamado *narrativas de la ausencia de sentido* (Bruzzone, 2008; Carri, 2003; Prividera, 2007; Gatti, 2008b) indican (1) que sólo se puede ser en las convenciones y en su repetición y que (2) cabe ser en las convenciones al mismo tiempo que uno se distancia de ellas. Bruzzonne, de nuevo, nos ayuda a pensar esta tensión entre *el destino* y el *distanciamiento del destino* diciendo:

> "Los que pertenecen a mi generación —y más si somos hijos de desaparecidos— tenemos esta cuestión de repetir un discurso que parece ya cristalizado, que es el de los derechos humanos y la búsqueda de verdad y justicia y demás (…). Sin embargo, hay una serie de características que tienen que ver con la formación precisamente de esta generación por fuera de estos discursos y que tiene que ver con la formación de nuestra generación en la realidad, que es la realidad de los noventa mayoritariamente, que choca con esto"(Méndez, 2009)

Un sociólogo español, Ramón Ramos, propone una figura teórica para pensar los límites y los potenciales de la acción social, el *homo tragicus*

---

[86] La intensidad de estas estrategias se redobla en el caso de los hijos apropiados y recuperados, donde la parodia se prolonga hacia tropos propios del exceso. Por rigor no puedo considerar en el análisis este caso —apenas tuve ocasión de entrevistar a dos de estos chicos (E23, E24)—, pero cabe, sí, dejar constancia de algunas señales que dejan en las entrevistas que les hice o a las que tuve acceso, huellas poderosas para seguir un camino que lleva, de nuevo, a la parodia pero por la vía de la exageración de la normoidentidad: tener padres, pero *de más* ("A la gente se le puede complicar entenderlo, pero es así. Llega un momento que es horrible estar todo el tiempo [diferenciando entre los padres] 'biológicos' y [los padres] 'adoptivos'… Ya es muy entreverada mi vida. Hablo indistintamente, a veces me doy cuenta. Pero tampoco he tratado de cambiarlo" (Contreras, Pérez García, 2008)); tener familia, pero *en exceso* ("Yo no dejé afuera nada a partir de que conocí a mi familia. Sólo sumé a lo que ya tenía" (E27h)). Una situación ciertamente extrema es la que me relató un hijo apropiado y recuperado en 2002, que de su *ecuación filiatoria* expulsaba a su padre biológico —"nunca me quiso"— y a su madre *adoptiva* —"siempre me destrató"— y emparejaba imaginariamente a quienes sí le quisieron/quieren, su madre biológica y su padre *adoptivo,* el apropiador. El asunto, en efecto, merece un análisis detenido.

Hijos (in)apropiados / hijos post-huérfanos

Haber nacido bajo las marcas del terrorismo de Estado en América Latina lleva en sí una significación particular. Los efectos de esas marcas son
visibles en toda una generación ya que los crímenes de Estado impactan
sobre los cuerpos de toda la sociedad. Sin embargo, es indudable que
quienes fueron tocados por el terror de un modo directo llevan en sus
cuerpos inscripciones indelebles. La apropiación de niños da cuenta de
una de esas marcas. También merecen un capítulo especial quienes son
nombrados en el espacio social como *hijos de desaparecidos*, con el peso
de la "orfandad particular" que eso conlleva, particular, pues los duelos
por la *desaparición* no están inscriptos en el psiquismo del mismo modo
que los duelos por la muerte.

"Ser hijos" es entrar en el linaje, ingresar en un eje ficticio, el de una
transmisión: la del deseo, encarnada por la función del padre, que sustenta la posibilidad de un orden genealógico. El padre simbólico es,
entonces, el que ordena las filiaciones, ofrece el linaje, transmite una
herencia. El padre como función significa que hay en juego una lógica, y
un lugar donde el Sujeto está enlazado al Otro. La biología sola no
alcanza para constituir ese lazo. Por eso la genealogía consiste en hacer
lugar. Entonces, las fisuras filiatorias, presentes —de muy diverso modo—
en las apropiaciones de niños y niñas, y en los hijos e hijas de desaparecidos, ¿cómo se suturan?

Hijos (in)apropiados: lo in-restituible

En la apropiación, acto de esencia radicalmente genocida, está en juego
la condición humana. Nadie que ostente la posición subjetiva de apropiarse de una persona podrá jamás ejercer la función parental, que
implica en su estructura lógica sustraerse de esa pulsión de ejercer la
potestad por la fuerza.

¿Qué de in-apropiación hay en la apropiación? Siempre hay un resto
imposible de apropiar. Es de ahí de donde podemos agarrarnos para
cuestionar la cara más absoluta de la identificación en el caso de los
niños y niñas apropiados/as. Los hijos "restituidos a su orden simbólico-
biológico original" hablan en muchas oportunidades de *ese algo indecible*
que no dejaba de hacerles preguntas impidiéndoles instalarse de lleno
en ese orden familiar forzado.

De ese hueco hay pruebas que van más allá del vínculo establecido por
el ADN, que apela al orden biológico para sustentar la validez de la
restitución. Son pruebas de orden simbólico, muy contundentes por
cierto, pruebas que vienen del inconsciente y que apelan al Sujeto del

deseo en juego, el que al rememorar lo que viene de un saber no sabido se reencuentra con el deseo parental, que no puede ser medido por ningún juez: así en uno de los primeros casos de restitución en la Argentina, la niñita de 8 años lloró al desprenderse de sus apropiadores cuando el juez ordenó su restitución a su familia biológica. Lloró toda la noche hasta que ya en la habitación que había sido suya antes de la apropiación (cuando contaba con 22 meses de vida) mira una foto de su papá y su abuela le dice "Cadio", que era el modo en que ella pronunciaba el nombre de su papá —Claudio—. Ahí la nena, mira la foto, abraza a la abuela y señalando la foto dice "papá" y deja de llorar.

Hijos de desaparecidos: ¿de la orfandad a la post-orfandad?

La orfandad en juego en los duelos por la desaparición lleva un plus de significación que "los hijos" cargan con todo su peso. Distintas significaciones en torno a este particular modo de duelar, desde duelos inacabados, patológicos, coagulados, etc. dan cuenta de la imposibilidad de nombrar el duelo frente a la desaparición de un familiar. Muchos pacientes que llegan con situaciones de este tipo a la consulta, lo hacen con una absoluta fijeza en relación al impacto producido por la desaparición como acontecimiento de sus vidas: se nombran como "hijos" cuando llegan, como si ese hecho de su vida fuera todo lo que constituye su personalidad, su identidad, su historia, su existencia, y sobre todo la consistencia de su ser. Nombre que tiene una compacidad —en el sentido de compacto— y solidez tal, que cuando alguien tiene que desasirse del sentido de esas amarras que lo tienen sujetado a ese nombre no puede soltarse del todo sin construir un nuevo nombre.

¿Qué otro nombre? En algunos casos *los hijos* parecen virar hacia una posición que llamaremos "hijos post-huérfanos". Creo que sería la categoría más propicia, ya que efectivamente han transitado por la orfandad pero ya no lo son más que en el punto "todos somos huérfanos", cuando arriesgamos una posición en la vida y decidimos comenzar a escribir nuestro propio texto.

Así es, cuando la orfandad ya no da su consistencia absoluta al ser, cuando ese productor de fijeza en una identidad estática se pone en cuestión, se transita un duelo distinto, ya no sólo por los muertos, sino por la condición de hijo-huérfano; es decir se discurre por *el duelo de ese nombre* y la orfandad cambia de estatuto: se trata de la "orfandad de ya no portar ese único nombre". Como bien plantea Gabriel Gatti, esta nominación "recoge las mismas tensiones que todo lo que se prefija con post-: quiere dejar de ser lo que indica el sustantivo prefijado (post-moderno, post-huérfano, etc.) pero no lo logra del todo; está agarrado a eso que deja atrás pero no deja de ser precisamente eso… Huérfanos, en efecto: objeto deseado y repudiado al mismo tiempo ¿No es eso el duelo?"

No se trata del borramiento de las huellas de la historia para poder efectuar ese duelo, sino de todo lo contrario: hace falta poder tener una nueva relación con lo perdido para acceder a eso desde otro lugar. Por más dolorosas que las marcas sean, acceder a la verdad particular de cada sujeto es el único espacio de libertad que la orfandad provoca.

Fabiana Rousseaux

De: "Gabriel Gatti" <g.gatti@ehu.es>
Para: Fabiana Rousseaux
Enviado el: Monday, March 17, 2008 5:39 PM
Asunto: post…

(…) Hay en el texto algo que me confunde. Diría que se trata del cruce entre dos figuras que a mí no se me aparecen sino raramente juntas: el *hijo apropiado* y el *hijo de desaparecido*, que en tu texto se proponen como parte de un mismo conjunto ¿Son en efecto casos de un mismo tipo general (el hijo inapropiado)? ¿Son también apropiados los hijos de desaparecidos? Lo que me desconcierta es que tu propio razonamiento me lleva a mí a pensar que sí se debería diferenciar entre los dos, pues la apropiación —en tanto que altera a la filiación— afecta a los primeros, pero no así a todo "hijo de" *desaparecido*, para el que lo que está en juego es otra cosa (el duelo; el no duelo mejor dicho). Puede ser que coincidan en un punto: ambos pueden llegar a ser inapropiados en cuanto que *inadecuados*, es decir, en tanto que no responden al modelo estándar del ser hijo (¡Qué paradoja!: el hijo apropiado es inapropiado). Es decir, coinciden en ese dato final pero no en el camino que lleva hasta ahí.

Es probable que este desconcierto me venga de que no me hermano mucho con esta figura, la del apropiado. Intuyo, sí, que los "problemas" de ese personaje (el apropiado) no son distintos a los míos / nuestros: filiaciones, herencias, sucesiones, nombres… Pero creo que no me equivoco si te digo que la intensidad es otra, como es otra la textura de sus estrategias. Así y entonces, ¿se puede realmente vincular uno y otro como lo hacés en el texto?

Por otra parte, la idea de que la post-orfandad viene de *duelar* la condición de doliente, de abandonar no al padre (nunca) muerto sino al hijo doliente mismo (a uno mismo cuando *duela* sin fin) me parece enormemente potente. Hay una frase de un libro reciente de Philip Roth que me resonó cuando leí esto que escribiste; refiere a un personaje cuyos padres murieron en el Ghetto de Varsovia: "Para la mayoría de la gente decir que uno se ha mantenido en su infancia durante toda la vida significaría que ha conservado la inocencia y que todo ha sido hermoso. En su caso, decir que se ha mantenido en la infancia durante toda la vida significa que ha permanecido en esa terrible historia: la vida ha seguido siendo una terrible historia. Significa que en su adolescencia el dolor fue tan grande que, de una manera u otra, se ha quedado en él para siempre" (Philip Roth, *Sale el espectro*, Mondadori, Barcelona, 2008: 173). Es quizás ése el núcleo del asunto: estar en ese estado trágico pero dejarlo; duelarse a uno mismo duelando; no dejar de ser del todo huerfanito pero pasar a otra fase: *posthuerfanear*.

Me gustó. Sigámosla

G.

De: Fabiana Rousseaux
Para: "Gabriel Gatti" <g.gatti@ehu.es>
Enviado el: lunes, 24 de marzo de 2008 22:41
Asunto: Re: post…

Lo que planteás es cierto. A mí me sucedió todo el tiempo que mientras lo escribía no podía dejar de irme para el lado de los apropiados, porque en el comienzo, cuando digo que "haber nacido bajo las marcas del terrorismo de Estado…" y hablo de lo generacional, me di cuenta que no podía no nombrar a los apropiados que son hoy el punto de máxima tensión a nivel social.
Con respecto a lo que comparten ambas figuras, creo que se trata sólo de lo que dice el texto: "las fisuras filiatorias" y de "muy distinto modo". Porque es cierto que son dos problemáticas bien distintas.
Sin embargo, la problemática de los apropiados y lo que tienen de in-apropiados es para mí el tema de mayor importancia desde lo que puede decir un psicoanalista sobre esto, porque si no no hay salida posible para estos casos. Ese punto donde no se puede apropiar nadie de la mirada, de la voz, de lo que retorna, de lo no sabido, del inconsciente me parece lo más propicio que se puede decir desde un discurso que no sea ni el jurídico ni el militante.

Seguimos
F.

(Ramos, 1999a). Su intención es esquivar tanto la ficción de que somos actores hiper-socializados, dependientes de la estructura, meros repetidores idiotas de códigos prescritos, "lector[es] disciplinado[s] de códigos omniabarcantes" (*ibídem*: 236), como aquella otra que nos muestra como individuos creadores e independientes, agentes hipo-socializados, puro cálculo, razón, imaginación disparada. Entre plegarse a la estructura y la novedad creativa, está el *homo tragicus*, sujeto agarrado por las figuraciones en las que habita, que determinan su guión, con arreglo al cual actúa y al tiempo capaz de conceder un margen de maniobra amplio al personaje que ese guión le prescribe. Ni estructura ni creatividad. Cabe decir que la propuesta de Ramos engancha con un cierto *tono de época*, apreciable no sólo en la vida social, sino también en algunos productos del cine reciente —*The Matrix, ExistenZ, Scream, Nivel 13, Desafío Total, El Show de Truman, El protegido...*—, y que es también visible, y de manera muy marcada, entre estos *post-huerfanitos paródicos*, los representantes de las narrativas más nuevas en el campo del detenido-desaparecido. Como los héroes de las viejas tragedias, todos ellos se muestran prisioneros de un guión que asumen, de un destino...

> "Después de esto... lo que me pasó es que entendí que uno no tiene dominio sobre su propia vida (...). Me da la sensación de que uno hace cosas porque esas cosas las tenés que hacer. Hay un destino que es éste y vas por ahí, y uno en el camino cree que va haciendo cosas (...) porque las tenías que hacer (...)" (E27i)

> "Siento que la historia de mi país tiene que ver mucho con mi historia. Lo que a mí me pasó no es un hecho aislado, no es una tragedia personal, no es algo azaroso, lo que me haya pasado" (E27h)

...pero de un destino que, en su acción, apuestan por estirar, modificar y apropiarse:

> "Asumo eso como mi historia y al mismo tiempo juego con ello y me distancia un poco, sé que es mi destino pero al mismo tiempo intento mostrar que ese guión quiero cambiarlo un poco" (E21)

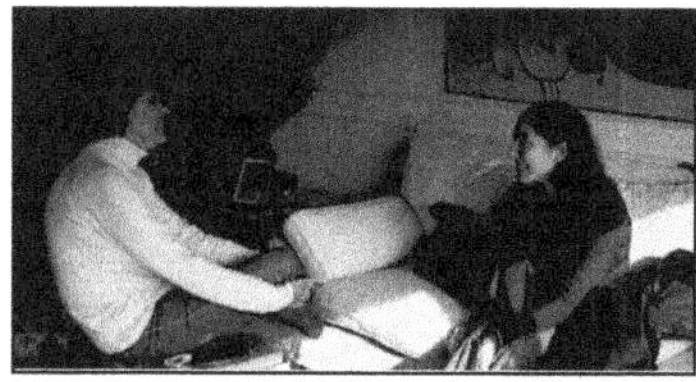

Dos fotogramas de *Los rubios* (Carri, 2003). En el primero, la actriz Analía Couceyro, que interpreta a la directora, *construye* su historia y *hace* su memoria recabando relatos y anécdotas de los compañeros de militancia de sus padres. En el segundo, Couceyro/Carri escucha, distraídamente, lateralmente, a distancia, los testimonios recogidos, su paisaje de fondo.

En realidad, no hay otra opción, no es posible seguir a pies juntillas la trama escrita para un drama de este calibre: por solemne que sea el actor, nadie es tan serio, nadie está tan pegado a la letra del guión. Si así fuese, la vida social sería de todo punto de vista imposible. No se aguantaría. En cualquier caso, frente a la certeza de la normalidad de la plena pertenencia de los actores sociales, frente al convencimiento de que para ser he de ser a tiempo completo y totalmente, que he de ser serio en todo momento, respetuoso del guión, de que la acción social tiene sentido si satisface el mandato del *seguimiento atento* de lo que toca en cada ocasión hacer y decir, la vida social se muestra a diario más distanciada que sometida y adopta un registro más tenue que trágico, más distraído que comprometido, incluso en situaciones catastróficas. Aunque sociólogos, politólogos o políticos sobreinterpretemos la acción exigiéndole, es común, que se atenga al guión, ésta está, las más de las veces, *fuera de cuadro*, viviendo las cosas de manera lateral, a distancia, implicada pero distraídamente (Piette, 1992). Somos ese guión, no hay duda; pero cabe acatarlo un poco "así nomás":

"Acá hay un guionista que no elegimos ¿viste? yo no elegí" (E21)

"Bueno, ya, esto con lo que convivo es ta, ta, ta, pero es lo suficientemente hinchabolas, doloroso, qué sé yo, con lo cual yo voy a construir otras identidades ¿Entendés?" (E21)

"Es tan fácil agarrar el discurso acartonado de la tragedia... Ya la padecimos, ya la tenemos en los cuerpos, ¿viste?... Nunca me sentí enganchada con esa situación (...). Esa cosa de ponerme en ese lugar de hija, me parece que en algún momento... Quiero sentir que puedo dar el salto de no ser siempre hija" (E22)

Conclusiones: La transnacionalización del detenido-desaparecido, la creatividad social y otras consecuencias no intencionadas de la desaparición forzada de personas

1. De lo local a lo global: *A star is born*

Terminando el verano de 2010, coincidiendo con el Día Internacional del detenido-desaparecido, una nota de prensa de la oficina española de Amnistía Internacional circula por las perezosas rotativas agostizas y se convierte en noticia de titulares con tipos de gran tamaño: ciento catorce mil familias "siguen buscando a sus desaparecidos durante la Guerra Civil española". Bien entrado el 2010 es todavía noticia de actualidad que en España habría desde los años cuarenta más de cien mil personas que merecen un adjetivo extraño para definir su actual *estatuto vital, detenidos-desaparecidos*. La nota, aprovechando lo que la fecha conmemora, amplía la noticia y equipara lo que aún sucede en España —miles de casos de desapariciones forzadas no resueltas— con otras situaciones similares en el mundo: veinticinco gobiernos denunciados por desaparición forzada de personas en 2009, millares de detenidos-desaparecidos producto de guerras recientes (12.000 denuncias en Bosnia Herzegovina, 16.409 en Irak, 179 en Ingusetia, 1.300 en Nepal, 2.270 en El Salvador...). La nota, en fin, se cierra explicando qué es la desaparición forzada de personas —"La desaparición forzada es una grave violación de derechos humanos cometida por los Estados..."[87]—, a qué afecta —"una perso-

---

[87] Leído el 30 de agosto en EL MUNDO (http://www-elmundo.es), que toma la nota del sitio Web de Amnistía Internacional (*cf.* http://www.es.amnesty.org/noticias/noticias/articulo/decenas-de-miles-de-personas-siguen-desaparecidas-en-el-mundo-por-motivos-politicos/, acceso el 13 de octubre de 2010.

na detenida en secreto, torturada, asesinada..."—, cuáles son algunas de las particularidades del horror que genera —"una familia que sufre años o décadas bajo el peso de estos crímenes gubernamentales (...). No saben si están vivos o muertos, si han sido encarcelados, torturados, mantenidos en condiciones inhumanas o enterrados en una fosa común. No saben si algún día aparecerán, ni en qué condiciones"— y quién legitima esta definición, el derecho internacional a través de la Convención Internacional para la Protección de Todas las Personas contra las Desapariciones Forzadas.

Estados, individuos, organismos humanitarios, vivos murientes, muertos vivientes... comparecen a un tablero, el de la desaparición forzada de personas, en el que España había esquivado jugar hasta hace bien poco. Así, un viejo problema español se ve, de repente, incluido en una categoría universal, nueva para él, categoría que lo subsume, que lo explica. El problema, antes sin nombre (o sin nombre consensuado), da al fin con el suyo: los "114.000" son parte de un objeto cuya existencia sanciona el derecho universal, víctimas de un delito —la desaparición forzada— sobre el que trabajan numerosas agencias humanitarias, casos de una figura —el detenido-desaparecido— alrededor de la que pivota en todo el mundo la vida de cientos de colectivos de víctimas, movilizados a veces, sufrientes las más, en países distintos, en épocas distintas. También, parece, en España.

La nota de prensa de Amnistía Internacional es pues más relevante de lo que parece: anuncia que la desaparición forzada y los desaparecidos han sorteado al fin las dificultades que encontraban al intentar pasar las fronteras y que ya se mueven con comodidad a un lado y otro del Atlántico —desde la Alemania nazi hasta Guatemala, desde Argentina hasta Ingusetia, desde Guantánamo hasta Nepal—, que viajan también cómodos de una época a otra —de la posguerra mundial a la Guerra Civil española, de las dictaduras latinoamericanas de los setenta a las guerras del post-comunismo—. Impasible, el detenido-desaparecido surca espacios y tiempos; sancionado por las leyes internacionales, se ha convertido en un objeto rocoso: siempre igual por mucho que se desplace, sin inmutarse a pesar de las diferencias evidentes entre sus distintos *usos locales*.

Permitan otra viñeta.

En *Mala gente que camina* (2006) Benjamín Prado[88] trama una historia que juega en un terreno muy poco recorrido por la literatura española, el del destino de los hijos de represaliados por el franquismo durante la Guerra Civil y, sobre todo, la posguerra española, dados en adopción a familias afines al régimen. En la historia, conmovedora, juegan no pocos de los protagonistas habituales en este género, tanto entre la lista de los protagonistas de consistencia difusa —la culpa, el secreto, la venganza, la ocultación, la traición, el odio, la humillación, el despecho, el reproche...— como en la de los más concretos y humanos. Uno de estos es Juan Urbano, actor principal de esta historia, profesor de instituto e investigador, que prepara una ponencia sobre Dolores Serna, autora en los cuarenta de una novela, *Óxido*, hoy olvidada. Otro es un secundario, Marconi Santos. Es la presencia de Santos en la novela la que me llama la atención: dueño y animador de un restaurante, el "Montevideo", donde el protagonista come y desayuna a diario, Santos es un exiliado uruguayo de la dictadura de los setenta; cumple un rol crucial en la trama que urde Prado, pues a medida que Juan Urbano profundiza en su investigación y encuentra tras la historia de Dolores Serna una verdad sórdida, en la que *desaparición forzada* o *niños apropiados* son parte de los ingredientes, Marconi Santos cuenta qué se hizo en Uruguay durante la dictadura de los setenta y le proporciona así a Urbano y al lector los marcos con arreglo a los que representar *adecuadamente* lo que acaba de saber sobre lo ocurrido en la España de los cuarenta.

Y solo una viñeta más, que describe la exposición *Desaparecidos,* del fotógrafo español Gervasio Sánchez, inaugurada en Madrid, Barcelona y León en febrero de 2011[89]. La exposición consiste en una amplia serie de fotografías de familiares de desaparecidos en distintas partes del mundo —Argentina y Chile, claro, pero también España, Bosnia Herzegovina, Afganistán, Perú, Colombia, etc.—. En todas ellas, los familiares se muestran al fotógrafo y al espectador exactamente del mismo modo: firmes, dignos, siempre tristes, sujetan delante de ellos una fotografía, en general

---

[88] Agradezco a Daniel Feierstein que en alguna conversación sobre el tratamiento de la figura del detenido-desaparecido en la literatura y el cine me haya recomendado la lectura de esta novela, entre otras que permiten pensar la "emigración" del desaparecido de Argentina a España.

[89] *Cf.* http://www.musac.es/prensa/web16/notas/gsanchez.pdf, acceso el 28 de febrero de 2011.

ya vieja, de *su* familiar. Dominan la secuencia las Madres de Plaza de Mayo argentinas pero tras ellas otros afectados adoptan una actitud idéntica. A igual víctima, igual dolor, igual doliente.

A mi parecer, las tres viñetas remiten a una sola conclusión: que el detenido-desaparecido se ha transnacionalizado y que hoy, tras cuarenta años de aquello, situaciones muy distintas y muy remotas son pensadas con un patrón común, el que suministra la figura del desaparecido en su *variante argentina*. Una impresionante historia: tras no saber quién era, el desaparecido ya ha madurado. *A star is born*, y es fulgurante.

2. El desaparecido modélico. Síntesis para perezosos

El desaparecido que hoy triunfa mundialmente tiene un origen de coordenadas muy locales. Es ese *propio* de la Argentina de la dictadura militar de los años 1976-1983 y en alguna medida de las de Uruguay, Chile y parcialmente Brasil de las mismas décadas. Le llamaré *desaparecido modélico* y lo que sigue resume lo que, en esencia, lo estructura. Es al tiempo una síntesis para perezosos de todo lo dicho en este libro. A través de la sucesión de diez proposiciones, ordenadas en dos bloques, daré cuenta de sus rasgos: primero hablaré de la desaparición *en sus causas* (las raíces sociohistóricas de la maquinaria de desaparecer personas y cuerpos; la lógica que guía la aplicación de ese dispositivo de deglución de personas y cuerpos); luego de la desaparición *en sus efectos* (las consecuencias que deja la maquinaria desaparecedora sobre aquellos que sobreviven a su acción y sobre el espacio social donde se ejecuta).

2.1. La desaparición forzada de personas en sus causas

Primera proposición: la desaparición forzada deriva del mismo proceso histórico que constituyó (I) la civilización

La desaparición forzada de personas pone en juego tres elementos, que son los que soportan parte importante del sentido de la acción y la identidad modernos: la civilización (PROPOSICIÓN II), el Estado-nación (PROPOSICIÓN III), el individuo-ciudadano (PROPOSICIÓN IV).

En cuanto a la civilización hablo de un proceso que combina economías subjetivas con dimensiones macrosociales. Destacan tres grandes *vías civilizatorias*: (1) la que conduce a la formación de una *población* (es decir, de un territorio para la acción de gobierno compuesto por individuos-ciudadanos unidos en conjuntos con forma de Estado-nación); (2) la que lleva a la formación de la *sociedad* a golpe de letra e idea, esto es, a la ejecución del sueño del jardinero, el de orden y progreso, el de concierto y educación, el de utopía y libertad, el de civilización contra barbarie; (3) la que termina por rellenar ese mundo hecho a golpe de cincel moderno con individuos civilizados.

Segunda proposición: la desaparición forzada deriva del mismo proceso histórico que constituyó (II) al Estado-nación

Esa sociedad ideal, letrada, plena de ciudadanos que integran una población internamente heterogénea y homogénea de cara al exterior, se parece a un Estado-nación y está poblada de un sujeto con forma de individuo-ciudadano. El primero es el modelo de la vida colectiva moderna y es también su resultado, al punto que ha devenido nuestro *productor de solidez* (Lewkowicz *et al.*, 2003: 171), nuestra canción, la melodía que nos atrapa, la única manera que tenemos de ver y vivir la vida social. No hablo sólo de una referencia empírica, que sí, ni de una realidad administrativa, que también. Hablo de nuestra "pan institución donadora de sentido", del "principio general de consistencia" de nuestra subjetividad (*ibídem*: 31 y 65), de aquello que para nosotros, modernos, supone, no es poco, nuestra geometría básica (Moya, 1984). Hablo del Estado-nación como de aquello que *ordena y coloniza nuestra subjetividad.*

Tercera proposición: la desaparición forzada deriva del mismo proceso histórico que constituyó (III) al individuo-ciudadano

Si el Estado, en su dinámica higienizadora y racionalizante (véanse proposiciones cuarta y quinta) fue el agente activo de la desaparición forzada de personas, su agente pasivo fue el individuo-ciudadano. No es éste cualquier *persona*; es moderno, tiene carta plena de ciudadanía, es racional, ilustrado, aseado. Es un sujeto que tiene historia, la misma que los derechos humanos por cierto, la misma también que el mecanismo que lo devasta. Pero sin embargo, del mismo modo que a los derechos humanos, al individuo-ciudadano hoy se le piensa como una entidad ahistórica o incluso como un universal sociológico. No lo es; al contrario, es algo de invención reciente.

Cuarta proposición: la desaparición forzada de personas no es barbarie, sino modernidad exacerbada

La desaparición forzada forma parte de esa lógica. Es más, no es barbarie, sino modernidad en estado paroxístico, parte del sueño de una sociedad vista como un objeto a administrar, como materia de ingenierías y, en general, como un jardín que hay que cuidar. Tienta acudir al argumento de que las dictaduras, la tortura o la propia desaparición forzada contravienen la *regla del progreso*, pero es más plausible que a lo que asistamos es a la exacerbación de la racionalidad que esa regla promueve.

Quinta proposición: la desaparición forzada de personas es un dispositivo de racionalización del mundo

Si un dispositivo es un medio de racionalización del mundo que construye aquello sobre lo que se aplica, la desaparición forzada de personas indudablemente lo es: es una técnica que hace lo que dice, un mundo menos lleno de molestias. Así es, ingiere cuerpos enteros, los deglute y finalmente expulsa lo que sobra, a saber: pocos cuerpos sin nombre, muchas identidades sin cuerpo. Gestiona residuos.

Sexta proposición: la desaparición forzada de personas es un dispositivo que se despliega en el territorio de la identidad

La imagen más asentada acerca de lo que en el Occidente moderno significa tener identidad requiere de aquella entidad para la que se supone esa virtud que esté sujeta a tres unidades indisolubles: (1) la unión de un nombre y un cuerpo —con forma de individuo— que (2) engarza en una historia colectiva —con forma de novela familiar— que le permite imaginar el suyo como un tiempo con duración y que, por último, (3) ancla en el presente en una comunidad firme, estable, duradera —que tiene, entre nosotros, forma de Estado-nación—. Si cumple con eso, esa entidad podrá decirse poseedora de un *Nombre* propio; propietaria de una *Historia* singular; dueña de un *Territorio* diferenciado.

Lo que la desaparición forzada de personas desbarata es esa arquitectura de la identidad. Despedaza primero la que se lee como *unidad ontológica* del ser humano, la que reúne *un cuerpo* y sólo uno con *un nombre* y sólo uno: el cuerpo —que no se encuentra— se separa del nombre —que flota eternamente sin soporte físico—. Despedaza luego la unión de ese nombre y ese cuerpo asociados a la continuidad de la novela familiar. La maquinaria despedaza por último la relación de ese individuo con la comunidad sancionada por el Estado, esto es, lo expulsa del pacto de ciudadanía.

2.2. La desaparición forzada de personas en sus efectos

Séptima proposición: la desaparición forzada es imaginada como un desajuste sin arreglo

Y a partir de ahí, el desastre, el desnorte, la pérdida de referencias. Así es, una vez instalada entre los afectados la convicción de que lo que pasó lo desbarajustó todo, que no fue normal, se hace difícil agarrarlo con los armazones que sujetan normalmente la subjetividad. Por eso, los sujetos concernidos, hijos, esposos, madres, hijas, parejas, compañeras, padres, dicen tras el tsunami que viven en el vacío, que su ausente es un presente, que ni vive ni muere, que es pero que no. Lo *normal* se deshizo y las cosas *dadas por supuestas* ya no lo son más. A partir de la desaparición forzada, casi todo se imposibilita, incluida la administración convencional de la muerte.

Octava proposición: la desaparición forzada es devastadora porque compone paradojas irresolubles

En su desarrollo, el dispositivo desaparecedor operó de manera que la rutina civilizatoria —la que crea, entre otras cosas, individuos-ciudadanos— se aplicó a lo más acabado de la civilización —entre otras cosas, a individuos-ciudadanos—. Esa es la "paradoja del detenido-desaparecido", no se puede desanudar y se enuncia así: (1) la desaparición forzada es parte de las herramientas de construcción y gestión de la población propias del orden civilizatorio/moderno; (2) la desaparición forzada se aplica a los productos más acabados del orden civilizatorio/moderno. La desaparición forzada es pues una máquina civilizatoria invertida. Más que bárbara, es *des-civilizatoria*.

Novena proposición: la desaparición forzada es una catástrofe

La desaparición forzada de personas es una catástrofe, esto es: *un desarreglo permanente de los aparatos de construcción social de sentido y subjetividad convertido en espacio de vida*. Ese espacio es difícil de vivir y de pensar y se define por la quiebra de las relaciones convencionales entre la realidad social y el lenguaje cuando esta quiebra se consolida y las dificultades para representar lo que ocurre en los territorios que la quiebra dibuja son permanentes. Tras el tsunami se vive, pero cuesta.

Décima proposición: alrededor de la catástrofe de la desaparición forzada de personas se construye un campo social (el "campo del detenido-desaparecido")

La desaparición forzada va, en el tiempo, mucho más allá del "desastre fundacional", no solo porque las heridas nunca cierran, no solo porque el muerto nunca muere ni porque el delito sea permanente, sino también porque alrededor suyo nace primero y cristaliza después un campo social, el universo de la catástrofe, en el que son muchos los agentes instalados.

3. Los viajes del desaparecido transnacional

Demos desde nuestro desaparecido local un salto hacia adelante, hacia arriba mejor, hacia la irrupción fulgurante de este *desaparecido modélico* en el derecho penal internacional. Situémonos en la sede de Naciones Unidas, en febrero de 2007, cuando refrendan la Convención Internacional para la Protección de todas las Personas contra las Desapariciones Forzadas, que ya fue adoptada el 20 de diciembre de 2006 por la Asamblea General. En el segundo artículo de esta Convención se describe de este modo la desaparición forzada:

> "El arresto, la detención, el secuestro o cualquier otra forma de privación de libertad que sean obra de agentes del Estado o por personas o grupos de personas que actúan con la autorización, el apoyo o la aquiescencia del Estado, seguida de la negativa a reconocer dicha privación de libertad o del ocultamiento de la suerte o el paradero de la persona desaparecida, sustrayéndola a la protección de la ley"

Así pues, un sujeto activo, el *Estado*, que opera en un entorno donde la *ley* es el marco de referencia; un delito aberrante, la sustracción del sujeto al imperio de la ley sumergiéndolo en un *espacio que la exceptúa*, y un sujeto pasivo que tras el acto de la desaparición muda de estatuto: de ser reconocible como un individuo de los de nombre y apellido pasa a ser nombrado a través de un término, *desaparecido*, que no se conjuga como un participio —*está* desaparecido— sino que se enuncia como un sustantivo —*es* un desaparecido—.

Vayamos unos pasos atrás, de vuelta a América Latina aunque sin salir de las cortes de justicia. Situémonos en 1994: Convención Interamericana sobre Desaparición Forzada de Personas: Allí se dice:

> "La desaparición forzada de personas viola múltiples derechos esenciales de la persona humana de carácter inderogable (...): el derecho a la libertad y la seguridad de la persona, el derecho a ser reconocida en todas partes como una persona ante la ley, el derecho a la defensa, el derecho a no ser sometido a la tortura, y constituye una grave amenaza al derecho a la vida"

Si el texto aprobado por Naciones Unidas en 2007 señala claramente hacia el agente activo de la desaparición forzada —el Estado— y marca la particularidad más característica de esta práctica —la sustracción del sujeto desaparecido al Imperio de la ley y su inmersión en un espacio de excepcionalidad jurídica—, el de la Convención Interamericana señala que no es cualquier persona la atacada: es un individuo, un ciudadano, un *sujeto moderno*. Un ciudadano convertido ahora en paria, un sujeto que ocupó el privilegiado estatuto de individuo-ciudadano que es desterrado al territorio *del afuera*, donde deviene un desolado, un expulsado de lo humano: sin nombre, sin cuerpo, sin historia.

La *acepción argentina* del desaparecido y de la desaparición forzada de personas se ha hecho ley. A partir de ahí, será la vara de medir de todo otro resultado de prácticas de desaparición forzada de personas, sea o no el Estado el ejecutor, haya o no haya habido paradero desconocido del sujeto desaparecido, haya sido o no selectivo y sistemático el proceso de elección de víctimas del dispositivo desaparecedor, sea un individuo, un grupo étnico, una comunidad rural o un colectivo de creyentes el destinatario. Sea como sea, la definición ha tenido éxito, enorme, y el concepto de desaparecido que *inventa* la que la literatura de ciencias sociales argentina llama, ignoro si con ironía o por mero convencionalismo, "la última dictadura" y que luego, en 2007, refrenda la ONU, viaja de un continente a otro, de época en época, sin sufrir demasiado los desajustes que tan largos desplazamientos deberían depararle. Endurecido, el detenido-desaparecido se ha convertido en un verdadero *móvil inmutable*[90]: nació, y nació complejo, en los *chupaderos* argentinos, que parieron al *desaparecido modélico*, y sufrió luego dos transformaciones: en un primer movimiento, sin perder complejidad, pero sí matices, el desaparecido modélico devino, a través de un intenso trabajo de traducción jurídica, *desaparecido transnacional*; luego, en un segundo movimiento, éste se convirtió en la matriz de referencia con la que se piensan, se miden y de más en más se juzgan los múltiples casos de *desaparecidos locales* ya integrados en el tipo transnacional.

---

[90] Un móvil inmutable es un objeto que se desplaza enormes distancias (físicas o imaginarias) y que sigue siendo *lo mismo* a la salida que a la llegada: una botella de Coca Cola leída tal aquí y en USA, una pelota de fútbol sabida "pelota de fútbol" en Nairobi y en Guayaquil, una persona pensada como individuo en Toronto y en Montevideo, un detenido-desaparecido en Argentina, Guatemala o España... Para construirlo, explica Bruno Latour, es preciso un persistente trabajo de *endurecimiento de los hechos* (1985: 10): convertir realidades blandas, difusas, de límites indefinidos, a veces incluso de límites indefinibles, en ocasiones incluso irrepresentables, en objetos duros, transportables y comparables, en objetos singulares y móviles en tiempo y espacio. La construcción de un móvil inmutable se opera en cinco pasos sucesivos: *movilizar* o *definir* (reducir la realidad a pocos elementos, construir una definición); *fijar las formas* (sacar al objeto definido de su contexto, aislarlo como forma independiente); *aplanar* (reducir las variedades del objeto a pocos rasgos, a los que quepan en una hoja de papel); *recombinar* (comparar el objeto definido, fijado y aplanado con otros objetos parecidos ya definido, fijados y aplanados); e *inscribir* (traducir esa entidad definida, fijada, aplanada y recombinada a signos, archivos, documentos, trozos de papel, huellas... (Latour, 2001: 365)). Después de esos cinco pasos, el objeto ingresa en el espacio, homogéneo y ordenado, de la geometría (Latour, 1985: 22). Si se aplica a nuestro caso, tras esos cinco pasos es que podemos definitivamente decir lo que el detenido-desaparecido es y distinguirlo de lo que no es; ya podemos moverlo y compararlo sin miedo a que se altere.

Desaparecido transnacional (construcción de la figura jurídica)

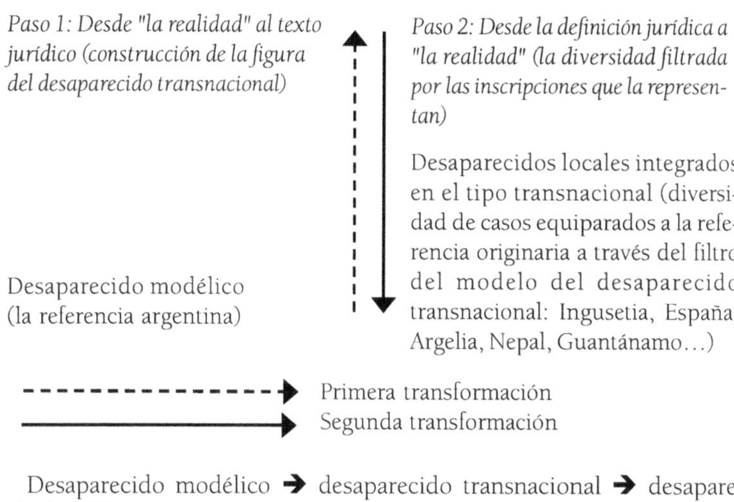

Desaparecido modélico ➜ desaparecido transnacional ➜ desaparecido local[91]

¿Qué autopistas ha usado para viajar tan rápido y tan fácil? ¿Cuáles son las *capas discursivas* con arreglo a las que se desarrolla el desembarco, y con éxito, de esta figura fuera de sus pagos de origen?

Para entenderlo podemos acudir a varias hipótesis. Una es *soft*, la propia de estudios, los *transatlánticos*, interesados en objetos que atraviesan el Océano en desplazamientos de ida y vuelta, en movimientos de cruce, disputa y (re)apropiación de direcciones múltiples, tanto en tiempo como en espacio. El *desaparecido transatlántico* podría ser uno de esos objetos: nacido en América, viaja a Europa, *renuncia* a su origen y compone una identidad de límites más porosos y contenidos más fluidos. Visto así, del desaparecido, de su concepto quiero decir, no sería relevante saber *cómo se produce* sino *cómo circula*; más que el "tiempo histórico", el del origen y la autenticidad, importaría de él "el tiempo trans-histórico",

---

el de las reinterpretaciones, ése en el que se "entrecruza[n] relatos" y las cosas son "una y otra vez actualizad[as]" (Ortega, 2010: 84).

También considerando que mucho más pertinente que atender a la producción de los conceptos que estructuran el campo de los derechos humanos (derecho, refugiado, desaparecido, víctima, reconocimiento, perpetrador, reparación, entre muchos otros), lo es observar los *usos locales* de esos conceptos *universales*, trabaja mucha de la investigación antropológica en este terreno. Si la de los estudios transatlánticos era sensible al movimiento de desautentificación, esta segunda hipótesis lo es al de *apropiación local* de las figuras del derecho universal, esto es, a esa *vernacularización de los derechos*[92] que comporta necesariamente la práctica de los agentes de ese campo en situación.

No obstante, sí aspiramos a entender cómo ha sido que el detenido-desaparecido ha alcanzado el estatuto de *figura culmen* del derecho internacional en materia de vulneración de los derechos humanos, cómo ha sido que se la ha elevado al altar de los conceptos universales, transatlánticos y transhistóricos, cómo ha sido además que todo eso ya está jurídicamente refrendado, creo que es necesario presentar una tercera hipótesis, más dura. La que propongo pasa por situar los desplazamientos del detenido-desaparecido dentro de un movimiento generalizado en el comienzo del Siglo XXI, el de *consagración de los derechos humanos como uno de los discursos dominantes para percibir el mundo y sus variantes*. Es verdaderamente una nueva *economía moral*, la que —cito a Didier Fassin— "se ha conformado en las últimas décadas del siglo XX (...). Promueve respuestas inéditas —lo que podríamos llamar gobierno humanitario— desde las que se atiende de una manera muy especial al sufrimiento y a la desdicha" (2010: 16). Una brevísima genealogía de esta moralidad exige considerar dos temporalidades y atender a la naturalización de un nuevo tipo subjetivo, muy contemporáneo, el de la víctima.

La temporalidad del largo término arranca en el siglo XVII. Es la historia, plena de vaivenes, éxitos y fracasos, del *humanismo ilustrado*, y, con ella, la de la elevación al estatuto de evidencias compartidas y universales de cuestiones como ciudadanía, individuo soberano, Estado nación, civilización occidental, derechos humanos... En breve: es la historia de la construcción de lo humano como uno de los marcos de referencia normativo, moral y jurídico propios del mundo globalizado. La temporali-

---

[92] En expresión de Jane Cowan (2006, "Culture and Rights after *Culture and Rights*", *American Anthropologists*, 108, 1: 9-24), que tomo, como muchas de las consideraciones de este párrafo, de Ferrándiz (2010: 162-163).

dad del medio plazo es la del siglo XX, el tiempo de las acciones compensatorias de las muchas situaciones que desde más o menos los años cincuenta identificamos como propias de "lo humano en posición de desdicha", esas que Didier Fassin llama situaciones de "adversidad global" (2007: 508): desocupación, pobreza, migración, refugio, carestías, enfermedades.... También en breve: es la historia del gobierno humanitario y de sus muchas agencias o conceptos (desde el ACNUR a la idea de justicia transicional pasando por la de "derecho humanitario internacional"). Es la historia, también, de la construcción de "una ficción totalitaria" (Agier, 2008: 291) o, cabría mejor decir, *totalizante*: la de la existencia de una humanidad con identidad compartida y universal, en la que solo existe una diferencia, la de una de sus partes, excluida, situada en el borde, *las víctimas*, a las que la acción humanitaria asiste. Vistas desde esa perspectiva, herramientas como la justicia transicional o el derecho internacional humanitario son, escribe Ruti G. Teitel (2003), esfuerzos normativos que tienen efectos concretos, entre otros, el de la construcción de un *consenso global sobre lo humano,* sobre su vulneración y sobre cómo reaccionar. Son herramientas que violentan, en cuanto que conmueven y modifican, la realidad sobre la que se aplican, y lo hacen con la legitimidad, de difícil cuestionamiento, de quien aspira a universalizar el esquema básico de los derechos humanos, *justo* aunque *etnocéntrico, universal* en su pretensión aunque *local* en su fundación. Así, la ingente batería de leyes que dotan de armazón al derecho internacional humanitario —leyes de víctimas, leyes de memoria, leyes de reconciliación, leyes de reparación, leyes de reconocimiento, leyes de acceso a la información, leyes de perdón y olvido...— opera por doquier de un modo altamente performativo: crea verdad, consenso, secuencias legitimadas de memoria, y al tiempo, contribuye a la creación de nuevos sujetos colectivos, de nuevo las víctimas, los sujetos asistidos por esa batería legislativa.

Si acordamos que estas dos temporalidades constituyen las capas discursivas que explican esta nueva economía moral, podemos también ver cómo de ella deriva un personaje que aunque viejo ha ganado mucho brío en estos últimos años, *la víctima.* Las hay por doquier: del terrorismo, de la violencia de género, de accidentes de aviación, de impericias médicas, de la crisis, de una inundación... Encarnan una nueva subjetividad planetaria, la de un personaje que es naturalizado como *vulnerado, doliente, asistido, pasivo, apolítico.* Están por todas partes. Y aunque no lo parezca, representan un tipo subjetivo de nacimiento reciente (Mate, 2008; Wieviorka, 2003). Dentro del conjunto de *las víctimas*, el detenido-desaparecido ocupa buenas posiciones, los puestos altos de la contemporánea "jerarquía de la desdicha" (Agier, 2008: 81). No es para menos: es un no vivo, un no muerto, un no ciudadano, fue expulsado de la historia, carece de nombre y de cuerpo. Es lo humano en déficit. El *contrasujeto* del viejo sujeto humanista e ilustrado. Una víctima total.

4. De las consecuencias no intencionadas de la transnacionalización del detenido-desaparecido

En todo caso, la cuestión está lejos de no tener consecuencias; una de ellas requiere, seguramente, que el asunto sea tratado con cuidado. Otras dos merecen, probablemente, celebrarse.

La *primera consecuencia* es inquietante, y guarda relación con la fuerza colonizadora del "desaparecido transnacional" cuando moldea nuestra forma de pensar todo otro detenido-desaparecido. Me refiero a una colonización que es estética, histórica y social, que anula diferencias y que encierra al sujeto contenido en el significante "desaparecido" o "afectado por la desaparición forzada" en el modelo que hace de él, necesariamente, una víctima doliente, encerrado en la retórica del dolor, del sufrimiento, de la vulneración merecedora de atención humanitaria... que hace de él un personaje sujeto a ritos, actitudes, escorzos, rituales... muy precisos. Prudencia pues: el desaparecido transnacional se ha convertido en una herramienta de justicia eficaz. Pero su figura de eterno doliente cancela la variedad de situaciones que representa; tal y como está siendo construido, la suya —y la de su entorno— solo es "la verdad de su sufrimiento" (Fassin, 2004: 91).

La *segunda consecuencia* es que los desaparecidos y sus universos sociales han ingresado al poderoso marco de reconocimiento que hoy ofrece el derecho humanitario internacional, un rasero normativo que multiplica exponencialmente la posibilidad de que interesen universalmente los sujetos que son objeto de su atención. En ese sentido, Rosa Linda Fregoso ha indicado que la "cultura de los derechos humanos" y la figura de la víctima que con ella comparece constituyen un marco de reconocimiento para vidas extremadamente vulneradas: permiten a sujetos en posición subalterna ser reconocidos, que "produzcan presencia"[93], que se sumen a una "política cultural de la visibilidad" (2006: 75).

---

[93] La idea de "producción de presencia" la toma R. L. Fregoso de Saskia Sassen, 2002, "The Repositioning of Citizenship: Emergent subjects and Spaces for Politics", *Berkeley Journal of Sociology*, 47.

La tercera consecuencia merece festejo y quizá por eso más párrafos para explicarla. Serán los últimos.

Ya sabemos que con la desaparición forzada de personas sucedió una catástrofe que devastó la identidad, que provocó que las cosas se quedaran sin palabras con las que darles consistencia, que hizo que la estructura que sujeta el orden se dislocase. Que todo hizo crac. Aunque es cierto que "creatividad" es una cualidad que está lejos de las que caracterizan a los hacedores de semejante desajuste, creo que sí se les puede atribuir el mérito de un hallazgo, el de haber inventado una figura de enorme poder destructor, que deshizo la identidad moderna, que destrozó el lenguaje para pensarla, que impidió durante largo tiempo el viejo ajuste entre palabras y cosas. Todo un logro.

Así es, la mezcla de algunos ingredientes —civilización, obsesión higienista, ingeniería social, utopía americana...— produjo casi sin querer una novedad de dimensiones prácticas y simbólicas descomunales, la *perfección represiva del detenido-desaparecido*. Pero sin embargo tuvo una consecuencia no buscada: un universo social vasto, denso, tenso, triste, rico, complejo, el *campo del detenido-desaparecido*. Es también ése un verdadero hallazgo, no de los victimarios sino de sus víctimas, constructoras de vida social donde *a priori* la vida social no es posible, de identidades allí donde la idea misma de identidad funciona con enormes dificultades, de solidaridad allí donde ni el más visionario de los sociólogos creyó que eso se pudiese hacer, de lenguajes adecuados para dar palabras y decir aquello, la desaparición forzada de personas, el detenido-desaparecido, en fin, esta catástrofe que separa las palabras de las cosas, que ni tiene palabras ni permite la representación. Narrativas diversas —que en mi análisis he limitado a dos, la del sentido y la de su ausencia— concretan esos mundos sociales, en identidades, en palabras, en solidaridades. Son diferentes entre sí, mucho, pero tienen en común su apabullante creatividad: inventaron identidades, estrategias, afectos, redes sociales, nombres, figuras nuevas, gestiones del dolor... Inventaron tanto que hasta revirtieron el sentido del concepto mismo que les hizo nacer, detenido-desaparecido, al que convirtieron de algo inexplicable en algo que explica, esto es, del que hicieron un *concepto para entender las cosas difíciles de entender.*

> Diario de campo: 28/9/2005, Buenos Aires. El campo institucionalizado: los desaparecidos entran en el mercado
>
> Se institucionalizó un territorio propio para el detenido-desaparecido en el que confluyen dos cosas, los problemas de lenguaje, la incomodidad de las identidades. En *Página/12* se publicitan dos campañas, una de I-sat anunciando que durante cuatro miércoles seguidos emitirá películas sobre la dictadura y la memoria. Dice así: "4 relatos, 30.000 historias". Otra de una distribuidora, que bajo el rótulo de "Pack de la memoria" vende *Los rubios, Nietos, Garage Olimpo* e *HIJOS*.
>
> Los detenidos-desaparecidos entran al mercado.

Otro hallazgo, sí, pero este es hermoso. Creo que la condición de posibilidad de ese hallazgo es que se haya institucionalizado un campo del detenido-desaparecido, que la figura exista y que integre la nómina de *nuestros personajes*. Empieza a no ser necesario explicar qué es, ni acudir a otras figuras para entenderlo, o compararla con otras situaciones para saber de qué se trata. El detenido-desaparecido tiene lugar propio y está hecho de irrepresentatividad, de quiebres, ausencias, excepciones, de indecibilidad e indefinición, de invisibilidad y desestabilización... Tiene, en efecto, un lugar propio, incómodo, sí, pero un lugar. Insisto: esa singularización del detenido-desaparecido puede ser interpretada como una victoria, no sé si moral, no sé si política; sí del *intelecto colectivo*, que demuestra ser capaz de vencer al *horror vacui* sin cancelarlo, de meterse de lleno en un agujero que perfora la realidad y de pensar desde ahí. En lo que a la catástrofe de la desaparición forzada de personas y, sobre todo, al detenido-desaparecido concierne, cuando este giro tiene lugar la figura cambia radicalmente su estatuto en el imaginario colectivo: era la figura *a explicar*, el misterio, la incógnita a desvelar de la ecuación, el problema que angustia; ha pasado a ser lo opuesto, la *variable que explica*, el referente, una suerte de *principio de intelección* útil para pensar en todo aquello que se imagine como extraño e informe.

Si esto es cierto —y disculpen el tono, pero quiero creer que sí; a fin de cuentas estos párrafos son una despedida y no es mala cosa que sea esperanzada— me parece que asistimos a un síntoma prodigioso de la inventiva de la vida social, otra Mona Lisa que surge de esta aberración. Bella. Intelectualmente poderosa. Algo a tomar muy en serio: se ha inventado un concepto, se ha dado con una herramienta para pensar en lo inefable, lo oscuro, lo invisible. Es un hallazgo, en efecto, pues el detenido-desaparecido está trabajando como metáfora para explicar las peculiares condiciones sociales de los desocupados, de los marginales, de los sin techo, de los locos, de los exiliados... Todas esas figuras se piensan como *desaparecidos*, pues, como ellos, son incómodas, invisibles, ausentes sin serlo, desubicadas, desestructuradas, presentes que no... Una ex detenida-desaparecida se hace eco de esta apertura de aquel que fue concepto extraño y de su paso de *explanandum* —lo *a explicar*— a *explanans* —lo *que explica*—:

> "[Cuando veo chicos de la calle durmiendo en el piso] a mí me viene la imagen, es como que también... Es como que no están... *Ellos son unos desaparecidos para este sistema* (...). Y ellos me decían: 'porque yo vengo a la escuela porque me rescató'. Entonces a mí también me resonaba eso (...). Ellos están en un lugar que no es de nadie. Un lugar donde nadie los ve" (E42e. El énfasis es mío)

El desaparecido dibuja un campo, articula la construcción de un universo en torno suyo, y, además, sirve como referente y metáfora desde la que entender situaciones sociales que, como él, están en lugares imposibles. Sí, creo que sí, *el desaparecido se ha convertido en un concepto* ¿Sabiduría popular? ¿Venganza de la historia? Probablemente: con lo que fue inexplicable, explicamos ahora lo que sigue siendo inexplicable. La inteligencia de la vida social, que es siempre soberbia, ha transformado un *explanandum* en *explanans*, un problema en solución.

De esta inventiva disponemos de ejemplos a espuertas. Sobresale por lo explícito el que nos proporciona la propuesta del colectivo *Escombros, artistas de lo que queda*, que sitúa al detenido-desaparecido en el mismo centro de ese lugar, sombrío, donde convergen los *oscurecidos* de la historia: desocupados, sidosos, enfermas, torturados, censuradas, locas, exiliados, adolescentes sin futuro, mujeres maltratadas... En ese lugar, el detenido-desaparecido satisface un doble papel, primero como síntesis (pues como todos esos monstruos sociales es invisible, es abandonado, es horror...), luego como adalid. En la misma línea, es decir, haciendo del desaparecido la metáfora de situaciones de desamparo, están la convocatoria y el desarrollo de unas jornadas organizadas por la APDH (Asamblea Permanente por los Derechos Humanos) en agosto de 2005. En ellas, con toda naturalidad y sin miedo a producir enunciados contraintuitivos para la audiencia, se hablaba de "desaparecidos sociales" para referirse a situaciones *especiales*, extrañas: travestis, niños de la calle, marginales... Y otro más, arrancado de unas jornadas celebradas en enero de

Afiche del colectivo *Escombros* recogido en la exposición colectiva *Quiénes eran*, La Plata, Argentina, 2005. Fotografía del autor.

2005 en La Matanza, Buenos Aires, en las que se interpreta la anormalidad socialmente atribuida a un travesti acudiendo a los detenidos-desaparecidos, aquellos viejos incomprendidos. Travestis, marginales, jubilados e invisibles diversos son, dice uno en la conclusión de las jornadas, los "desaparecidos de hoy".

> Diario de campo: 10/8/2005, Montevideo. El desaparecido como principio de intelección
>
> En *El viento*, de Eduardo Mignogna (2005), hay padres ausentes, búsquedas de sentido, secretos, silencios… Cosas muy viejas. Para explicarlas, en rueda de prensa el director acude a cosas muy nuevas, los detenidos-desaparecidos. Así es, el detenido-desaparecido deviene *explanans*, lo que explica la identidad cuando se la piensa vacía, cuando se desenvuelve en ausencia. Sorprende que la película no trata de la desaparición y que, no obstante, gracias a ella se pueda pensar en los temas que toca: las dificultades de la identidad, la identidad cuando hace crac y se inquieta, la construcción de sí con el padre ausente…. Así por ejemplo, un comentarista (*Página/12*, 2 de agosto de 2005) titula su crítica a *El viento* "Ensayo sobre la identidad" y dice en ella: "Si bien la historia es otra, suena muy cercano que alguien se haya criado en la Argentina sin que sepa quien es su padre". Mi madre acierta también dándose cuenta que la película no es una metáfora de la desaparición sino que gracias a la desaparición pueden pensarse bien las dificultades de la identidad.
>
> La desaparición forzada de personas se instaló, al menos en la sociedad argentina, como principio de intelección de la identidad en problemas.

En fin, diría que hoy el desaparecido cataliza las hablas de *la lengua de lo ausente del sentido*. Es la referencia para pensar en lo fuera de serie, las situaciones estrafalarias, anormales, dolorosas, todo aquello que ha sido excepcional, que produce problemas. Y en la medida que el desaparecido se eleva a ese lugar, el de referencia, metáfora, concepto, el lenguaje que fue útil para hablarlo se convierte también en el lenguaje de esas *cosas sin nombre ni lugar:* el pozo como metáfora de los agujeros negros de la realidad, el testimonio del horror como una forma de acercarse a lo indecible, la memoria como algo plural y precario, la dificultad para representar algunas realidades y el carácter constitutivamente irrepresentable de otras… Estos, que fueron recursos conceptuales y herramientas formales para poder hablar del desaparecido y de su campo, van, de a poco, apuntalando la construcción de un lenguaje para lo imposible. Una victoria, sí.

Anexo: Listado de entrevistas realizadas

En la siguiente relación se listan las cuarenta y tres entrevistas que realicé durante el trabajo de campo que da apoyo empírico a esta investigación. De ese total, treinta y seis entrevistas las realicé personalmente, en una o varias sesiones, durante el trabajo de campo que llevé a cabo tanto en Uruguay como en la Argentina entre agosto y noviembre de 2005; otras corresponden a las entrevistas recogidas en el archivo de la fundación Memoria Abierta, de Buenos Aires (que aunque en todos los casos agrupen a varias entrevistas, menciono con un solo indicador —entrevistas E4, E15, E27, E30, E42, E43—), y una a la trascripción de varias reuniones de la Asociación de ex-detenidos-desaparecidos, también de la Argentina (entrevista E41). En este listado sólo se da cuenta de las características por las que fue seleccionado el sujeto en cuestión. Cualesquiera de ustedes que, asaltado por las demandas del rigor científico e inconsciente acerca de los actuales costos del papel, quiera ver las transcripciones completas, puede solicitarlas a g.gatti@ehu.es.

Se trabajó con agentes de dos tipos: profesionales y afectados-familiares, con esta distribución: entrevistas E1 a E19 profesionales del campo del detenido-desaparecido (E1 a E4 a juristas; E5 a E8 psicólogos; E9 genetistas; E10 a E15 antropólogos y arqueólogos; E16 a E19 archiveros), entrevistas E20 a E43 familiares y afectados (E20 a E37 hijos, incluyendo un grupo de discusión; E28 a E30 abuelas; E31 a E42 ex detenidos-desaparecidos; E43 madres).

De las treinta y seis entrevistas realizadas personalmente, casi un tercio —once— lo fueron en Uruguay, y el resto —veinticinco— en Argentina.

E1: Jurista litigante en causas emprendidas por la AEDD (Asociación de Ex- detenidos-desaparecidos). Buenos Aires, Argentina

E2: Jurista miembro del equipo de Abuelas de Plaza de Mayo. Buenos Aires, Argentina

E3: Jurista litigante en varias causas de detenidos-desaparecidos uruguayos. Montevideo, Uruguay

E4: Juristas. Cuatro entrevistas [desde la E4a a la E4d] recogidas en el archivo oral de la fundación Memoria Abierta. Buenos Aires, Argentina

E5: Psicoanalista. Área de salud mental de la secretaría de DDHH de la Nación. Buenos Aires, Argentina. 3 sesiones

E6: Psicoanalista. Especialista en la atención a sobrevivientes de la tortura. Montevideo, Uruguay

E7: Psicoanalista. Especialista en la atención a sobrevivientes de la tortura. Montevideo, Uruguay

E8: Dos psicoanalistas integrantes de EATIP (Equipo Argentino de Trabajo e Investigación Psicosocial). Vinculadas a Madres de Plaza de Mayo. Desarrollan una investigación sobre las consecuencias de la represión en hijos de detenidos-desaparecidos. Buenos Aires, Argentina. 2 sesiones

E9: Dos genetistas vinculadas a la identificación de niños apropiados y recuperados. Peritos de parte en causas de Abuelas de Plaza de Mayo y consejeras de CONADI. Buenos Aires, Argentina

E10: Miembro del Equipo Argentino de Antropología Forense. Especialista en trabajo con legajos judiciales. Buenos Aires, Argentina. 2 sesiones

E11: Miembro del Equipo Argentino de Antropología Forense. Especialista en investigación dactiloscópica. Buenos Aires, Argentina

E12: Miembro del Equipo Argentino de Antropología Forense. Arqueóloga. Buenos Aires, Argentina

E13: Arqueóloga miembro de GAAMI (Grupo Arqueológico-Antropológico Memoria e Identidad). Buenos Aires, Argentina. 2 sesiones.

E14: Arqueóloga. Miembro del equipo de investigación que trabaja en la recuperación del "Pozo de Rosario". Rosario, Argentina

E15: Arqueóloga miembro de GAAMI (Grupo Arqueológico-Antropológico Memoria e Identidad). Entrevista recogida en el archivo oral de la fundación Memoria Abierta. Buenos Aires, Argentina

E16: Tres miembros del Equipo de Investigación de CONADEP (Comisión Nacional sobre la Desaparición de Personas). Buenos Aires, Argentina

E17: Responsable del archivo de la DIPBA (Dirección de Inteligencia de la Policía de la Provincia de Buenos Aires), actualmente Comisión Provincial por la Memoria. La Plata, Argentina

E18: Coordinadora del archivo de la DIPBA (Dirección de Inteligencia de la Policía de la Provincia de Buenos Aires), actualmente Comisión Provincial por la Memoria. La Plata, Argentina

E19: Dos voluntarias del Archivo Biográfico Familiar. Hijas de detenidos-desaparecidos. Buenos Aires, Argentina

E20: Hija de detenidos-desaparecidos, 41 años. Padre desaparecido. Buenos Aires, Argentina

E21: Hija de detenidos-desaparecidos, 33 años. Padre y madre desaparecidos. Buenos Aires, Argentina

E22: Hija de detenidos-desaparecidos, 42 años. Padre y madre desaparecidos. Buenos Aires, Argentina

E23: Hijo de detenidos-desaparecidos, 27 años. Padre y madre desaparecidos. Apropiado con "identidad recuperada" a los 25 años. Buenos Aires, Argentina

E24: Hijo de detenidos-desaparecidos. Apropiado con "identidad recuperada" a los 24 años. Buenos Aires, Argentina

E25: Hija de detenidos-desaparecidos, 47 años. Padre desaparecido. Montevideo, Uruguay

E26: Grupo de discusión con miembros de HIJOS La Plata (GD1: hija de padre preso; GD2: hijo de detenidos-desaparecidos; GD3: hija de detenido-desaparecido; GD4: sin padres represaliados). La Plata, Argentina

E27: Hijos de detenidos-desaparecidos. Nueve entrevistas [desde la E27a a la E27i] recogidas en el archivo oral de la fundación Memoria Abierta. Buenos Aires, Argentina

E28: Responsable de CONADI (Comisión Nacional por la Identidad). Buenos Aires, Argentina

E29: Voluntaria del Archivo Biográfico Familiar. Hija de detenidos-desaparecidos. Buenos Aires, Argentina

E30: Miembro de Abuelas de Plaza de Mayo. Entrevista recogida en el archivo oral de la fundación Memoria Abierta. Buenos Aires, Argentina

E31: Ex detenida-desaparecida (CCD: sin datos). Buenos Aires, Argentina

E32: Ex detenida-desaparecida (CCD: ESMA). Buenos Aires, Argentina. 2 sesiones

E33: Ex detenida-desaparecida (CCD: Escuelita de Famaillá). Buenos Aires, Argentina

E34: Ex detenida-desaparecida (CCD: Circuito Camps). La Plata, Argentina

E35: Ex detenida-desaparecida (CCD: Automotores Orletti). Montevideo, Uruguay

E36: Ex detenida-desaparecida (CCD: Automotores Orletti). Montevideo, Uruguay

E37: Ex detenida-desaparecida (CCD: Automotores Orletti). Montevideo, Uruguay

E38: Ex detenida-desaparecida (CCD: Automotores Orletti). Trabaja en la Asociación de Madres y Familiares de detenidos-desaparecidos. Montevideo, Uruguay

E39: Responsable de CRYSOL, Asociación de ex presos políticos. Montevideo, Uruguay

E40: Ex detenida-desaparecida (CCD: Automotores Orletti). Montevideo, Uruguay

E41: Transcripción de varias sesiones de reuniones de la AEDD (Asociación de Ex-detenidos-desaparecidos). Buenos Aires, Argentina

E42: Ex detenidos-desaparecidos. Seis entrevistas [desde la E42a a la E42f] recogidas en el archivo oral de la fundación Memoria Abierta. Buenos Aires, Argentina

E43: Madres. Cuatro entrevistas [desde la E43a a la E43d] recogidas en el archivo oral de la fundación Memoria Abierta. Buenos Aires, Argentina

Bibliografía

Agamben, G., 1998, *Homo sacer. El poder soberano y la nuda vida*, Pre-Textos, Valencia

Agamben, G., 2002, *El archivo y el testigo. Homo sacer III*, Pre-Textos, Valencia

Agamben, G., 2004, *Estado de excepción. Homo sacer II, I*, Adriana Hidalgo editora, Buenos Aires

Agier, M., 2002, *Aux bords du monde, les réfugiés*, Flammarion, París

Agier, M., 2008, *Gérer les indésirables. Des camps des réfugiés au gouvernement humanitaire*, Flammarion, París

Altamirano, C., 2004, "Entre el naturalismo y la psicología: el comienzo de la ciencia social en la Argentina", en F. Neiburg y M. Plotkin (comps.), *Intelectuales y expertos. La constitución del conocimiento social en Argentina*, Paidós, Buenos Aires

Amnistía Internacional, 1983, *Desapariciones*, Fundamentos, Barcelona

Anguita, E. y M. Caparrós, 1998, *La voluntad. Una historia de la militancia revolucionaria en la Argentina*, Norma Editorial, Buenos Aires

Arendt, H., 1999, *Eichmann en Jerusalén: un estudio sobre la banalidad del mal*, Lumen, Barcelona

Arfuch, L., 2004, "¿Cómo se construye la identidad?", en AA.VV., *Identidad, construcción social y subjetiva*, 1° Coloquio Interdisciplinario de las Abuelas de Plaza de Mayo, Buenos Aires

Ariño, A., 2002, "La patrimonialización de la cultura y sus paradojas en la sociedad del riesgo", en J. M. García Blanco y P. Navarro (eds.), *¿Más allá de la modernidad? Las dimensiones de la información, la comunicación y sus nuevas tecnologías*, CIS, Madrid

Augé, M., 1992, *Los "no lugares". Espacios del anonimato. Una antropología de la sobremodernidad*, Gedisa, Barcelona

Ávila, B., 2004, *Nietos. Identidad y memoria*, película

Baigún, D., 1987, "La desaparición: su ubicación en el ámbito penal", en Grupo de Iniciativa por una Convención Internacional sobre la desaparición forzada de personas, *La desaparición. Crimen contra la humanidad*, APDH, Buenos Aires

Barel, Y., 1984a, *La société du vide,* Seuil, París

Barel, Y., 1984b, "La dissidence sociale", en *Actions et recherches sociales,* 16/3

Battán Horenstein, A., s/f, "Del cuerpo de los sabios a las somatografías", mimeo.

Bauman, Z., 1997a, *Legisladores e intérpretes. Sobre la modernidad, la posmodernidad y los intelectuales,* Universidad Nacional de Quilmes, Buenos Aires

Bauman, Z., 1997b, *Modernidad y holocausto,* Sequitur, Toledo

Bauman, Z., 2005, *Vidas desperdiciadas. La modernidad y sus parias,* Paidós, Barcelona

Bauman, Z., 2008, *Archipiélago de excepciones,* Katz-CCCB, Barcelona

Bechis, M., 1999, *Garage Olimpo,* Película

Béjar, H., 1988, *El ámbito íntimo,* Alianza, Madrid

Besnard, P., 1998, "Anomia y fatalismo en la teoría durkheimiana de la regulación", en *REIS,* 81

Bialot, J., 2002, *C'est l'hiver que les jours rallongent,* Seuil, París

Blengino, V., 2005, *La zanja de la Patagonia. Los nuevos conquistadores: militares, científicos, sacerdotes y escritores,* FCE, Buenos Aires

Borges, J. L., 2002, "El idioma analítico de John Wilkins", en *Otras inquisiciones,* Alianza, Madrid

Bourdieu, P., 1991, *El sentido práctico,* Taurus, Madrid

Brodsky, M., 2006, *Buena memoria,* Buenos Aires, La Marca editora

Bruzzone, F., 2008, *Los topos,* Mondadori, Buenos Aires

Butler, J., 2001, *El género en disputa. El feminismo y la subversión de la identidad,* Paidós, UNAM, México D.F.

Butler, J., 2002, *Cuerpos que importan,* Paidós, Buenos Aires

Butler, J., 2006, *Vidas precarias. El poder del duelo y la violencia,* Paidós, Barcelona

Calveiro, P., 1998, *Poder y desaparición. Los campos de concentración en Argentina,* Colihue, Buenos Aires

Canguilhem, G., 1962, "La monstruosité et le monstrueux", en *Diogène,* 40

Carri, A., 2003, *Los rubios,* película

Carri, A., 2007, *Los rubios. Cartografía de una película,* Festival de Cine Independiente de Buenos Aires, Buenos Aires

Castoriadis, C., 1982, "Institution de la société et religion", en *Esprit,* 65

Castro Flórez, F., 2003, "Un ensayo sobre el vómito (Y otras consideraciones sobre el arte contemporáneo)", en *Escaramuzas. El arte en el tiempo de la demolición,* CendeaC, Murcia

Ceruti, M., 1994, "El mito de la omnisciencia y el ojo del observador", en P. Krieg y P. Watzlawick (Comps.), *El ojo del observador. Contribuciones al constructivismo,* Gedisa, Barcelona

Chazel, J.-F., 1967, "Considérations sur la nature de l'anomie", en *Revue française de sociologie*, VIII/2

CONADEP, 1987, *Nunca Más*, EUDEBA, Buenos Aires

Contreras, M. y A. Pérez García, 2008, "Con Macarena Gelman. Y el bebé del que hablan soy yo", en *Brecha*, 7 de marzo

Corach, D., 1997, intervención en la mesa "Identidad y antropología forense", en *Juventud e Identidad, III Congreso Internacional, (25, 26 y 27 de setiembre de 1997)*, Abuelas de Plaza de Mayo, Buenos Aires

Da Silva Catela, L., 2001, *No habrá flores en la tumba del pasado. La experiencia de reconstrucción del mundo de los familiares de desaparecidos*, Ediciones al Margen, La Plata

Da Silva Catela, L., 2007, "Etnografía de los archivos de la represión en la Argentina", en M. Franco y F. Lewin (comps.), *Historia reciente. Perspectivas y desafíos para un campo en construcción*, Paidós, Buenos Aires

Das, V., 2008, *Sujetos del dolor, agentes de dignidad*, Universidad Nacional de Colombia-Pontificia Universidad Javeriana, Bogotá

Davis, M., 2003, *Ciudad de cuarzo*, Lengua de Trapo, Madrid

de Marinis, P., 1999, "Gobierno, gubernamentalidad, Foucault y los anglofoucaultianos (O un ensayo sobre la racionalidad política del neoliberalismo)", en R. Ramos y F. J. García Selgas (eds.), *Globalización, riesgo, reflexividad. Tres temas de teoría social contemporánea*, CIS, Madrid

Demasi, C. y J. Yaffé (coords.) (con la participación de G. Bucheli, V. Curto y V. Sanguinetti), 2005, *Vivos los llevaron. Historia de la lucha de Madres y Familiares de Uruguayos Detenidos Desaparecidos*, Trilce, Montevideo

Demasi, C., 1995, "La dictadura militar: un tema pendiente", en A. Rico (comp.), *Uruguay: cuentas pendientes. Dictadura, memorias y desmemorias*, Trilce, Montevideo

Descombes, V., 1996, *Les institutions du sens*, Minuit, París

di Tella, T., 1999, "La vida cotidiana en los campos de concentración", en F. Devoto y M. Medero (eds.), *Historia de la vida privada en Argentina*, Taurus, Buenos Aires

Dick, P. K., 1980, *¿Sueñan los androides con ovejas eléctricas?*, Edhasa, Barcelona

Didi-Huberman, G., 2004, *Imágenes pese a todo. Memoria visual del Holocausto*, Paidós, Barcelona

Donzelot, J., 1984, *L'invention du social. Essai sur le déclin des passions politiques*, Fayard, París

Dubet, F., 1994, *Sociologie de l'expérience*, Seuil, París

Durkheim, E., 1973, *La educación moral*, Schapire Editor, Buenos Aires

Durkheim, E., 1988, "Reglas relativas a la distinción entre lo normal y lo patológico", en *Las reglas del método sociológico*, Alianza Editorial, Madrid

Duvignaud, J., 1974, "Anomia", en J. Duvignaud (ed.), *La sociología. Guía alfabética,* Anagrama, Barcelona

Duvignaud, J., 1990, *Herejía y subversión. Ensayos sobre la anomia,* Icaria, Barcelona

Elias, N., 1988, *El proceso de la civilización: investigaciones sociogenéticas y psicogenéticas,* FCE, México D.F.

Elias, N., 1990, *La sociedad de los individuos,* Península, Barcelona

Esposito, R., 2007, *Bios. Biopolítica y filosofía,* Amorrortu, Buenos Aires

Fassin, D., 2004, "La cause des victimes", en *Les Temps Modernes,* 59 (627)

Fassin, D., 2007, "Humanitarianism as a Politics of Live", en *Public Culture,* 19/3

Fassin, D., 2010, *La raison humanitaire. Une histoire morale du temps présent,* Gallimard, París

Ferrándiz, F., 2010, "De las fosas comunes a los derechos humanos: el descubrimiento de las desapariciones forzadas en la España contemporánea", en *Revista de Antropología Social,* 19

Fondebrider, L., 1997, intervención en la mesa "Identidad y antropología forense", en *Juventud e Identidad, III Congreso Internacional, (25, 26 y 27 de setiembre de 1997),* Abuelas de Plaza de Mayo, Buenos Aires

Forster, R., 2000, "Después de Auschwitz. La persistencia de la barbarie", en *Isegoría,* 23

Foucault, M., 1990, *Tecnologías del yo,* Paidós, Barcelona

Foucault, M., 1992, *Vigilar y castigar. Nacimiento de la prisión,* Siglo XXI, Madrid

Foucault, M., 1997, *Las palabras y las cosas. Una arqueología de las ciencias humanas,* Siglo XXI, Madrid

Foucault, M., 2006, *Seguridad, territorio, población,* FCE, Buenos Aires

Franco, M. y F. Lewin (eds.), 2007, *Historia reciente. Perspectivas y desafíos para un campo en construcción,* Buenos Aires, Paidós

Fregoso, R. L., 2006, "¡Las queremos vivas! Colectividades y cultura de los derechos humanos", en F. J. Selgas y C. Romero, eds.), *El doble filo de la navaja. Violencia y representación,* Trotta, Madrid

Friedländer, S. (ed.), 1992, *Probing the Limits of Representation. Nazism and the "Final Solution",* Harvard University Press, Harvard

Galiñanes, A., 1997, intervención en la mesa "La restitución: fundamentos, situación actual y perspectivas", en *Juventud e Identidad, III Congreso Internacional, (25, 26 y 27 de setiembre de 1997),* Abuelas de Plaza de Mayo, Buenos Aires

Gallotta, B., 1998, "No has visto nada… Una lectura de *Garage Olimpo,* de Marco Bechis", disponible en http://www.otrocampo.com/1/garageolimpo.htm [acceso en abril de 2004]

García Selgas, F., 1995, "Análisis del sentido de la acción: el trasfondo de la intencionalidad", en J. Delgado y J. Gutiérrez (coords.), *Métodos y técnicas cualitativas de investigación en Ciencias Sociales*, Síntesis, Madrid

Gatti, G., 2005, "La teoría sociológica visita el vacío social (o de las tensas relaciones entre la sociología y un objeto que le rehuye)", en A. Ariño (ed.), *Las encrucijadas de la diversidad cultural*, CIS, Madrid

Gatti, G., 2006a, "'Somos los que regresan del vacío'. El lugar imposible del ex detenido-desaparecido", en *Brecha*, 19 de mayo

Gatti, G., 2006b, "Las narrativas del detenido-desaparecido (o de los problemas de la representación ante las catástrofes sociales)", en *Confines de relaciones internacionales y ciencia política*, 4

Gatti, G., 2007, *Identidades débiles. Una propuesta teórica aplicada al estudio de la identidad en el País Vasco*, CIS, Madrid

Gatti, G., 2008a, "Identidades (de la) basura", en Elixabete Imaz (ed.), *Materiales e identidades*, Hariadna, San Sebastián

Gatti, G., 2008b, *El detenido-desaparecido. Narrativas posibles para una catástrofe de la identidad*, Trilce, Montevideo

Gatti, G., 2009, "La materialidad del lado oscuro (Apuntes para una sociología de la basura)", en G. Gatti, I. Martínez de Albeniz, B. Tejerina (eds.), *Tecnología, cultura experta e identidad en la sociedad del conocimiento*, Servicio Editorial Universidad del País Vasco, Leioa

Gatti, G., 2010a, "O detido-desaparecido: catástrofe civilizacional, desmoronamento da identidade e da linguagem", en *Revista Critica de Ciencias Sociais*, 88

Gatti, G., 2010b, "Comunidades precarias en los universos sociales del detenido desaparecido: los 'hijos de', vástagos bastardos traicionando progenies, huérfanos paródicos consumiendo Historia", en P. de Marinis, G. Gatti, I. Irazuzta (eds.), *La comunidad como pretexto. En torno al (re)surgimiento de las solidaridades comunitarias*, Anthropos, Barcelona

Gatti, G., 2011, "De un continente al otro: el desaparecido transnacional, la cultura humanitaria y las víctimas totales en tiempos de guerra global", en *Política y Sociedad*, vol. 48/3

Gelman, J. y M. La Madrid, 1997, *Ni el flaco perdón de Dios. Hijos de desaparecidos*, Planeta, Buenos Aires

Gelman, J., 2008, Discurso de aceptación del premio Cervantes 2008, disponible en http://www.juangelman.com/wordpress/?p=377 [acceso en mayo de 2008]

Germano, G., 2007, *Ausencias*, disponible en http://www.gustavogermano.com [acceso en julio de 2008]

Giovannoni, J. A., 1987, "Una legislación para resguardar la vida de los desaparecidos", en Grupo de Iniciativa por una Convención Internacional sobre la desaparición forzada de personas, *La desaparición. Crimen contra la humanidad*, APDH, Buenos Aires

Gómez Mango, E., 2004, *El llamado de los desaparecidos. Sobre la poesía de Juan Gelman*, Cal y Canto, Montevideo

Gómez Mango, E., 2006, *La desolación. De la barbarie en la sociedad contemporánea*, Ediciones de la Banda Oriental, Montevideo

González García, J. M., 2001, "Metáforas de la identidad. *Nosce te ipsum*", en J. M. Iranzo y R. Blanco (eds.), *Sobre las identidades. Lecciones Carlos Mendive (1998-1999)*, UPNA, Pamplona

Grange, J., 1982, "L'ange automate. Histoire des robots au XIXème siècle", en *Culture Technique*, 7

Grierson, K, 1999, "Indicible et incompréhensible dans le récit de déportation", en *La Licorne*, 51

Griffet, J., 1991, "La sensibilité aux limites", en *Sociétés*, 34

Grupo Escombros, 2007, "Cuerpos replicantes: las Pancartas del Grupo Escombros y la memoria", en S. Lorenzano y R. Buchenshorst (eds.), *Políticas de la memoria. Tensiones en la palabra y la imagen*, Universidad del Claustro de Sor Juana-Editorial Gorla, Buenos Aires

Hall, S., 2003, "¿Quién necesita identidad?", en AA.VV., *Cuestiones de identidad cultural*, Amorrortu, Barcelona

Haraway, D. J., 1995, *Ciencia, cyborgs y mujeres. La reinvención de la naturaleza*, Cátedra, Valencia

Haraway, D. J., 2004, *Testigo_Modesto@Segundo_Milenio.HombreHembra_Conoce_Oncoratón. Feminismo y tecnociencia*, UOC, Barcelona

Jelin, E., 2002, *Los trabajos de la memoria*, Siglo XXI, Buenos Aires

Jelin, E., 2003, "Los derechos humanos y la memoria de la violencia política y la represión: la construcción de un campo nuevo en las ciencias sociales", en *Cuadernos del IDES*, 2

Jelin, E., y D. Sempol, 2006, *El pasado del futuro: los movimientos juveniles*, Siglo XXI, Buenos Aires

Jelin, E., y V. Langland, (eds.), 2003, *Monumentos, memoriales y marcas territoriales*, Siglo XXI, Buenos Aires

Joseph, I., 1988, *El transeúnte y el espacio urbano. Ensayo sobre la dispersión del espacio público*, Gedisa, Buenos Aires

Junta de Comandantes en Jefe, 1976, *Las Fuerzas Armadas al Pueblo Oriental* (Tomo 1: *La subversión*), Montevideo

Kaes, R., 1991, "Rupturas catastróficas y trabajo de la memoria", en J. Puget y R. Kaes (eds.), *Violencia de Estado y psicoanálisis*, Centro Editor de América Latina, Buenos Aires

Kairuz, M., 2007, "La pesquisa", en *Página/12*, 19 de marzo

Karababikian, G., s/f, "Archivos y derechos humanos en Argentina", mimeo., disponible en http://www.memoriaabierta.org.ar [acceso en diciembre de 2007]

Kaufmann, L. y J. Guilhaumou, 2003, "Présentation", en *L'invention de la société. Nominalisme politique et science sociale au XVIII Siècle*, en *Raisons Pratiques*, 14

Kordon, D. y L. Edelman, 2005, "Efectos multilaterales de la represión", en *Brecha*, 1010

Kordon, D., L. Edelman, D. Lagos, D. Kersner, S. Schejtman, M. Lagos, 1999, "Memoria e identidad, Trauma social y psiquismo. Afectación ínter y transgeneracional, disponible en http://www.eatip.org.ar [acceso en octubre de 2005]

Kristeva, J., 2006, *Poderes de la perversión. Ensayo sobre Louis-Ferdinand Céline*, Siglo XXI, México D.F.

Lanzmann, C., 1985, *Shoah*, película

Lapierre, N., 1995, *Changer de nom*, Stock, París

Latour, B., 1985, "Les vues de l'esprit. Une introduction à l'anthropologie des sciences et des techniques", en *Culture Technique*, 14

Latour, B., 2001, *La esperanza de Pandora. Ensayos sobre la realidad de los estudios de la ciencia*, Gedisa, Barcelona

Latour B. y E. Hermant, 1999, "Esas redes que la razón ignora: laboratorios, bibliotecas, colecciones", en F. J. García Selgas y J. B. Monleón (eds.), *Retos de la posmodernidad. Ciencias Sociales y Humanas*, Trotta, Madrid

Leblanc, G., 2007, *Vies ordinaires, vies précaires*, París, Seuil

Levi, P., 1989, *Los hundidos y los salvados*, Muchnik, Madrid

Lévi Strauss, C., 1984, *El pensamiento salvaje*, FCE, México D. F.

Lewkowicz, I. *et al.*, 2003, *Del fragmento a la situación. Notas sobre la subjetividad contemporánea*, Altamira, Buenos Aires

Lewkowicz, I., 2002, *Sucesos argentinos. Cacerolazo y subjetividad postestatal*, Paidós, Buenos Aires

Lewkowicz, I., 2004, *Pensar sin Estado. La subjetividad en la era de la fluidez*, Paidós, Buenos Aires

Lo Giúdice, A., 2004, "El lugar del intelectual frente a la vulneración del derecho a la identidad", en AA.VV., 1° Coloquio Interdisciplinario de las Abuelas de Plaza de Mayo, Buenos Aires

Lo Giúdice, A., s/f, "Derecho a la identidad", disponible en http://www.abuelas.org.ar [acceso en noviembre de 2007]

Lorenzano, S. y R. Buchenshorst (eds.), 2007, *Políticas de la memoria. Tensiones en la palabra y la imagen*, Universidad del Claustro de Sor Juana-Editorial Gorla, Buenos Aires

Lourau, R., 1997, *Implication, transduction*, Anthropos, París

Mandolessi, S., 2011, reseña de Gabriel Gatti *El detenido-desaparecido*, en *Mitologías hoy*, 2011/1

Markarian, V. (Coord.), 2007, *Relevamiento de archivos y repositorios documentales sobre derechos humanos en Uruguay*, Udelar-MEC, Montevideo

Martínez Quintero, F., 2011, "El arte como archivo, lo otro como testimonio, el artista como testigo", ponencia presentada en el 1er. *Encuentro internacional de estudios críticos de las transiciones políticas: Memoria, violencia y sociedad*, Universidad de los Andes, Bogotá

Martuccelli, D., 2006, *Forgé par l'épreuve*, París, Armand Colin.

Mate, R. (ed.), 2002, *La filosofía después del Holocausto*, Riopiedras, Barcelona

Mate, R., 2008, *Justicia de las víctimas. Terrorismo, memoria, reconciliación*, Anthropos, Barcelona

Méndez, M., 2009, "Félix Bruzzone cuenta su libro, *Los topos*", en http://www.cuentomilibro.com/entrevista.asp ?id=73 [acceso en junio de 2010]

Mezzadra, S., 2005, *Derecho de fuga. Migraciones, ciudadanía y globalización*, Traficantes de sueños, Madrid

Mignogna, E., 2005, *El viento*, película

Moreira, H., 1998, *Antes del asco. Excremento, entre naturaleza y cultura*, Trilce, Montevideo

Moreno Ocampo, L., 1987, "La importancia de la prueba en el juzgamiento de la desaparición forzada de personas", en Grupo de Iniciativa por una Convención Internacional sobre la desaparición forzada de personas, *La desaparición. Crimen contra la humanidad*, APDH, Buenos Aires

Moya, C., 1984, *Señas de Leviatán*, Madrid, Alianza

Nancy, J.-L., 2006, *La representación prohibida*, Amorrortu, Buenos Aires

Olmo, D. y F. Rousseaux, 2005, "El duelo: lo inconsciente, lo colectivo", mimeo.

Ortega, F. A., 2008, "Violencia social e historia: el nivel del acontecimiento", en *Universitas humanistica*, 66

Ortega, J., 2010, "Post-teoría y estudios transatlánticos", en I. Rodríguez y J. Martínez (eds.), *Estudios transatlánticos poscoloniales*, Anthropos, Barcelona

Pérez Aguirre, L., 1990, *Tribunal Permanente de los Pueblos. Sesión Uruguay. Abril 1990. La impunidad en América Latina*, Tribunal permanente de los Pueblos, Montevideo

Pietragalla, H., 2005, "Reconstrucciones", en *Página/12*, 18 de julio

Piette, A., 1992, *Le mode mineur de la réalité. Paradoxes et photographies en anthropologie*, Peeters, Louvain-La-Neuve

Piette, A., 1993, "Implication paradoxale, mode mineur et religiosités séculières", en *Archives Sciences Sociales des Religions*, 81

Pinto, M., 1987, "Encuadramiento jurídico internacional de la desaparición forzada de personas", en Grupo de Iniciativa por una Convención Internacional sobre la desaparición forzada de personas, *La desaparición. Crimen contra la humanidad*, APDH, Buenos Aires

Prado, B., 2006, *Mala gente que camina*, Alfaguara, Madrid

Prividera, N., 2007, *M*, película

Rama, A., 1998, *La ciudad letrada*, Montevideo, Arca

Ramos, R., 1998, "Anomia", en E. Lamo de Espinosa, S. Giner y C. Torres (coords.), *Diccionario de Sociología*, Alianza Editorial, Madrid

Ramos, R., 1999a, "Homo Tragicus", en *Política y Sociedad*, 30

Ramos, R., 1999b, *La sociología de Émile Durkheim. Patología social, tiempo, religión*, CIS, Madrid

Rep, M., 2004, "Identidad y rupturas de la legalidad", en AA.VV., *Identidad, construcción social y subjetiva*, 1º Coloquio Interdisciplinario de las Abuelas de Plaza de Mayo, Buenos Aires

Ribas, A., 1999, "En los límites de la realidad: el vacío", el *Mundo científico-La Recherche*, 202

Richard, N., 2000, "Memoria, fotografía y desaparición: drama y tramas", en *Punto de Vista*, 68

Richard, N., 2007, *Fracturas de la memoria. Arte y pensamiento crítico*, Siglo XXI, Buenos Aires

Rico, A., 1995a, "A modo de presentación", en A. Rico (comp.), *Uruguay: cuentas pendientes. Dictadura, memorias y desmemorias*, Trilce, Montevideo

Rico, A., 1995b, "El orden de los simulacros y el orden social en la restauración democrática", en A. Rico (comp.), *Uruguay: cuentas pendientes. Dictadura, memorias y desmemorias*, Trilce, Montevideo

Rico, A., 2009, *Investigación histórica sobre la dictadura y el terrorismo de Estado en el Uruguay (1973-1985)*, Universidad de la República Oriental del Uruguay, Montevideo

Ricœur, P., 1990, "Individuo e identidad personal", en P. Veyne *et al.*, *Sobre el individuo*, Paidós, Barcelona

Rinesi, E., 2004, "Identidad y rupturas de la legalidad", en AA.VV., *Identidad, construcción social y subjetiva*, 1º Coloquio Interdisciplinario de las Abuelas de Plaza de Mayo, Buenos Aires

Robben, A., 2005, *Political Violence and Trauma in Argentina*, University of Pennsylvania Press, Philadelphia

Robin, R., s/f, "Transfert de mémoire. Autour du mémorial de Berlin", disponible en http://www.arts.mcgill.ca/PROGRAMS/RAICC/RAICC%20accueil_fichiers/TRANSFER.htm [acceso en mayo de 2006]

Rodríguez Maeso, S., 2010, "Política del testimonio y reconocimiento en las comisiones de la verdad guatemalteca y peruana: En torno a la figura del 'indio subversivo'", en *Revista Critica de Ciências Sociais*, 88

Roqué, I., 2000, *Papá Iván*, película

Rubbia, C., 1990, "El nuevo concepto físico de vacío", en *El Independiente*, 1 de abril

Sábato, E., 1987, "Palabras preliminares ", en Grupo de Iniciativa por una Convención Internacional sobre la desaparición forzada de personas, *La desaparición. Crimen contra la humanidad*, APDH, Buenos Aires

Sánchez, M. T., 1997, intervención en la mesa "El derecho a la identidad", en *Juventud e Identidad, III Congreso Internacional, (25, 26 y 27 de setiembre de 1997)*, Abuelas de Plaza de Mayo, Buenos Aires

Sarlo, B., 2005, *Tiempo pasado. Cultura de la memoria y giro subjetivo. Una discusión*, Siglo XXI, Buenos Aires

Sayles, J., 1997, *Hombres armados*, película

Scott, R., 1982, *Blade Runner*, película

Serres, M., 1991, *El paso del Noroeste. Hermes V*, Debate, Madrid

Silvestri, G., 2000, "El arte en los límites de la representación", en *Punto de Vista*, 68

Simmel, G., 1987, "Las ruinas", en *Revista de Occidente,* 76

Sobel, V., 2007, "Qué es ser hija de desaparecido", en *Página/12*, 24 de marzo

Somigliana, M. y D. Olmo, 2002, "Qué significa identificar", disponible en http://www.naya.org [acceso en agosto de 2005]

Sorkin, M. (ed.), 2004, *Variaciones sobre un parque temático. La nueva ciudad americana y el fin del espacio público*, Gustavo Gili, Barcelona

Steiner, G., 1982, *Lenguaje y silencio*, Gedisa, Barcelona

Sucasas, A., 2002, "Primo Levi: el nacimiento del testigo", en R. Mate (ed.), *La filosofía después del Holocausto*, Riopiedras, Barcelona

Taylor, D., 2003, *The Archive and the Repertoire. Performing Cultural Memory in the Americas*, Duke University Press, Durham

Teitel, R. G., 2003, "Transitional Justice Genealogy", *Harvard Human Rights Journal*, 16

Trías, I., 2007, *La tienta*, Trilce, Montevideo

Turner, V., 1980, *La selva de los símbolos*, Siglo XXI, México

Turner, V., 1988, *El proceso ritual. Estructura y antiestructura*, Taurus, Madrid

Uval, N., 2008, "Los desaparecidos y la identidad colectiva en el Río de la Plata. Otra voces nombran", en *La Diaria*, 15 de enero

van Gennep, A., 1986, *Los ritos de paso*, Taurus, Madrid

Vezzetti, H., 2000, "Representaciones de los campos de concentración en Argentina", en *Punto de Vista*, 68

Vezzetti, H., 2002, *Pasado y presente. Guerra, dictadura y sociedad en la Argentina*, Siglo XXI, Buenos Aires

Viñar, M. y M. Ulriksen, 1993, *Fracturas de la memoria*, Trilce, Montevideo

Viñar, M., 1995, "La memoria y el porvenir. El impacto del terror político en la mente y la memoria colectiva", en A. Rico (comp.), *Uruguay: cuentas pendientes. Dictadura, memorias y desmemorias,* Trilce, Montevideo

Viñar, M., 2009, reseña de Gabriel Gatti *El detenido-desaparecido*, en Topia, abril

Weber, M., 1978, *Ensayos sobre metodología sociológica*, Amorrortu, Buenos Aires

Weibel, P., 2002, "An End to the 'End of Art'? On the Iconoclasm of the Modern Art", en B. Latour y P. Weibel (eds.), *Iconoclash. Beyond the Image Wars in Science, Religion and Art*, ZKM, Karlsruhe

Wieviorka, M., 2003, "L'émergence des victimes", en *Sphera publica*, 3

Zanotti, E., 2005, "Derecho a la identidad. Una perspectiva jurídica", en A. Lo Giúdice (comp.), *Psicoanálisis. Restitución, apropiación, filiación*, Centro de Atención por el Derecho a la Identidad, Buenos Aires